Dedicado a La Vida.

INTELIGENCIA CREATIVA

Geometría del Ser, los Sentimientos y la Libertad.

Volumen I y II

ALFA MASTER ACADEMY

AND LOVE WITHIN IS THE FORCE THAT WILL SET YOU FREE.

BIOECONOMY & CREATIVITY INSTITUTE

Obra editada en colaboración con Adela González Ocampo.

©2022, Alfa Master Academy™
Av. 5 con calle 42
Playa del Carmen
C.P. 77710, Quintana Roo, México
www.AlfaAcademy.mx

Diseñado por ©G8D

Portada por Juan Carlos Chávez y ©G8D

Gráficos por Juan Carlos Chávez y ©G8D

Modelos ©*Inteligencia Creativa* ©*El Triángulo Fractal de la Libertad* ©*El Círculo del Ser,* ©*El Árbol del Ser,* ©*Psico-Marketing* creados por Juan Carlos Chávez

ADVERTENCIA PRELIMINAR

Querido lector, lo que estás a punto de entender corresponde a un juicio reflexivo, y no determinante. Todo lo expuesto compete a interpretaciones subjetivas desarrolladas con base en avances científicos e ideológicos humanos al día de hoy (año 2022 d.C.). Es decir, aquello que pertenece al substrato supra-sensible que nuestras capacidades cognitivas humanas no nos permiten conocer, no está representado en este texto. Por lo tanto, no expone, propone, apoya, contradice, refuerza ni considera ninguna visión teológica o religiosa; dicho acercamiento no es materia de este libro.

Lo que sí integra, es una visión amplia, mecánica, racional e intuitiva sobre la fenomenología de La Vida, la naturaleza y el Ser y sus facultades.

Las tesis teleológicas que proponen ciertos fines o Propósitos en este libro se fundamentan con principios racionales que se encuentran dentro de nuestro rango empírico, de observación y de entendimiento como especie. Las conexiones que encontramos designan el enlace de nuestros conceptos y no la naturaleza de las cosas.

El modelo ©Inteligencia Creativa formula un sistema por sí mismo con axiomas, definiciones, proposiciones, lemas y escolios particulares. Debe analizarse sobre su propio marco conceptual. Su intención principal es trazar una herramienta para apoyar el acercamiento a La Verdad.

INTRODUCCIÓN AL MODELO

INTELIGENCIA CREATIVA

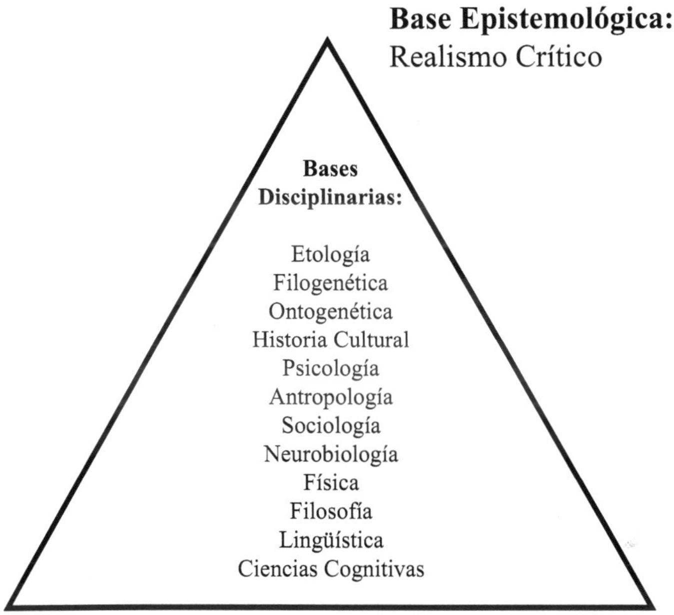

Inteligencia Creativa es un modelo derivado de la *Teoría del Multi-Ser* que sistematiza una perspectiva integral sobre la facultad creativa y el concepto de Libertad con una base epistemológica enfocada en la causalidad mecánica.

El objetivo de investigación es dilucidar la ontología, teleología y etiología de la facultad creativa. O en otras palabras, el origen, propósito y esencia de la creatividad. Para ello, considera la información de disciplinas relacionadas como la Etología, Genética, Psicología, Neurobiología, Filosofía y Física.

DEFINICIONES IMPORTANTES RELACIONADAS

Teoría del Multi-Ser

Teoría mecánica que propone que los seres vivientes están formados por distintas capas superpuestas que influyen en sus comportamientos sincrónicamente y que se diferencian por su etiología (origen) y su teleología (propósito).

De la *Teoría del Multi-Ser* se derivan los modelos *Círculo del Ser* y *Árbol del Ser*, que ilustran y detallan las capas principales que forman al Ser.

Su fundamento epistemológico es el realismo crítico y considera la información de disciplinas relacionadas como la Etología, Genética, Psicología, Neurobiología, Filosofía y Física.

Inteligencia Creativa

Modelo derivado de la *Teoría del Multi-Ser* que sistematiza una perspectiva integral sobre la facultad creativa y el concepto de Libertad desde una óptica mecánica.

Geometría de los Sentimientos o Mecánica de los Afectos

Modelo derivado del modelo *Inteligencia Creativa* que sistematiza una perspectiva racional de la fenomenología sintiente.

Triángulo Fractal de la Libertad

Modelo derivado del modelo *Inteligencia Creativa* que sistematiza un método para entender y alcanzar la Libertad con base en los propósitos mecánicos del diseño humano.

INTELIGENCIA CREATIVA Cartografía Unificada

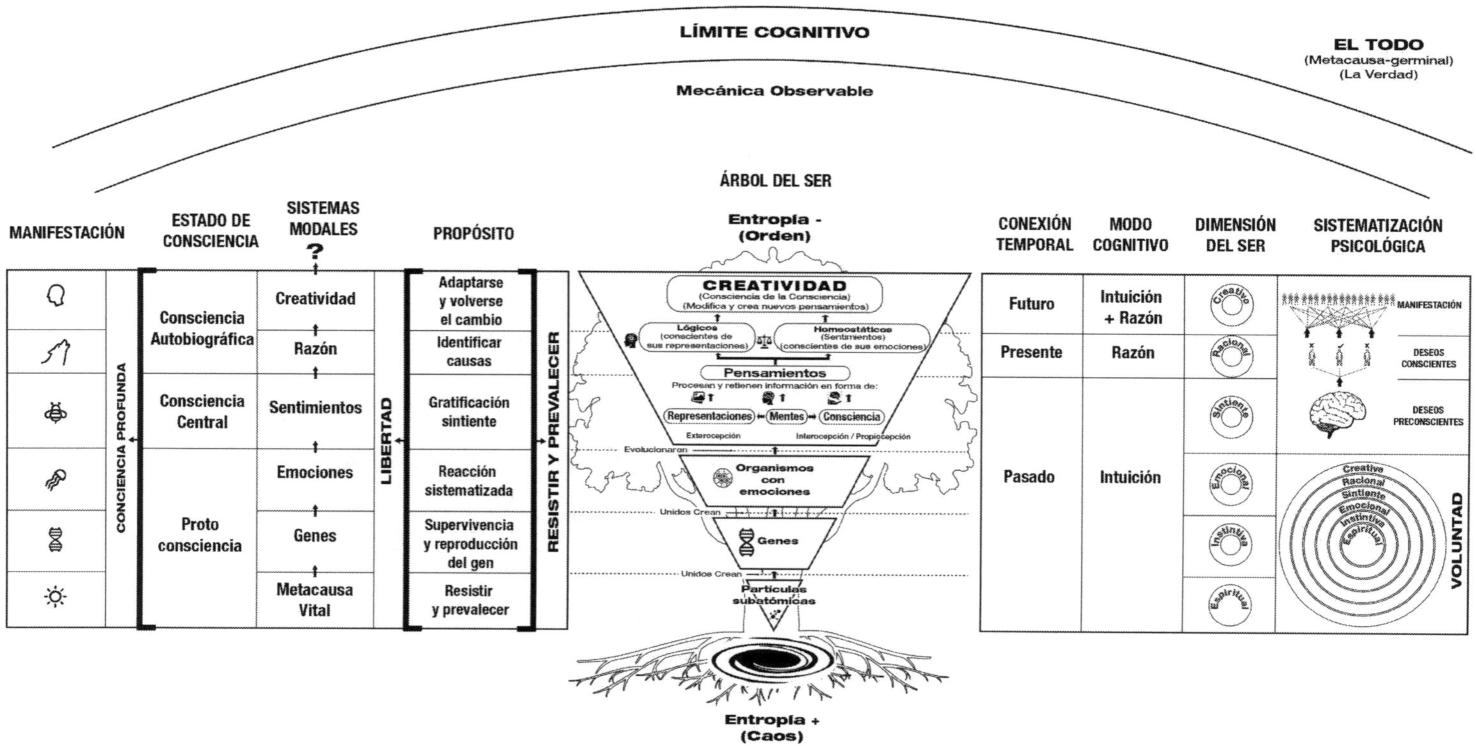

ÍNDICE

INTRODUCCIÓN 22

GEOMETRÍA DE EL TODO
LIBRO 1 31

PREFACIO 31

DEFINICIONES 33

AXIOMAS 35

PROPOSICIONES 35

I. EL TODO 35
II. LIMITANTES COGNITIVAS 37
III. LA VERDAD 38
IV. CONSCIENCIA METAHUMANA 40
V. METACAUSA-GERMINAL 42
VI. SISTEMAS MODALES 43
VII. PROPÓSITO 45
VIII. LA VOLUNTAD 47
IX. NADA EXISTE POR SÍ MISMO 48
X. EL SER 50
XI. EL SER ES UN SISTEMA MODAL FINITO 51
XII. AUTOCONOCIMIENTO 53
XIII. LA CONSCIENCIA 55

XIV. ESTADOS DE CONSCIENCIA 56
XV. NUEVOS PROPÓSITOS 58
XVI. ACERCARSE A LA VERDAD 59
XVII. LA RAZÓN - Pensamientos Lógicos 61
XVIII. CAUSA Y EFECTO 62
XIX. LA INTUICIÓN - Pensamientos Homeostáticos 64
XX. MODOS COGNITIVOS 66

GEOMETRÍA DEL SER Y LOS DESEOS
LIBRO 2 69

PREFACIO 69

DEFINICIONES 70

AXIOMAS 75

PROPOSICIONES 76

I. BIG BANG 76
II. EXPANSIÓN Y ENFRIAMIENTO INFINITO 77
III. ENTROPÍA NEGATIVA 78
IV. RESISTIR Y PREVALECER: Imperativo Homeostático 80
V. PROPÓSITO DETECTABLE DE LA VIDA 82
VI. LA VIDA COMO METACAUSA Y SU INFLUENCIA 83
VII. LA VOLUNTAD Y ORIGEN DE LOS DESEOS 85
VIII. PRIMERA DERIVADA DE LA VOLUNTAD 87
IX. DIMENSIÓN ESPIRITUAL 89
X. DESEOS ESPIRITUALES 90
XI. METACAUSA DE LOS GENES 92
XII. LUCA 94
XIII. PROPÓSITO DETECTABLE DE LA PROGRAMACIÓN GENÉTICA 96
XIV. LA INFLUENCIA DE LOS GENES 98
XV. LOS GENES Y LA VOLUNTAD 100
XVI. JERARQUÍA DE LA DIMENSIÓN INSTINTIVA 101
XVII. DIMENSIÓN INSTINTIVA 103

XVIII. INTERCONEXIÓN INSTINTIVA ... 106
XIX. LOS ATRIBUTOS DE LOS GENES Y LOS DESEOS INSTINTIVOS ... 108
XX. LA FUNCIÓN DE LOS GENES ... 110
XXI. METACAUSA DE LOS ORGANISMOS CON EMOCIONES ... 111
XXII. LAS EMOCIONES ... 113
XXIII. PROPÓSITO DETECTABLE DE LA PROGRAMACIÓN BIOLÓGICA-EMOCIONAL ... 115
XXIV. LA INFLUENCIA DE LAS EMOCIONES ... 116
XXV. LAS EMOCIONES Y LA VOLUNTAD ... 118
XXVI. BALANCE SOMÁTICO ... 119
XXVII. VALENCIA EMOCIONAL ... 121
XXVIII. JERARQUÍA DE LA DIMENSIÓN EMOCIONAL ... 123
XXIX. DIMENSIÓN EMOCIONAL ... 125
XXX. INTERCONEXIÓN EMOCIONAL ... 127
XXXI. LOS ATRIBUTOS DE LAS EMOCIONES Y LOS DESEOS EMOCIONALES ... 128
XXXII. LA FUNCIÓN DE LAS EMOCIONES ... 130
XXXIII. METACAUSA DE LOS ORGANISMOS SINTIENTES ... 131
XXXIV. PROPIOCEPCIÓN, INTEROCEPCIÓN Y EXTEROCEPCIÓN ... 133
XXXV. PROPÓSITO DETECTABLE DE LA CAPACIDAD SINTIENTE ... 135
XXXVI. LA INFLUENCIA DE LOS SENTIMIENTOS ... 137
XXXVII. LOS SENTIMIENTOS Y LA VOLUNTAD ... 138
XXXVIII. SENTIMIENTOS POSITIVOS ... 140
XXXIX. VALENCIA SENTIMENTAL ... 142
XL. JERARQUÍA DE LA DIMENSIÓN SINTIENTE ... 144
XLI. DIMENSIÓN SINTIENTE ... 146
XLII. INTERCONEXIÓN SINTIENTE ... 148
XLIII. LOS ATRIBUTOS DE LOS SENTIMIENTOS Y LOS DESEOS SINTIENTES ... 150
XLIV. LA FUNCIÓN DE LOS SENTIMIENTOS ... 152
XLV. METACAUSA DE LOS ORGANISMOS INTELIGENTES ... 154
XLVI. RETENER Y PROCESAR INFORMACIÓN ... 156
XLVII. PROPÓSITO DETECTABLE DE LA CAPACIDAD RACIONAL ... 158

XLVIII. LA INFLUENCIA DE LA RAZÓN 160
XLIX. LA RAZÓN Y LA VOLUNTAD 162
L. LOS SENTIMIENTOS Y LA MEMORIA 164
LI. PENSAMIENTOS LÓGICOS 166
LII. VALENCIA RACIONAL 168
LIII. JERARQUÍA DE LA DIMENSIÓN RACIONAL 170
LIV. DIMENSIÓN RACIONAL 171
LV. INTERCONEXIÓN RACIONAL 173
LVI. LOS ATRIBUTOS DE LOS ORGANISMOS INTELIGENTES Y LOS DESEOS RACIONALES 175
LVII. LA FUNCIÓN DE LA CAPACIDAD RACIONAL 177
LVIII. METACAUSA DE LOS ORGANISMOS CREATIVOS 179
LIX. PENSAMIENTOS DE PENSAMIENTOS Y METACONSCIENCIA 181
LX. PROPÓSITO DETECTABLE DE LA CAPACIDAD CREATIVA 183
LXI. LA INFLUENCIA DE LA CREATIVIDAD 185
LXII. LA CREATIVIDAD Y LA VOLUNTAD 186
LXIII. VALENCIA CREATIVA 188
LXIV. JERARQUÍA DE LA DIMENSIÓN CREATIVA 190
LXV. PROPÓSITO GERMINAL 192
LXVI. DIMENSIÓN CREATIVA 194
LXVII. INTERCONEXIÓN CREATIVA 196
LXVIII. LOS ATRIBUTOS DE LA CREATIVIDAD Y LOS DESEOS CREATIVOS 198
LXIX. LA FUNCIÓN DE LA CREATIVIDAD 199
LXX. METACAUSA DE UN SIGUENTE NIVEL EVOLUTIVO 201
LXXI. NUEVOS PROPÓSITOS 203
LXXII. EL SER Y LOS DESEOS 205

GEOMETRÍA DE LA CONSCIENCIA
LIBRO 3 211

DEFINICIONES 211

AXIOMAS 212

PROPOSICIONES 212

I. NIVELES DE CONSCIENCIA 212
II. ELEMENTOS ESENCIALES DE LA CONSCIENCIA 214
III. PROTOCONSCIENCIA 216
IV. CONSCIENCIA CENTRAL 219
V. CONSCIENCIA AUTOBIOGRÁFICA 221
VI. CONSCIENCIA PROFUNDA 223

GEOMETRÍA DE LOS SENTIMIENTOS
LIBRO 4 233

PREFACIO 233

DEFINICIONES 234

AXIOMAS 237

PROPOSICIONES 238

I. ¿QUÉ SON LAS EMOCIONES Y LOS SENTIMIENTOS? 238
II. FUNCIÓN PRINCIPAL DE LOS SENTIMIENTOS 239
III. SISTEMA DE RECOMPENSAS SINTIENTE 241
IV. ORÍGEN DE LOS SENTIMIENTOS 243
V. INTERCONEXIÓN SINTIENTE 245
VI. AUTOCONTROL 247
VII. LOS SENTIMIENTOS COMO HERRAMIENTAS 249
VIII. SUPERPOSICIÓN SINTIENTE 251
IX. SENTIMIENTOS POSITIVOS PRIMARIOS 253
X. SENTIMIENTOS NEGATIVOS PRIMARIOS 256
XI. SENTIMIENTOS SECUNDARIOS 258
XII. SENTIMIENTOS SIN IDENTIFICAR 260
XIII. MECÁNICA DE LOS AFECTOS 261
XIV. ALEGRÍAS 263
XV. TRISTEZAS 265
XVI. LOS DESEOS 267
XVII. DESEOS SINTIENTES 270

XVIII. ESPERANZA 272
XIX. MIEDO 273
XX. INDIFERENCIA 274
XXI. PLACER 275
XXII. DOLOR 277
XXIII. EUDEMONÍA 279
XXIV. SUFRIMIENTO 280
XXV. AMOR 282
XXVI. ODIO 283
XXVII. CONFIANZA 284
XXVIII. TEMOR 285
XXIX. EMPATÍA 287
XXX. EGOÍSMO 289
XXXI. MALDAD 291
XXXII. GENEROSIDAD 292
XXXIII. ENVIDIA 293
XXXIV. DADIVOSIDAD 295
XXXV. CELOS 296
XXXVI. ALABANZA 297
XXXVII. VITUPERIO 298
XXXVIII. GLORIA 300
XXXIX. VERGÜENZA 301
XL. TRANQUILIDAD 303
XLI. FRUSTRACIÓN 304
XLII. ÁNIMO 305
XLIII. CONSTERNACIÓN 306
XLIV. AGRADECIMIENTO 307
XLV. CRUELDAD 308
XLVI. CLEMENCIA 310
XLVII. IRA 311
XLVIII. PIEDAD 312
XLIX. INHUMANIDAD 314
L. PERDÓN 315
LI. VENGANZA 316
LII. ASOMBRO 317
LIII. TERROR 319
LIV. SORPRESA 320
LV. ESPANTO 321
LVI. VENERACIÓN 322
LVII. AVERSIÓN 324

LVIII. ATRACCIÓN 325
LIX. ASCO 327
LX. DICHA 328
LXI. HORROR 329
LXII. DEVOCIÓN 330
LXIII. ABORRECIMIENTO 332
LXIV. EMPODERAMIENTO 333
LXV. IMPOTENCIA 334
LXVI. AMOR PROPIO 336
LXVII. HUMILDAD 337
LXVIII. SOBERBIA 338
LXIX. ABYECCIÓN 340
LXX. SEGURIDAD 341
LXXI. DESESPERACIÓN 342
LXXII. SATISFACCIÓN 344
LXXIII. INSATISFACCIÓN 345
LXXIV. ORGULLO 346
LXXV. ARREPENTIMIENTO 348
LXXVI. APROBACIÓN 349
LXXVII. INDIGNACIÓN 350
LXXVIII. SOBRESTIMACIÓN 352
LXXIX. MENOSPRECIO 353
LXXX. CONTENTO 354
LXXXI. MASOQUISMO 356
LXXXII. GOZO 357
LXXXIII. MARTIRIO 359
LXXXIV. PIEDAD 360
LXXXV. SADISMO 362

NOTAS SOBRE LAS VIRTUDES DEL ACTUAR EN RELACIÓN CON LOS SENTIMIENTOS Y LOS DESEOS. 364

I. PRUDENCIA 364
II. JUSTICIA 365
III. TEMPLANZA 367
IV. FORTALEZA 368

NOTAS SOBRE LOS PECADOS CAPITALES EN RELACIÓN CON LOS SENTIMIENTOS Y LOS DESEOS 371

I. GULA 371
II. ENVIDIA 373
III. PEREZA 374
IV. LUJURIA 376
V. VANIDAD 378
VI. IRA 379
VII. AVARICIA 381

NOTAS SOBRE LAS CUALIDADES EN LA PERSONALIDAD DEL SAPIENS. 383

I. VIRTUOSISMO 383
II. SABIDURÍA 385
III. AUTOCONTROL 386
IV. CREATIVIDAD 388
V. EMPATÍA 390
VI. VALENTÍA 391
VII. AUDACIA 393
VIII. TIMIDEZ 394
IX. COBARDÍA 396
X. HONORABILIDAD 397
XI. DISCIPLINA 399
XII. RESILIENCIA 400
XIII. OPTIMISMO 401
XIV. PACIENCIA 403
XV. LEALTAD 404
XVI. RESPETO 406
XVII. HEROÍSMO 408

NOTAS SOBRE LA FUERZA DE LOS SENTIMIENTOS 410

I. LOS SENTIMIENTOS MÁS INTENSOS 410
II. LOS SENTIMIENTOS MÁS INFLUYENTES 412
III. LOS SENTIMIENTOS MÁS UTODESTRUCTIVOS 414
IV. LOS SENTIMIENTOS MÁS DÉBILES 416
V. LOS SENTIMIENTOS MÁS DISRUPTIVAMENTE ÚTILES 419
VI. LOS SENTIMIENTOS Y LA IMAGINACIÓN 421
VII. LOS SENTIMIENTOS Y EL TIEMPO 423

GEOMETRÍA DE LA LIBERTAD
LIBRO 5 427

PREFACIO 427

DEFINICIONES 428

AXIOMAS 430

PROPOSICIONES 430

I. FELICIDAD 430
II. LA LIBERTAD Y SUS CAUSAS 432
III. POTENCIA PARA SER LIBRES 434
IV. FORTALEZA 435
V. FORTALEZA FISIOLÓGICA 436
VI. FORTALEZA PSICOLÓGICA 438
VII. AUTOCONTROL (Fortaleza de ánimo) 441
VIII. CAPACIDAD CREATIVA 443
IX. INTELIGENCIA RACIONAL 444
X. INTELIGENCIA EMOCIONAL 446
XI. INTELIGENCIA ESPIRITUAL 448
XII. EMPATÍA 451
XIII. GAMA DE POSIBILIDADES 453
XIV. VISIÓN 455
XV. VISIÓN ESPACIAL-TEMPORAL 458
XVI. VISIÓN TEÓRICA 460
XVII. VISIÓN INTEGRAL 462
XVIII. LIBERTAD DE DECISIÓN 466
XIX. DECISIÓN SOBRE LA LIBERTAD 468

POST SCRIPTUM 471

BIBLIOGRAFÍA 474

BIOGRAFÍA 480

GLOSARIO 481

MAPAS CONCEPTUALES 495

INTRODUCCIÓN

La búsqueda constante e insaciable por la "felicidad" en el ser humano tiene un devastador sesgo funcional evidente: pocos nos cuestionamos qué es aquello que tanto deseamos y por qué.

Este libro pretende cuestionarlo todo, desde el origen hasta el día de hoy, desde lo más macro hasta lo más micro; para que justo en este andar, logremos juntos identificar destellos que nos develen pistas sobre conceptos tan magnánimos y ansiados como la creatividad, la felicidad y la Libertad.

En este ejercicio literario echaré mano de la racionalización de conceptos con base en la demostración por el orden geométrico con una óptica filosófica, genética, biológica, psicológica y fenomenológica desde sus orígenes.

Y desde luego, para hacer de su lectura una actividad luminosa, placentera y empática, acompañaré cada proposición rigurosa con un escolio libre, estético y adonis.

Comenzaremos explorando el origen de los orígenes que conocemos, la idea matemática de El Todo, esa sustancia que racionalmente no permite nada fuera de él y cómo deriva en la forma en que modelamos la realidad subjetiva e intersubjetiva que percibimos. ¿Qué es La Verdad?,¿es todo una ilusión?, ¿todo es uno y uno es todo?, ¿cuál es el Propósito de El Todo?

Continuaré exponiendo cómo se derivan del colosal Propósito de la causa original vital tanto el Ser como los deseos. Los entes vivos somos un multiser compuesto por diferentes e imponentes fuerzas con distintos Propósitos que han surgido a lo largo de la evolución. Todas ellas influyen en cada una de nuestras decisiones; mismas fuerzas que han sido indispensables para la supervivencia, pero que por su coexistencia simultánea generan confusión en el consciente.

Revisaremos también, precisamente dichas capacidades que llamamos estados de consciencia: ¿es más influyente el consciente o el inconsciente? ¿qué significan el "sí mismo" y la consciencia? ¿la consciencia tiene valencia?

Posteriormente haremos un análisis increíblemente gratificante y liberador detectando el origen de los sentimientos y sus modos con la mecánica de los afectos. Mismos que han representado una valiosísima herramienta para incentivar comportamientos por parte de las fuerzas que nos mueven principalmente desde el inconsciente. Sentimientos que, además, conectan directamente el consciente con lo más profundo del Ser y con nuestro pasado evolutivo bruñido durante más de tres mil millones de años.

Y finalmente, el desenlace apoteósico lo encontraremos uniendo puntos para revelar la esencia misma de la Libertad y su íntima relación con la creatividad y la felicidad.

Espero de corazón que este texto abra una puerta hacia una consciencia libre y creativa en cada lector.

INTELIGENCIA CREATIVA

Geometría del Ser.

Volumen I

Dedicado a toda mi familia y a cada alma creativa
en busca de respuestas en este universo.

GEOMETRÍA DE EL TODO

LIBRO 1

PREFACIO

Para entender cualquier cosa necesitamos comprender su origen y sus causas.

Por ello, y con el objetivo de contextualizar adecuadamente, comenzamos desde ese punto racional germinal más lejano, El Todo. Este ejercicio será clave para estimar sobre la creatividad, los sentimientos, la Libertad y otros conceptos sumamente relevantes.

Desde aquella marca inicial se derivan millones de modos que a su vez se convierten en causas y metacausas de otros modos. Mientras más logremos acercarnos al sitio original, obtendremos mayor congruencia y acceso a La Verdad tan anhelada.

La mala noticia es que la condición humana limita nuestra capacidad cognitiva y acceso ontológico a la realidad. Desde una consciencia humana solo podemos interpretar lo que nos rodea por medio de la interfaz de los sentidos y pensamientos individuales. ¿Qué significa esto? En pocas palabras, que todo lo que conocemos es solo un holograma de la realidad, no es la realidad misma. El mapa no es el territorio.

La buena noticia, es que por medio de este mapa sí podemos encontrar relaciones que nos permiten obtener congruencia sobre La Verdad. Esto mismo nos dota de potentes herramientas filosóficas, pero también pragmáticas como sucede con la ciencia.

En los seres con consciencia la razón ha sido un gran aliado para la búsqueda de sentido. Pero, en consecuencia, considero que en la sociedad contemporánea hemos perdido de vista otro importante coligado: la intuición. Aquí es dónde los sentimientos adquieren extrema relevancia; gracias a ellos podemos comunicarnos con nuestro pasado evolutivo, con nuestros Propósitos en común, con nuestra propia esencia y con El Todo. Mismos sentimientos que además se vuelven indispensables para cualquier ejercicio creativo que pretenda modelar el futuro y fusionarse con el cambio constante e infinito.

Y finalmente, ¿existirán otros medios para acercarnos a La Verdad además de la razón y la intuición? Muy probablemente sí. Alguno posiblemente (aunque no es claro) accesible con las condiciones propias del Sapiens; otros más seguramente requerirán distintas capacidades que solo la evolución y un cambio de especie podrán otorgar. Por lo que la lucha de La Vida por resistir y prevalecer obtiene un valor adicional magnánimo: supervivencia para evolucionar y encontrar nuevos y brillantes Propósitos.

DEFINICIONES

Entiendo por…

I. ***El Todo***: absolutamente todo lo que implica la existencia.

II. ***La Verdad***: el conocimiento de El Todo.

III. ***Metacausa-germinal***: aquella causa última que no tiene causa.

IV. ***causa-de-causas***: aquellos efectos en que su causa es a su vez efecto de otra causa y así sucesivamente.

V. ***experiencia***: eventos internos y externos que se presentan con relación a un Ser.

VI. ***sistemas modales (modos)***: fenómenos derivados como parte de una causa.

VII. ***Propósito***: objetivo que se manifiesta en los efectos en común (o primera derivada) de los sistemas modales de una causa.

VIII. ***Voluntad***: conjunto de fuerzas en un Ser que obedecen al Propósito de una causa.

IX. ***pensamientos***: fenómenos neurales que se hacen conscientes en un Ser.

X. ***representaciones mentales***: fenómenos neurales que cartografían la experiencia de un Ser con imágenes mentales en modos como visuales, sonidos, olores, sabores y sensaciones.

XI. ***pensamientos lógicos***: aquellos pensamientos conscientes de sus representaciones mentales que buscan detectar causas y efectos.

XII. ***pensamientos homeostáticos***: aquellos pensamientos conscientes de las emociones (estados corporales) y del funcionamiento propio del Ser (sentimientos).

XIII. ***razón***: capacidad de identificar causas y efectos por medio de pensamientos lógicos.

XIV. ***intuición***: capacidad de identificar valencia por medio de pensamientos homeostáticos (sentimientos).

XV. ***consciencia:*** Capacidad del Ser de conocer La Verdad y a sí mismo.

XVI. ***resistir y prevalecer***: lucha por mantener el orden contra la expansión y enfriamiento constante y que representa el Propósito de La Vida.

XVII. ***Ser***: conjunto integral que forma la esencia propia del individuo incluyendo de forma no limitativa a los pensamientos, la energía, la consciencia y el cuerpo.

XVIII. ***atributos***: formas en que se representan los sistemas modales en la consciencia.

AXIOMAS

I. Según la razón, una afirmación solo existiría en función de una negación.

II. Para que exista la "existencia" debe validarse en función de la "no existencia" o "la nada", por lo tanto, la razón tiene un sesgo fundamental incorregible y todo lo que podamos deducir a través de ella se debe tomar con un valor interpretativo y no ontológico.

III. "La nada" por definición no existe, todo se encuentra conectado y sin espacios vacíos, El Todo es uno y uno es El Todo.

IV. El Todo corresponde a una naturaleza naturante, a una Metacausa-germinal que representa una causa sin causas, ese es el límite de la comprensión por medio de la razón.

V. Todo excepto El Todo tiene una causa.

VI. Todo existe en función de El Todo.

VII. El infinito es un absurdo, por lo tanto, todo conocimiento racional humano es finito.

VIII. Lo que pensamos y experimentamos los Seres es una interpretación finita de El Todo.

IX. Los pensamientos permiten identificar causas.

X. El Ser, a través de sus pensamientos, puede conocer sus propias causas y las causas de lo que le rodea, y, por lo tanto, puede acercarse a La Verdad con relación a El Todo.

XI. Existe la posibilidad de acceder a La Verdad por otra vía que no sean los limitados pensamientos lógicos y los pensamientos homeostáticos (sentimientos).

PROPOSICIONES

I. EL TODO

Todo existe dentro de El Todo y no puede haber nada fuera de él. La dualidad cartesiana queda descartada.

Demostración:

Si existiera algo fuera de El Todo, dejaría de ser todo, y eso es un absurdo. Q.E.D. (Quod erat demonstrandum)

Escolio:

Un paradigma que ha reinado en la faz del mundo occidental es la dualidad cartesiana; aquella noción en que la mente (o las ideas) existe independiente y completamente desconectada del cuerpo (o la materia).

Logro visualizar muy bien porqué ésta ha sido una creencia prevalente. Sin duda, así es como se siente dentro de la consciencia humana: mis ideas parecen existir en un plano diferente a la realidad que percibo "en el exterior".

Sin embargo, solo hace falta un toque de sensatez para darnos cuenta que todo, absolutamente todo lo que logramos percibir del "exterior" son ideas también. Y que, además, logramos producirlas solo gracias a un cuerpo y cerebro magníficamente diseñado para ello. Las ideas y la materia están conectadas.

Pero seamos audaces y aumentemos la complejidad del debate. ¿Acaso sabemos qué es la materia o qué son las ideas?

La mecánica cuántica nos ha demostrado que nada es lo que parece. En un nivel micro, los átomos que conforman a la materia tienen en ellos muchísimo más "espacio vacío" que partículas; la masa como la percibimos no es más que un holograma que se muestra con decillones de átomos unidos.

La materia no es tan "material" como parece.

Y, por otro lado, lo más que nos hemos acercado a comprender las ideas, es lograr detectar que se tratan de complejos mapas cartografiados por las neuronas de nuestro cerebro. Pero no tenemos la más mínima noción de cómo funcionan más allá de ello.

No tenemos idea de qué es una idea realmente.

Así es como podemos distinguir que dividirnos en polos filosóficos como "materialista", "idealista" o "dualista" es simplemente un gran absurdo.

Partamos entonces desde nuestra humildad cognitiva y abracemos la única existencia que conocemos: Todo es uno y uno es Todo.

Y así es como la impía incertidumbre nos lleva a una conclusión cruda y poética; como diría Calderón de la Barca, la vida es sueño y los sueños, sueños son.

II. LIMITANTES COGNITIVAS

No es posible para el Sapiens conocer la metaexistencia y la fenomenología de El Todo fuera de sus pensamientos y experiencia.

Demostración:

Si el Homo sapiens pudiera conocer fuera de sus limitadas capacidades propias, entonces dejaría de poseer la naturaleza que lo define como especie y dejaría de ser Homo sapiens. Q.E.D.

Escolio:

Nada podemos detectar fuera de nuestra capacidad experimental y cognitiva, la cual es limitada y finita.

Vaya que nos llena de esperanza imaginar mundos lejanos, pero la realidad es que aquello que percibimos es solo la punta del iceberg y que no somos aptos para entender qué hay debajo.

Hasta ahora, hemos sido diestros en identificar tres dimensiones espaciales y una cuarta temporal que poco comprendemos. Esto no significa que no existan más dimensiones. De hecho, es todo lo contrario, las incongruencias racionales que hemos trivializado para "no perder" sentido como validar conceptos irracionales (entre ellos la nada y el infinito), solo demuestran que hay mucho más allá de lo que logramos procesar.

Tal vez, solo tal vez, si aceptamos profundamente nuestra naturaleza, con todas sus virtudes y limitantes, y si nos enfocáramos menos en demostrar lo que creemos que sabemos, y más en saber, entonces daremos pasos mucho más firmes en el andar del conocimiento.

III. LA VERDAD

La Verdad absoluta es inaccesible para el Sapiens, pero es posible ampliar o reducir la consciencia sobre ella a través de los pensamientos y la experiencia.

Demostración:

La Verdad absoluta es inaccesible para el Homo sapiens (por la Proposición I de la Geometría de El Todo), sin embargo, los pensamientos y la experiencia generan conocimiento acerca de ella y así podemos acercarnos a conocerla. Q.E.D.

Escolio:

Es cierto, hay mucho que por naturaleza no podemos entender, sin embargo, también hay mucho que sí.

Aquella parte de La Verdad a la que somos capaces de acceder por medio de nuestra experiencia y pensamientos resulta en un abundante mar de conocimiento. Mismo mar que de ninguna manera se ha agotado; nos encontramos tan solo en el inicio de algo grande.

Los mayores aciertos de la humanidad se han dado cuando hemos sido capaces de aceptar nuestra ignorancia y cuando hemos canalizado ese deseo por encontrar sentido hacia adquirir información inteligente.

Justamente ahí se encuentra la clave para diferenciar la información. Por un lado, aquel conocimiento que solo atiende a sesgos egoístas e intereses particulares es un cáncer que oxida el progreso desde la raíz. Por ejemplo, las miles de investigaciones diseñadas para justificar las conveniencias de las grandes empresas capitalistas han permeado en la psique colectiva, a tal grado, que se han convertido en una plaga detonadora de autodestrucción. Por ejemplo, tan solo en los años 60s se presentaban cientos de estos estudios que "demostraban" los "beneficios del cigarro para la salud". Lo mismo ha pasado con el azúcar, los farmacéuticos, el consumo de animales y sus derivados, multivitamínicos sintéticos etc.

Pero, por otro lado, cuando el espíritu humano realmente ha conectado con una honesta sed de conocimiento para acercarse a La Verdad, es en esa singularidad que hemos logrado reales avances en la evolución. Por ejemplo, nuestras recientes revelaciones en el mundo de la Genética, la Neurobiología y la Mecánica Cuántica. Esto es a lo que llamo información inteligente; aquella que positivamente nos acerca a La Verdad de la forma más pura.

De cada uno de nosotros, como seres conscientes e inteligentes, depende decidir qué tipo de información queremos que sea más abundante. No siempre el verdadero conocimiento es el más gratificante a corto plazo, sin embargo, a largo plazo es la llave para un futuro realmente brillante.

IV. CONSCIENCIA METAHUMANA

Si fuera posible para el Sapiens acceder a La Verdad más allá de sus pensamientos y experiencia, entonces, por definición, necesitaría acceder a un estado de consciencia no humano o metahumano.

Demostración:

La naturaleza de la especie Homo sapiens, por definición, es un modo finito con capacidades limitadas. Por lo tanto, superar dichas capacidades implicaría pertenecer a una especie diferente. Q.E.D.

Escolio:

El ser humano por naturaleza, (*por la Proposición II de la Geometría de El Todo*) tiene capacidades y limites cognitivos. Nuestros sentidos nos permiten acceder a la información del mundo que nos rodea, pero también delimitan y modelan el rango de acceso a ella.

Dicho rango es distinto en cada especie y lo cierto es que no estamos seguros que el Sapiens siempre sea el más privilegiado en este sentido.

Tan solo podemos imaginar los matices interpretativos que presentan otros animales.

¿Cómo será que huelen los canes? ¿Cómo escucharán las ballenas? Y aún más interesante, ¿cómo entenderán los sentimientos otros seres?

Nunca lo sabremos con seguridad porque la forma en que traducimos los mapas neurales que producen las mentes de cada Ser son exclusivamente individuales. La ciencia moderna, en particular la Neurobiología, ha logrado reconocer patrones eléctricos que forman cartografías complejas en diversos niveles encefálicos como consecuencia de ciertos estímulos y pensamientos. Algunos, incluso simulan la forma de lo representado, por ejemplo, señales eléctricas entre neuronas en forma de cruz al ver una cruz. Pero éstos últimos son casos excepcionales, al final de cuentas la manera en que cada Ser interpreta dichas señales es un secreto subjetivo que solo el propio individuo conoce.

Ahora, muy probablemente no hemos alcanzado ni la mitad de nuestro potencial cognitivo humano. Varias técnicas meditativas a lo largo de la historia han demostrado reforzar nuestras posibilidades para acceder a una visión más amplia de la realidad. Considero que es momento que la ciencia contemporánea derribe los prejuicios que rodean la noción de los estados de consciencia como un tema esotérico y comience a darle la importancia que merece. Muy probablemente ahí se encuentre una llave maestra para obtener respuestas vitales.

Y finalmente, sobre nuestras verdaderas limitantes biológicas, también hay una forma de conquistarlas. Pienso que justamente de eso se trata la lucha de La Vida por resistir y prevalecer, de permanecer el suficiente tiempo en la evolución para adquirir (a través de las mutaciones y el cambio de especies) nuevas capacidades cognitivas que nos develen extraordinarios nuevos Propósitos y posibilidades.

V. METACAUSA-GERMINAL

Todo tiene una causa, excepto la Metacausa-germinal.

Demostración:

Todo lo que podemos pensar y experimentar tiene una causa, pero como no puede haber nada fuera de El Todo (por la Proposición I de la Geometría de El Todo) entonces existe una causa final que no tiene más causas. Q.E.D.

Escolio:

¿Dónde se encontrará ese anhelado origen de La Vida y la existencia? Aquel punto que no tiene más allá. ¿No es acaso una pregunta que ha movido al espíritu humano desde lo más recóndito y durante todo su haber?

Teórica y racionalmente podemos intuir que existe esa Metacausa-germinal, sin embargo, es muy fácil siempre cuestionar qué hay antes de ella. Por lo tanto, posiblemente nos encontramos caminando en círculo.

Ahora, considero que irónicamente la respuesta se encuentra fuera del reino de la razón clásica. ¿Será que se trata de un valor dialeteísta cierto y falso a la vez? Sin duda esta cuestión desafía todos nuestros paradigmas lógicos.

Pero regresando a la comprensión racional tradicional, bien podemos teorizar este tema con intenciones pragmáticas y con el importantísimo objetivo de detectar efectos y Propósitos. Por ejemplo, identificar la causa que dicta las tendencias en común tanto de la existencia detectable como de La Vida. Un enriquecedor ejercicio de esta naturaleza ha sido la teoría del *Big Bang*; mismo que ha sido increíblemente útil en el mundo de la física para ayudarnos a comprender lo que nos rodea.

Abramos entonces nuestros ojos y todo nuestro Ser para dotarnos de una visión penetrante que nos comparta respuestas sublimes y así acercarnos a La Verdad.

VI. SISTEMAS MODALES

Lo que piensa y experimenta el *Homo sapiens* obedece a causas y efectos finitos (sistemas modales) que surgen desde otras causas.

Demostración:

Todo, incluyendo los pensamientos y experiencia humanos (excepto la Metacausa-germinal) tiene una causa (por la Proposición V de la Geometría de El Todo) que genera efectos finitos representados por sistemas modales. Q.E.D.

Escolio:

La razón identifica que todo tiene una causa que produce efectos y que reconocemos en nuestro pensamiento como atributos.

Dichos efectos se convierten en sistemas modales que se vuelven causas de otros efectos y así sucesivamente. O, en otras palabras, todo lo que experimentamos y pensamos son modos con causas y efectos.

Identificar la causalidad real, sin sesgos cognitivos, es precisamente lo que nos dota de información inteligente; misma que nos libera de las cadenas de la impotencia y nos hace realmente libres para elegir.

Un bordado fino determinado que se va hilvanando con el tiempo. Parece consumarse con el pasado, pero desemboca en una obra incierta en un futuro inseguro.

Si todo tiene causas y efectos específicos, ¿entonces todo está escrito? Desde una visión puramente racional parece que sí. Sin embargo, el paradigma lógico convencional genera tantas contradicciones fundamentales que se encuentra profundamente roto. Por lo tanto, el determinismo parece ser paradójicamente relativo.

En la Física, tal como la posición de un electrón puede encontrarse superpuesto (estar y no estar a la vez), y definirse solo al ser observado por una mente consciente *(ver el experimento de la doble rendija*), así es cómo el mismo destino parece compartir dicho atributo de superposición.

Es decir, sí, todo parece haber sido predeterminado por ciertas causas identificables en nuestra percepción de la realidad subjetiva; pero a su vez, en una suerte everettiana, parece que como actores y observadores somos capaces de cambiar nuestra dirección hacia distintos posibles destinos.

Mismos destinos que se consuman en la determinación solo una vez que se vuelven parte del pasado y desde la consciencia: determinación relativa.

Y así es como propongo comprender la tan debatida controversia del determinismo vs. el indeterminismo. La respuesta, en términos mecánico cuánticos, se encuentra superpuesta.

Y así también concluyo la idea de los modos: todo lo que podemos detectar gracias a los atributos observables en nuestra realidad subjetiva se trata de sistemas modales con causas específicas identificables cuyo entendimiento nos permite tomar mucho mejores decisiones y ser mucho más libres para elegir.

VII. PROPÓSITO

Una causa o metacausa afecta a otros sistemas modales dentro de ella con efectos en común que atienden a un Propósito.

Demostración:

Si los efectos originados de una misma causa presentan una tendencia en común, entonces habremos identificado una primera derivada que atiende a un Propósito. Q.E.D.

Escolio:

¿Por qué? Posiblemente la pregunta más anhelada del espíritu humano.

¿Será que todo tiene una razón de ser? ¿O bien nos encontramos en un universo sin sentido? Independientemente de la respuesta final, lo que sí podemos entender es que las causas producen efectos con elementos en común que nos hablan de la naturaleza e "intención" de su origen.

Hamlet se preguntaba: ¿ser o no ser? Esta penetrante pregunta connota dos aspectos importantes: 1) ¿vale la pena vivir? y 2) ¿para vivir debo enfrentar a mi propia naturaleza o dejarme llevar por ella?

Ambas respuestas implican un relevantísimo ejercicio: buscar un Propósito.

Por un lado, ¿luchar contra mis instintos o dejarme llevar por ellos? La respuesta: ambos. ¿Por qué? Porque el tiempo es incesante. En ciertos momentos debemos echar mano de la razón para evitar los comportamientos instintivos que se tornan autodestructivos cuando se muestran fuera de su contexto original. Y en otros momentos, escuchar a esos mismos instintos es lo que nos ha permitido sobrevivir como especie.

¿Y para qué sobrevivir? Aquí es donde el Propósito de La Vida se torna crucial. En una primera instancia, para lograr responder a esa pregunta eventualmente, evitando nuestra aniquilación individual y colectiva como parte de La Vida misma.

La clara tendencia por resistir y prevalecer de los seres vivientes nos sugiere un Propósito al que atienden la infinidad de modos que se derivan de La Vida.

En otras palabras, aún no tenemos la última respuesta, pero debemos de resistir y prevalecer para encontrarla, y ello es un Propósito per se que representa una constante vital.

Entonces, ¿cómo responder a la pregunta por qué? Obteniendo información inteligente y prestando mucha atención a las tendencias en común que provocan las causas para detectar grandes Propósitos.

VIII. LA VOLUNTAD

La Voluntad representa las fuerzas que obedecen al Propósito de sus causas.

Demostración:

Aquella primera derivada (tendencia constante) que se presenta en los efectos de una causa deriva en modos distintos que representan fuerzas distintas que producen efectos diversos con un Propósito en común. La suma de estas fuerzas se agrupa en la Voluntad. Q.E.D.

Escolio:

Todo lo que nos mueve, desde lo más profundo hasta lo más somero, a nivel consciente e inconsciente, e influye en todas nuestras decisiones, es parte de la Voluntad.

El avezado Schopenhauer dedica gran parte de su obra a este cautivador concepto. ¿Qué es aquello que nos hace ser y nos motiva a actuar?

Una sinfonía gloriosa donde El Todo dirige la orquesta con un tempo y tono que unifica cada nota.

Una fuerza maestra guiando a otras fuerzas agrupadas en ensambles que con agudo arte dominan su instrumento individual siguiendo una partitura común. Así suena El Todo, la Voluntad, sus modos, sus fuerzas y su Propósito. ¡Así suena La Vida y la existencia misma!

La Voluntad representa la suma de todas las fuerzas que atienden al Propósito de sus metacausas.

Es cierto, por nuestras limitantes cognitivas solo podemos tratar de interpretar de la forma más fiel posible lo que la Voluntad implica; no tenemos un acceso directo a ella.

Pero vaya que lo que sabemos es importante, especialmente sobre el imperativo que rige a La Vida: una suma de fuerzas originadas en distintos puntos evolutivos perfectamente sincronizadas para resistir y prevalecer desde niveles subatómicos.

La Voluntad, sea como sea ontológicamente, se manifiesta en todos los modos de La Vida en una lucha por protegerse a sí misma.

Pero ahí no termina la odisea, más allá de La Vida como la conocemos, e incluso más allá de la misma existencia como la representamos, ¿cómo se manifiesta la Voluntad? Ésta es, sin duda, una enorme respuesta que aún espera a ser totalmente develada.

IX. NADA EXISTE POR SÍ MISMO

El Ser existe como parte de El Todo y no por sí mismo, así mismo se deriva de la Metacausa-germinal.

Demostración:

El Ser, al igual que toda la existencia, (por la Proposición I de la Geometría de El Todo) es parte de El Todo y (por la Proposición V de la Geometría de El Todo) se deriva de la Metacausa-germinal. Q.E.D.

Escolio:

¿Qué nos hace ser "yo"? Si lo pensamos racionalmente no podemos encontrar un solo elemento aislado que defina la naturaleza del Ser.

Podríamos considerar el cerebro mismo, sin embargo, la neurobiología moderna nos ha enseñado que este órgano requiere necesariamente del cuerpo para funcionar correctamente. No nos vayamos muy lejos, sin cuerpo, el encéfalo no podría generar los pensamientos que se alimentan a través de los sentidos y las señales del cuerpo mismo.

La realidad es que somos un conjunto de fenómenos que se unen extraordinariamente en armonía con El Todo.

¿Soy la misma persona ayer y hoy? La respuesta es no. Todo cambia, todo el tiempo. Nos encontramos dentro de un flux perpetuo que transforma todo lo que toca.

Desde una perspectiva lógica tradicional, lo único que se mantiene es el imperativo de El Todo. Por lo que para entendernos debemos de aceptarnos como un multiser. Toda individualización, por la naturaleza de la existencia, tiende a caer en el absurdo.

Interesantemente este fundamento lo identificaron muy bien los físicos Bohr y Heisenberg con sus principios de complementariedad y de incertidumbre respectivamente. Básicamente lo que evidencian es que, a mayor aislamiento para encontrar sentido, menor congruencia.

Por lo tanto, para descifrar el misterio del Ser debemos hacerlo con una perspectiva amplia, considerando todas las piezas de esta cuidadosa ingeniería que llamamos realidad.

Es momento de abrir más nuestra mente para entender mejor un mundo con un origen en común que se encuentra interconectado desde lo más ínfimo hasta lo más colosal.

X. EL SER

El Ser está diseñado para cumplir el Propósito de sus metacausas y representa al conjunto integral que forma la esencia propia del individuo incluyendo de forma no limitativa a los pensamientos, la energía, la consciencia y el cuerpo que son afectados por la Voluntad.

Demostración:

El Ser es un modo (por la Proposición I de la Geometría de El Todo) que se deriva de El Todo y que (por la Proposición VII de la Geometría de El Todo) atiende a su Propósito con la influencia de fuerzas (por la Proposición VIII de la Geometría de El Todo) que representan la Voluntad. Y, por otro lado, ese modo finito que interpretamos como el Ser debe incluir todo lo que aparentemente lo integra en tiempo presente y espacio definido incluyendo la fenomenología cuántica, fisiológica y psicológica. Q.E.D.

Escolio:

El engranaje maestro que conforma a El Todo opera en sincronía interconectada. Cada pieza tiene una función especial que complementa y aporta a la totalidad.

¿Cuál es esa competencia particular que tenemos cada uno de nosotros?

Identificar nuestro Propósito personal es un ejercicio sumamente valioso y lleno de recompensas.

Se trata de un esfuerzo de ingeniería a la inversa que consiste en detectar causas y efectos en relación con el bienestar del propio Ser. Básicamente, lo que fomenta la salud psicológica y fisiológica de cada ser viviente representa aquello que se encuentra en línea con el fin por el que está diseñado.

Escuchar y poner suma atención a lo que nos dice nuestro propio Ser, en todos sus modos de comunicación con la consciencia, es la clave para detectar nuestro Propósito específico que aporta a otros grandes Propósitos como la lucha de La Vida por resistir y prevalecer.

¡Abramos la consciencia hasta su máximo esplendor para entender nuestro lugar en el cosmos y así obtener una visión penetrante que nos lleve a nuevos futuros armónicos y destellantes!

Escolio 2:

En este punto me gustaría compartir aquello que he detectado como parte de mi Propósito con base en el mencionado ejercicio de ingeniería a la inversa:

Despertar el poder de la empatía con información inteligente y plantar una semilla para un futuro compasivo, brillante y que inspire lo más profundo del Ser.

XI. EL SER ES UN SISTEMA MODAL FINITO

El Ser es un sistema modal finito con causas y efectos que es posible identificar. Es una causa-de-causas.

Demostración:

A través de los pensamientos y experiencia humanos (por la Proposición III de la Geometría de El Todo) podemos acercarnos a conocer La Verdad y detectar causas de los sistemas modales. El Ser es un sistema modal finito (por la Proposición VI de la Geometría de El Todo) que se deriva de El Todo (por la Proposición IX de la Geometría de El Todo), y por lo tanto podemos conocer sus causas y las causas de sus causas. Q.E.D.

Escolio:

Y así, hemos desmitificado la posibilidad de conocer nuestra propia esencia.

Es cierto, tenemos limitantes cognitivas, pero también es cierto, dentro del rango de nuestras facultades ¡nos falta mucho por saber!

La naturaleza más profunda de nuestro Ser se manifiesta en efectos que develan sus causas y Propósitos.

El constructo subjetivo del yo es producto de una ilusión cargada de sesgos diseñados para enfrentar el aquí y ahora. En otras palabras, inventamos historias para encontrar sentido sobre nosotros mismos y lo que nos rodea. En ocasiones, esas narrativas se acercan a La Verdad, pero en otras más frecuentes, se alejan.

En resumidas cuentas, estas crónicas son instrumentos increíblemente útiles, pero al fin de cuentas se tratan solo de medios que nos ayudan a cumplir distintas funciones. Cuando las usamos para proteger La Verdad, entonces nos dotan de información inteligente y Libertad.

Revelar las posibilidades y las limitantes que genera la estructura de nuestro propio entendimiento es vital para reconocer las causas que nos forman y los efectos que producen en nosotros. De esta forma "la Libertad para" tendrá espacio a pesar de nuestra imposible "Libertad de". Es decir, no podemos desconectarnos de nuestras causas, pero sí podemos entenderlas para romper cadenas y adquirir nuevas posibilidades.

Descifrar nuestro Ser, nuestros esquemas cognitivos, nuestras causas, nuestra mente, nuestra consciencia, nuestros pensamientos, nuestros sentimientos y nuestras capacidades es una tarea compleja pero alcanzable hasta un punto muy elevado.

Una extraordinaria ironía llena de realidad: comprender al yo para darnos cuenta que no existe y coquetear con la fugaz Verdad.

XII. AUTOCONOCIMIENTO

El Ser, al ser parte de El Todo, puede autoconocerse y por lo tanto acercarse a conocer La Verdad.

Demostración:

El autoconocimiento del Ser es el conocimiento de La Verdad ya que (por la Proposición IV de la Geometría de El Todo) el Ser es una parte de El Todo. Q.E.D.

Escolio:

¿Estamos conectados con lo más lejano en el tiempo y espacio? Parece que sí.

Basta con mirar al cielo estrellado para unir nuestros sentidos con el inicio del universo. Las ondas que viajaron desde aquel distante límite durante más de trece mil millones de años ahora pulsan en nuestro cuerpo.

También, aquellas partículas subatómicas que conforman nuestro propio Ser, surgieron con el inicio de la existencia. Estamos interconectados con el pasado de formas que normalmente no estimamos.

Incluso, la serie de eventos que se han dado desde el origen, se comunican directamente con nosotros a través de nuestras emociones y sentimientos; tanto la esencia misma de La Vida que nos mueve a protegerla, como nuestros genes, y nuestra fisiología, regulan (motivan o reprimen) comportamientos por medio de ellos.

Nuestra tan subestimada intuición es la línea de correspondencia directa con la evolución.

Por ejemplo, el instructivo genético, presente en cada una de nuestros trillones de células, y que se ha escrito por más de tres mil millones de años, nos murmura claramente qué decisiones son las más alineadas a las probabilidades de supervivencia. Cuando tomamos una decisión en sincronía con lo aprendido durante este tiempo, entonces recibiremos un sentimiento positivo, y viceversa.

Conocernos a nosotros mismos es conocer nuestras causas.

El mundo de la Genética moderna ha abierto una inmensidad de posibilidades sobre el entendimiento del origen de La Vida. Cada uno de los genes que nos conforman refleja nuestra historia germinal.

Y, por otro lado, la Física, y en particular la Mecánica Cuántica nos comienza a revelar pistas sobre un punto aún más lejano: el origen del universo como lo conocemos. Muy interesantemente, cada uno de los átomos que nos conforman refleja también nuestra historia original.

¿Hasta qué punto del pasado y del espacio podemos llegar a conocer? Solo el futuro y la evolución nos podrá seguir mostrando respuestas.

La peripecia está en que la tan buscada Verdad se encuentra dentro de nosotros mismos.

XIII. LA CONSCIENCIA

La consciencia en el Ser tiene diferentes niveles según su posibilidad de autoconocimiento o rango de acceso a La Verdad.

Demostración:

El Ser (por la Proposición III de la Geometría de El Todo) puede ser consciente de La Verdad a través de sus pensamientos y experiencia. Por lo tanto, a mayor rango de pensamientos y experiencias, mayor nivel de consciencia y mayor acceso a La Verdad. Q.E.D.

Escolio:

La evolución nos ha dotado a todas las especies de capacidades únicas para percibir, procesar y retener información que recibimos por parte del mundo exterior y de nuestro propio Ser.

Estas facultades no son valores absolutos, sino rangos distintos dinámicos que cambian con el tiempo entre especies e individuos. En otras palabras, todos (incluyendo a cada ser viviente) tenemos niveles de consciencia diferentes.

Dichos niveles se definen a priori genéticamente en cada organismo, sin embargo, podemos adaptarnos a las partes bajas o altas del rango que por naturaleza ha sido definido.

La historia del Sapiens se encuentra atestada de casos extraordinarios en los que mentes iluminadas nos obsequian ideas cargadas de Verdad que han logrado evolucionar el espíritu humano desde la raíz; revelaciones adquiridas con estados de consciencia privilegiados.

Considero que los esfuerzos académicos y científicos contemporáneos no han respetado la relevancia merecida a este fenómeno. Sin duda, retomar la incesante investigación y exploración de los diferentes estados de consciencia y sus causas será un ejercicio revolucionario en los tiempos por venir.

XIV. ESTADOS DE CONSCIENCIA

Conforme evolucionan las especies adquieren un mayor rango de visión sobre La Verdad, aumentando "por lo tanto" el nivel de su estado de consciencia en el Ser.

Demostración:

La evolución ha permitido a las especies un mayor rango de procesamiento y retención de la información que recibe del exterior y de su propio Ser; por lo tanto, adquiere un mayor rango de pensamientos y (por la Proposición XIII de la Geometría de El Todo) adquiere un mayor estado de consciencia. Q.E.D.

Escolio:

Una de las armas secretas de la evolución es la consciencia. Esto ha permitido a algunos organismos entenderse como individuos con fisiología (propiocepción) capaces de procesar y retener información que obtiene de su propio cuerpo (interocepción) y del exterior (exterocepción).

Gracias a ello, logramos tomar decisiones diferentes a las programadas a *priori* por naturaleza cuando resultan en una inconveniencia al cambiar el contexto.

Dicha facultad de hacer consciente lo que sucede en nuestro cuerpo y mente tiene grado de amplitud y es directamente proporcional a nuestra capacidad de procesamiento y retención de la información que representamos en forma de pensamientos.

Por lo tanto, los seres con mayor nivel de consciencia son aquellos que logran conservar e interconectar la mayor cantidad de pensamientos.

¡Aunque atención! Los pensamientos no solo se presentan en modos racionales y cuantitativos, también existen en muestras intuitivas como los sentimientos.

Y como nota complementaria, con respecto a nuestras posibilidades de procesamiento, el control mental es imperativo para adquirir más elementos perceptivos.

Dicho esto, podemos detectar que conforme muchas especies han evolucionado, parecen haber adquirido una suprema habilidad para identificar y enlazar las representaciones de su mente: han elevado sus estados de consciencia.

Concluyo entonces este escolio con un llamado por dar la estimación y el lugar que merece a nuestro activo más valioso como seres vivientes: los pensamientos.

XV. NUEVOS PROPÓSITOS

Conforme el Sapiens resiste y prevalece en la evolución, será capaz de superar sus limitantes cognitivas actuales, acercarse más a La Verdad e interpretar nuevas metacausas y Propósitos.

Demostración:

Conforme el Homo sapiens y las especies evolucionan (por la Proposición XIV de la Geometría de El Todo) aumentan su capacidad de retención y procesamiento de información, con lo cual podrá detectar más causas y efectos, las cuales (por la Proposición VII de la Geometría de El Todo) nos revelarán nuevos Propósitos y nos acercará más a La Verdad. Q.E.D.

Escolio:

¿Entonces para qué resistir y prevalecer? ¿Para qué ser parte de la lucha de La Vida por La Vida?

La respuesta más presente es para acercarnos a La Verdad, permitiéndonos detectar nuevos y grandes Propósitos que doten de sentido el esfuerzo de miles de millones de generaciones de seres vivientes.

En otras palabras, es una interrogante que no lograremos responder contundentemente si no resistimos y prevalecemos.

¿Será una lucha que valió la pena? Independientemente de la conclusión final tenemos otro elemento que nos responde rápidamente: La Vida es un privilegio extraordinario.

Me explico mejor, mientras todo va y viene, los seres conscientes tenemos la exclusiva perspectiva de entender la magnificencia de un proceso natural impecable y vernos a nosotros mismos como parte de este fenómeno irrepetible que representa la fuerza vital.

Nada ni nadie, nunca jamás, tendrá el honor de volver a percibir este mismo instante que ahora experimentas con tu cuerpo, mente, tiempo y espacio específico. ¿No es acaso suficiente recompensa? El problema es que la mayoría de las veces damos por hecho algo que realmente es muy frágil e irrepetible: la posibilidad de estar vivos y conscientes de ello.

Ahora, además de esta gran concesión, tenemos también la oportunidad de aportar y dar continuidad a una inmensa lucha contra un destino frío e inerte con posibilidades literalmente inimaginables.

Lo mucho que nos falta por entender, experimentar y crear es tan grande que se desborda de nuestras capacidades cognitivas actuales. ¿Cómo podemos tener acceso a ello? Tan solo lo podremos saber conforme resistimos, prevalecemos y defendemos la evolución de La Vida.

XVI. ACERCARSE A LA VERDAD

El Sapiens se puede acercar a conocer La Verdad (o conocimiento de El Todo) identificando causas a través de su propia experiencia y pensamientos.

Demostración:

El Homo sapiens (por la Proposición XII de la Geometría de El Todo) tiene acceso a La Verdad al autoconocerse por ser parte de El Todo; lo cual puede hacer (por la Proposición III de la Geometría de El Todo) a través de sus pensamientos y experiencia. Q.E.D.

Escolio:

Nuestros pensamientos tienen un poder colosal que la mayoría del tiempo no asimilamos.

Se trata, ni más ni menos, que, de la puerta directa hacia el conocimiento del Ser, la Libertad y La Verdad.

Ahora, los pensamientos no existen por sí mismos, requieren de una biología muy particular que integra cuerpo, cerebro, mente, consciencia, memoria, sentidos y capacidades de inteligencia (o procesamiento) en todos sus modos. También requiere de un mundo exterior en sincronía e interconexión que nos permite experimentar el tiempo y el espacio.

Dado esto en todos los Sapiens, tenemos la enorme oportunidad de generar y percibir pensamientos. Y no solo eso, también podemos procesarlos para crear nuevos pensamientos de pensamientos con nuestra inestimable capacidad creativa.

Realmente prestar atención a nuestros pensamientos es todo un arte, implica un desapego impulsivo contundente. Incluso, en muchas ocasiones requiere atender a lo que no queremos (o no nos conviene en ese momento) escuchar. El hecho es que la mayoría de las ocasiones pensamos en modo de justificaciones para los deseos egoístas en pro de obtener estímulos vacíos; es ahí cuando se dan los sesgos del pensamiento más destructivos.

Obtener lo más valioso de nuestros propios pensamientos implica disciplina, fortaleza, información inteligente, autocontrol, inteligencia, creatividad, visión y empatía. Sin duda un esfuerzo importante, pero con recompensas apoteósicas.

Una fuerza impresionantemente monumental se encuentra dentro de nuestra propia mente.

XVII. LA RAZÓN - Pensamientos Lógicos

La razón o pensamientos lógicos son un modo del Ser del Sapiens que interpreta e identifica causas y efectos de sus pensamientos y experiencia.

Demostración:

Los pensamientos lógicos que permiten a sus mentes identificar causas y efectos son parte del Ser del Homo sapiens, por lo tanto, son modos del mismo. Q.E.D.

Escolio:

Tomar decisiones actualizadas en tiempo real ateniendo a un entorno infinitamente cambiante. Resiliencia en todo su esplendor. Esa es la función principal de la razón.

Cuando la programación biológica predeterminada se encuentra descontextualizada y se convierte en un peligro, es entonces cuando nuestra capacidad racional encuentra su lugar en la evolución. Lograr identificar causas y efectos es precisamente la información que nos permite tomar decisiones mucho más *ad hoc*. Definitivamente no es un fenómeno fortuito y valla que ha sido redituable para la lucha de La Vida por resistir y prevalecer.

Ahora, la única fuente de información accesible para el Sapiens en el territorio racional son sus pensamientos. Incluso la experiencia la interpretamos finalmente en esta forma. Por ello es claro que las causas que identificamos por medio de la razón son las causas de nuestros propios pensamientos.

Estas ideas que se presentan en la mente son parte de nuestro propio Ser, no poseen un valor ontológico con respecto a lo que están representando y son modos que se derivan del sí mismo. Sin embargo, la extraordinaria noticia es que nuestro Ser es, a su vez, una parte de El Todo y se encuentra interconectado con el absoluto que le rodea; por lo que los pensamientos, a pesar de parecer que existen en un reino puramente imaginario, en realidad son manifestaciones de la realidad misma y de todo lo que percibimos como existencia.

Con lo anterior, la potencia de los pensamientos se hace evidente. No por nada la razón ha tenido tanto éxito como copartícipe para diseñar técnicas de supervivencia y modelar el mundo exterior.

¡Continuemos engrandeciendo nuestra capacidad racional y conquistando nuevos horizontes! Pero siempre conscientes de su naturaleza y sus limitantes, conscientes de que representa un arma más del arsenal integral que hemos adquirido los seres humanos con el tiempo.

XVIII. CAUSA Y EFECTO

La Verdad a través de la razón se interpreta con causas y efectos de atributos asignados a los sistemas modales que se entienden a sí mismos y por sí mismos.

Demostración:

Los pensamientos lógicos se entienden a sí mismos ya que (por la Proposición II de la Geometría de El Todo) el Homo sapiens no tiene acceso a información fuera de sus propios pensamientos, mismos que (por la Proposición VI de la

Geometría de El Todo) son sistemas modales finitos que (por la Proposición I de la Geometría de El Todo) forman parte de El Todo. Q.E.D.

Escolio:

La sobreestimada y sumamente útil capacidad racional de los seres humanos es uno de nuestros mejores aliados, pero también nuestro peor enemigo. Esto último sucede porque solemos confundir el mapa con el territorio, reduciendo nuestra visión hasta el absurdo.

La interfaz del videojuego de la mente es abundante en detalles y hábilmente convincente; pero se trata de eso, de un holograma representativo.

Cientos de conceptos han identificado claramente este fenómeno: el *maya* oriental, la famosa alegoría de la caverna de Platón, las controversiales ideas de Foucault y muchos más.

Dentro de esta ilusión hay reglas aparentes; las cuales identificamos por medio de los pensamientos lógicos con los atributos que asignamos a los modos que experimentamos. Así es como detectamos causas que nos permiten transformar nuestro entorno, creando una superposición de interpretación y realidad.

Y así, es precisamente como tenemos acceso a La Verdad a través de la razón: leyendo signos que adquieren congruencia en contexto con otros. Pensamientos que se entienden a sí mismos y que reflejan su lugar dentro de la realidad a la que no tenemos acceso.

El reto es evitar reducciones incongruentes ya que acostumbramos a caer en la trampa que confunde la fotografía con lo fotografiado; y que, además, utilizamos para justificar intereses egoístas con la bandera de La Verdad. No todas las justificaciones lógicas representan información inteligente: aprender a detectar cuándo se alinean a la búsqueda de La Verdad y cuándo atienden a sesgos individualistas es clave.

Abrir realmente los ojos y luchar por una visión penetrante es lo que nos dará respuestas brillantes y trascendentes.

XIX. LA INTUICIÓN - Pensamientos Homeostáticos

Otro modo de la consciencia en el Ser del Sapiens para interpretar e identificar causas son los pensamientos homeostáticos (sentimientos) representados por la intuición, mismos que se encuentran en comunicación con las señales correspondientes al cuerpo y su relación con El Todo en tiempo y espacio.

Demostración:

La intuición, representando a los pensamientos homeostáticos (o sentimientos) que permiten a sus mentes comunicarse con su cuerpo y todo lo que le rodea en tiempo y espacio, es parte del Ser del Homo sapiens, por lo tanto, (por las Proposiciones XVI, XII, IX, III y I de la Geometría de El Todo) significa otro modo de acceso a La Verdad. Q.E.D.

Escolio:

Algo que normalmente no consideramos es el alcance que representan los sentimientos. En pocas palabras, son señales que nos envía nuestro propio cuerpo con base en el aprendizaje adquirido por miles de millones de años: el pasado se comunica con el presente para formar el futuro.

Estas señales homeostáticas tienen una función específica muy especial: regular el bienestar de La Vida. Es parte fundamental de las épicas armas con las que nos ha dotado la evolución.

Interesantemente, son guías intangibles con niveles de valencia. Es decir, no utilizan absolutos sino rangos de texturas que llamamos sentimientos; por eso existe una gama tan amplia de ellos. Por ejemplo, el modo específico en que una persona percibe el amor cambia con el tiempo y no es idéntica a la experiencia de nadie más.

Además, es literalmente imposible describirlos fielmente-definidos con signos como las palabras o los pensamientos lógicos. Por esta razón es que son a veces tan incompatibles con ideologías y paradigmas principalmente lógicos orientados a la razón; como es el caso del mundo occidental en los últimos siglos.

Pero su fuerza sigue intacta y más vigente que nunca.

Los sentimientos y las emociones nos han permitido regular nuestros comportamientos como organismos vivos para obtener ventajas de supervivencia con el conocimiento adquirido y acumulado a través del tiempo. Sin su influencia no existiría la humanidad ni La Vida.

Básicamente, la intuición es la vocera de las interconexiones que tenemos con El Todo. Pero al igual que la razón, hay que saber leerla e interpretarla: no todos los sentimientos representan información inteligente. En particular, los placeres inmediatos, en el contexto contemporáneo, han perdido gran parte de su función vital y se han convertido en un cáncer destructivo. En contra parte, los sentimientos de fondo continúan protegiendo la lucha por resistir y prevalecer de La Vida. Un gran ejemplo de estos últimos es el *sentimiento oceánico* referido por Freud, una manifestación de la armonía que genera el desapego al reconocernos por un instante como parte de toda la existencia.

Y de nuevo, liberar a la intuición de sesgos egoístas es la llave para convertirla en aliada en la búsqueda por La Verdad.

No perdamos nunca más de vista el valor y la función de los pensamientos homeostáticos (sentimientos); subestimarlos es quedar desprotegidos en un mar frío e incierto. Tanto la razón, como la intuición, son indispensables para resistir y prevalecer hacia nuevos y grandes Propósitos.

XX. MODOS COGNITIVOS

Es posible que existan otros modos para detectar las causas y acercarse a La Verdad además de los pensamientos lógicos y homeostáticos (sentimientos).

Demostración:

Además de la razón y la intuición (por la Proposición II de la Geometría de El Todo) es muy posible que existan otros modos de acceso a La Verdad actualmente desconocidos por el Homo sapiens. Q.E.D.

Escolio:

Nos falta tanto por entender que sería un crimen afirmar que lo conocido por el hombre es el ápice de la existencia.

Es cierto, la razón nos ha permitido conquistar parcialmente el mundo material, y la intuición que nos sujeta firmemente al origen de La Vida nos ha guiado hasta horizontes extraordinarios; pero eso no significa que estos dos magnánimos modos de pensamiento sean los únicos.

Es muy difícil imaginar fuera del marco existencial que conocemos, fuera de la caverna platónica que ha dado forma a cada una de nuestras ideas. Pero creo que justamente ahí mismo encontraremos respuestas. Se trata de una brillante posibilidad que fusiona en superposición la razón con la intuición: nuestra capacidad creativa.

Quiero decir, entonces, que la creatividad representa un modo de pensamiento por sí mismo.

Una danza de metarrelaciones que traza posibilidades sublimes. Consciencia de la consciencia, pensamientos de pensamientos, unidad de la diversidad y complejidad existencial: esa es la esencia del andar creativo.

¿Es el Sapiens la única especie creativa? No lo creo, pero sí parece que somos quienes lo han llevado más lejos hasta ahora en el planeta Tierra. ¿Seguiremos siendo la especie dominante en este sentido en el futuro? Nadie puede decirlo, muy probablemente una mutación abra la puerta para un nuevo jerarca creativo, una nueva especie.

Pero más allá de la razón, la intuición y la creatividad, seguramente existen y existirán otros posibles modos de pensamiento que nos permitan detectar causas y Propósitos en línea con La Verdad. Incluso con nuestra misma genética aún no logramos aprovechar nuestro máximo potencial cognitivo, no necesitamos ir más lejos, ¡dentro de cada uno de nosotros habita un poder inimaginable!

GEOMETRÍA DEL SER Y LOS DESEOS

LIBRO 2

PREFACIO

¿Qué compone al Ser?, ¿qué tenemos de especial los organismos vivientes?, ¿qué distingue a La Vida de lo inerte?, ¿qué nos motiva y por qué?, ¿para qué estamos diseñados?, ¿por qué tomamos las decisiones que tomamos?, ¿por qué los deseos parecen provenir desde fuera de la consciencia?, ¿cada uno somos realmente un ente individual?, ¿qué misión nos ha dado La Vida?, ¿qué es la fuerza vital y cómo me influye la conexión con ella?, ¿qué son los instintos, las emociones, los sentimientos y la razón y cómo y por qué nos motivan?, ¿qué es la creatividad y por qué representa el epítome de la evolución?

Es cierto, aún nos falta mucho por comprender para ofrecer respuestas finales a todas estas preguntas, sin embargo, lo que sí sabemos hasta ahora significa un acercamiento increíblemente asombroso y explicativo.

A continuación, analizaremos todas estas cuestiones, y varias más, con una lupa lógica y bien enraizada a los fundamentos científicos modernos, pero también con escolios más filosóficos que promoverán la atingencia y el pensamiento crítico.

El espíritu humano no necesita respuestas terminantes que solo lo aísle más en burbujas mecánicas, en cambio, necesita forjar su habilidad reflexiva para sumar a la potencia creativa colectiva. Y para ello, necesita comprenderse a sí mismo y lo que le rodea. Por estas razones, me permito compartirles parte de la elevada posición que hemos logrado asumir en la pugna por el entendimiento de la existencia con base en áreas de estudio modernas como la Psicología, Genética, Neurobiología, Física y Filosofía, pero nunca como ideas definitivas, sino siempre con la máxima de persistir avanzando en equipo para escribir iluminados destinos.

Con ustedes, *la Geometría del Ser y los Deseos*, una colección de ideas interconectadas con un modelo geométrico riguroso pero acompañadas por plácida paráfrasis que develan una perspectiva privilegiada sobre lo que somos, para qué estamos diseñados y lo que determinará el porvenir.

La creatividad nos hará libres.

DEFINICIONES

Entiendo por…

I. ***Big Bang***: el origen del universo detectable donde una gran explosión inició la expansión y enfriamiento del mismo.

II. ***entropía***: número de posibles estados microscópicos de un sistema en equilibrio termodinámico que tiende a aumentar con el tiempo y que se refleja en la expansión y enfriamiento perpetuo de todo lo contenido en el universo.

III. ***entropía negativa***: término acuñado por Erwin Schrödinger que representa el esfuerzo de las partículas subatómicas de La Vida por resistir y prevalecer contra la expansión y enfriamiento constante del universo.

IV. ***resistir y prevalecer***: esfuerzo en común de todas las manifestaciones de La Vida por mantener el orden contra la expansión y enfriamiento constante del universo desde el *Big Bang*.

V. ***La Vida***: conjunto de modos compuestos por material genético (purinas y pirimidinas) derivados del último ancestro universal en común (LUCA) que representa el primer Ser autorreplicable en la Tierra hace más de tres mil millones de años.

VI. ***Voluntad***: conjunto de fuerzas en un Ser que obedecen al Propósito de sus causas.

VII. ***Metacausa-germinal***: aquella causa última que no tiene causa.

VIII. ***metacausa***: aquella causa de efectos que son también causas.

IX. ***causa-de-causas***: aquellos efectos en que su causa es a su vez efecto de otra causa y así sucesivamente.

X. ***sistema modal (modos)***: fenómenos derivados de una causa.

XI. ***primera derivada***: constante en común que comparten los sistemas modales de una causa.

XII. ***Propósito***: objetivo que se manifiesta en los efectos en común (o primera derivada) de los sistemas modales de una causa.

XIII. ***atributos***: formas en que se representan los sistemas modales en la conciencia.

XIV. ***Dimensión Espiritual del Ser***: manifestaciones en el Ser de su conexión con La Vida en todos sus niveles.

XV. ***deseos espirituales***: fuerzas que motivan al Ser a actuar en sincronía con La Vida para resistir y prevalecer.

XVI. ***partículas subatómicas***: absolutamente todo atributo de menor tamaño de un átomo (incluyendo lo entendido en el área de la física como partículas, ondas o energía).

XVII. ***gen***: secuencia de letras (nucleótidos) que generan una proteína, o bien cualquier porción del material cromosómico que puede potencialmente utilizarse como unidad para la selección natural.

XVIII. ***Dimensión Instintiva del Ser***: manifestaciones en el Ser de la conexión con su programación genética modelada a través de la selección natural.

XIX. ***deseos instintivos***: fuerzas que motivan al Ser a actuar en sincronía con su código genético para proteger la supervivencia y reproducción de cada gen y así aumentar las probabilidades de La Vida por resistir y prevalecer.

XX. ***organismos con emociones***: seres compuestos creados por genes con atributos biológicos reactivos específicos a estímulos exteriores e interiores.

XXI. ***Dimensión Emocional del Ser***: manifestaciones en el Ser de la conexión con sus atributos biológicos reactivos a estímulos exteriores e interiores.

XXII. ***deseos emocionales***: fuerzas que motivan al Ser a actuar en sincronía con las reacciones programadas biológicamente a estímulos exteriores e interiores diseñadas para aumentar las probabilidades de La Vida por resistir y prevalecer.

XXIII. ***emociones***: marcos somáticos (estados corporales) que corresponden a las reacciones programadas biológicamente a estímulos exteriores e interiores.

XXIV. ***sentimientos***: atributos en la mente al tener consciencia de sus emociones.

XXV. ***organismos con mente***: seres con capacidad de percibir y representar su exterior (exterocepción), el funcionamiento de su interior (interocepción) y su propia composición fisiológica y psicológica (propiocepción).

XXVI. ***organismos inteligentes***: seres con capacidad de retención y procesamiento de la información obtenida por las representaciones de su mente.

XXVII. ***Dimensión Racional del Ser***: manifestaciones en el Ser de su capacidad de identificar causas y efectos por medio de representaciones mentales conscientes.

XXVIII. ***deseos racionales***: fuerzas que motivan al Ser a identificar causas y efectos por medio de sus representaciones mentales para complementar el proceso de comportamiento (impulsado espiritual, emocional e instintivamente) frente a los cambios de contexto como herramienta de supervivencia de su organismo para aumentar las probabilidades de La Vida por resistir y prevalecer.

XXIX. ***Dimensión Sintiente del Ser***: manifestaciones en el Ser de la conexión con sus pensamientos homeostáticos (sentimientos) que representan la consciencia de sus marcos somáticos reactivos (emociones).

XXX. ***deseos sintientes***: fuerzas que motivan al Ser a buscar sentimientos positivos y evitar sentimientos negativos para regular los comportamientos de su organismo y así aumentar las probabilidades de La Vida por resistir y prevalecer.

XXXI. ***organismos creativos***: seres conscientes de su consciencia y con capacidad de crear nuevos pensamientos de pensamientos lógicos (imágenes) y pensamientos homeostáticos (sentimientos) previos.

XXXII. ***Dimensión Creativa del Ser***: manifestaciones en el Ser de la conexión con su capacidad de crear nuevos pensamientos de pensamientos previos.

XXXIII. ***deseos creativos***: fuerzas que motivan al Ser a crear nuevos pensamientos para adaptarse y volverse el cambio constante y así aumentar las probabilidades de La Vida por resistir y prevalecer.

XXXIV. ***propiocepción***: capacidad de la mente de percibir y representar su composición fisiológica y psicológica.

XXXV. ***interocepción***: capacidad de la mente de percibir y representar el funcionamiento de su interior. (sentimientos)

XXXVI. ***exterocepción***: capacidad de la mente de percibir y representar los estímulos provenientes del exterior. (imágenes: visuales/sonidos/olores/sabores/sensaciones)

XXXVII. ***flux***: cambio constante e infinito.

XXXVIII. ***Ser***: todo lo que integra a lo que conocemos como un "ser viviente individual" (extensivo a todas las especies). Incluidas partículas, campos energéticos o cualquier elemento que no conozcamos o no seamos capaces de identificar por nuestras limitantes cognitivas humanas.

XXXIX. ***balance somático***: estado químico y fisiológico idóneo definido por la programación biológica-emocional.

XL. ***programación biológica-emocional***: instructivo modelado genéticamente en sincronía con el Propósito de La Vida y que define la especificidad reactiva de los organismos frente a distintos estímulos.

AXIOMAS

I. De la Metacausa-germinal se derivan sistemas modales que significan causas-de-causas de las cuales se derivan sistemas modales que significan nuevas causas-de-causas las cuales… y así sucesivamente.

II. Una metacausa está por arriba de sus sistemas modales derivados, mismos que representan una causa-de-causas.

III. Todos los sistemas modales obedecen a la primera derivada de su metacausa.

IV. Un sistema modal derivado de una metacausa puede representar una metacausa de otro sistema modal derivado de él.

V. El Propósito representa el efecto en común presente en los modos de una metacausa equivalente a la primera derivada de sus atributos.

PROPOSICIONES

I. BIG BANG

El modelo cosmológico prevalente de la ciencia moderna propone el Big Bang como el inicio del universo observable.

Demostración:

Todas las observaciones del universo detectable indican que se encuentra en expansión constante. Por lo tanto, la línea de tiempo sugiere que en dirección del pasado todo partió de un mismo punto en común. Q.E.D.

Escolio:

¿Cuál fue el origen del universo? Una pregunta que sin duda ha ocupado a millones de mentes a lo largo de la civilización humana.

Un mar de estrellas, siempre presente, sugiere que hay mucho más allá de lo que conocemos. Precisamente, observando el cielo jaspeado, es que encontramos que el universo se está alejando entre sí.

Interesantemente, en línea con la Ley Hubble, la velocidad a la que se mueve una galaxia parece ser mayor mientras más lejos se encuentre. Esto nos habla de una expansión cósmica impía que alude a un punto en el pasado en el que todo se encontraba unido.

Sin embargo, estamos hablando de una singularidad que debe romper con todas las "leyes" de la física para considerarse plausible. De nuevo la razón nos traiciona y demuestra que se trata de una ilusión pasajera.

Aun así, independientemente de la paradoja que representa el reto físico de ubicar un punto en el espacio-tiempo que sea atemporal y se encuentre rodeado de "vacío", lo que parece ser un imperativo es que la existencia observable se está alejando de sí misma.

¿Entonces cuál fue el origen del universo? La respuesta es muy clara: no sabemos y no entendemos. Y muy probablemente, ni siquiera somos capaces de hacerlo con nuestras capacidades cognitivas humanas. Pero la buena noticia es que hay otras cosas que sí sabemos, y que, por ahora, podemos usar como punto de partida en pro de acercarnos a La Verdad.

Ración de todo aquello que sí conocemos, es que la dispersión perpetua del universo es evidente y que, en el pasado, todo se encontraba mucho más próximo entre sí. Así que, como ejercicio filosófico, sirvámonos de esta marca para comenzar una odisea de conocimiento que nos permitirá detectar causas increíblemente deslumbrantes y reveladoras.

II. EXPANSIÓN Y ENFRIAMIENTO INFINITO

A partir del Big Bang la existencia comenzó un proceso de expansión y enfriamiento infinito.

<u>Demostración:</u>

Todas las observaciones indican que el número de posibles estados microscópicos de un sistema en equilibrio termodinámico (como el universo) tiende a aumentar con el tiempo (entropía), lo cual se refleja en la expansión y enfriamiento perpetuo de todo lo contenido en la existencia detectable. Q.E.D.

Escolio:

Un destino gélido y disperso: es lo que nos espera si consideramos las observaciones físicas.

Según lo que podemos detectar, toda la existencia se encuentra en un proceso de enfriamiento y expansión constante e infinito. Se trata de un fenómeno también conocido como entropía que representa una cantidad medible del número de estados microscópicos posibles en un sistema aislado; o, en otras palabras, mide su nivel de desorganización, el cual siempre tiende a subir de forma irreversible.

Y he aquí la feroz ironía, la cruel entropía que todo lo deshace y congela, significa "evolución" por su raíz griega. Pero con un giro muy literario, nos presenta un enemigo a vencer. ¿Será que en realidad La Vida busca involución en lugar de evolución? ¿Mantener el orden frente al caos inminente?

Sin duda, estos cuestionamientos son vitales para comprendernos a nosotros mismos, para identificar ni más ni menos que el génesis del universo. Si prestamos mucha atención encontraremos una sinfonía arbórea con causas claramente manifiestas. Y aunque se trate de una ilusión racional, el hecho es que nuestro acceso a la realidad grita fuerte y claro que todo nuestro Ser, y la esencia más profunda de La Vida entera, luchan por resistir y prevalecer frente a las fuerzas obscuras que todo lo enfrían y dispersan.

III. ENTROPÍA NEGATIVA

Las partículas subatómicas de La Vida luchan por resistir y prevalecer en un esfuerzo de entropía negativa

para mantener el orden y evitar un destino gélido y disperso.

Demostración:

Para que un organismo viva debe hacer frente a la entropía que lo hace perder energía; esto lo hace a través del metabolismo en un esfuerzo por mantener el orden con los recursos que lo rodean. Q.E.D.

Escolio:

Evitar la muerte, o en términos físicos: evitar la máxima entropía.

Absolutamente todo lo que podemos observar se encuentra en un proceso de desorganización, enfriamiento y expansión que puede medirse con la entropía de un sistema. Los seres vivos estamos inmersos en este proceso como parte de la existencia, y para sobrevivir debemos evitarlo.

Gracias a la mecánica cuántica, ahora sabemos que las "leyes" físicas son solo aproximaciones que corresponden a efectos estadísticos que se dan únicamente en volúmenes atómicos muy grandes. Es por ello que detectar el comportamiento exacto de las partículas subatómicas de la vida es casi imposible, no parecen seguir patrones predecibles; sin embargo, algo sí sabemos, La Vida toma recursos de su entorno para resistir y prevalecer.

En un ejercicio magistral, Erwin Schrödinger en su libro *¿Qué es la Vida?*, acuña el término *entropía negativa* para conceptualizar el fenómeno metabólico en que los seres vivientes mantenemos el orden molecular y subatómico con recursos del exterior.

Qué inmensa visión y talento para realizar tan osada observación. A mi parecer, una de las ideas más colosales y subestimadas en la historia de la humanidad. ¡Es cierto!, lo que interpretamos como La Vida se trata de la lucha por resistir y prevalecer, manteniendo el orden en un entorno donde el caos crece constantemente. Todas las manifestaciones de La Vida tienen esto en común.

Que razón tenían los griegos antiguos cuando soñaron la metáfora de un demiurgo artesano encargado de ordenar el caos. Tuvieron que pasar más de dos mil años para darnos cuenta que esto es más que una metáfora, que esa es precisamente la función fundamental de cada partícula subatómica, átomo, molécula, célula, gen órgano, pensamiento y todo elemento que compone a un ser viviente.

Asombrosamente, con base en este objetivo, se han cincelado sistemas sumamente complejos que observamos en las diversas y majestuosas especies del Planeta. Maquinarias tan extraordinarias que incluso han logrado obtener consciencia de sí mismas, todo en pro de resistir y prevalecer frente a un destino frío e inerte.

La entropía negativa es ni más ni menos, que la primera derivada de La Vida. Una constante que representa un Propósito evidente.

IV. RESISTIR Y PREVALECER: Imperativo Homeostático

La lucha primal por resistir y prevalecer es un imperativo homeostático que encontramos en todas las manifestaciones de La Vida.

Demostración:

La Vida se protege a sí misma regulando las funciones de todas sus manifestaciones, por lo tanto, resistir y prevalecer representa un imperativo homeostático vital. Q.E.D.

Escolio:

Todas las funciones vitales regulan las probabilidades por resistir y prevalecer de La Vida misma.

Un imperativo presente, sin excepción, en todas las manifestaciones de los seres vivientes del planeta Tierra. Una fuerza tan potente que se revela incluso en casos en que un Ser sacrifica su propia vida por otras. Lo vemos en actos humanos heroicos y también en comportamientos animales como el peculiar caso de las abejas *kamikaze* que mueren para proteger la supervivencia y reproducción de sus hermanas.

También, es un proceso homeostático que actúa como un termostato regulando un balance que beneficie las probabilidades de resistencia y prevalencia de La Vida entera. ¿Y cómo ha funcionado? Genes, organismos individuales, sociedades y especies completas van y vienen en el andar de la evolución terrenal, ¿pero qué se mantiene próspera y más fuerte que nunca? La Vida misma.

Desde aquél afortunado grupo de partículas subatómicas que se unieron combatiendo la expansión y enfriamiento infinito de la existencia, hasta el día de hoy, la lucha de La Vida continúa siendo la misma: resistir y prevalecer. Un imperativo homeostático que modera absolutamente todo lo que sucede en la arena vital.

V. PROPÓSITO DETECTABLE DE LA VIDA

El Propósito de La Vida, el efecto en común que podemos inferir por sus atributos en todos sus modos, es resistir y prevalecer.

Demostración:

Los efectos en común (por la Proposición VII de la Geometría de El Todo) de los sistemas modales de una causa representan su primera derivada o Propósito. Igualmente (por el Axioma III de la Geometría del Ser y los Deseos) todos los sistemas modales obedecen a la primera derivada de su metacausa. Todos los modos de La Vida, por sus atributos, protegen la resistencia y prevalencia de La Vida misma, por lo tanto, esto refleja su primera derivada o Propósito. Q.E.D.

Escolio:

¿Cuál es el Propósito de La Vida? Según lo que podemos observar: resistir y prevalecer frente a un contexto caótico.

¿Y para qué resistir y prevalecer? Esa es una respuesta que no es clara de ninguna manera, no lo sabemos con seguridad hasta ahora. Sin embargo, opto por creer que la prevalencia nos llevará a encontrar nuevos inimaginables y fulgurantes Propósitos.

Lo que sí es evidente, a través de los atributos observables de todos los modos derivados de la primera manifestación vital, es que somos parte de una lucha en común de La Vida por La Vida.

Dado lo mucho que nos falta por comprender como especie, podemos inferir que hay algo grande allá afuera. Algo desconocido por el momento, pero que podemos intuir su magnitud colosal.

Es cierto, nuestro límite cognitivo hasta ahora parece colindar con un universo dentro del marco finito de espacio-tiempo donde la existencia se expande y se enfría constantemente y donde un sector rebelde lucha por mantener el orden. Basta con mirar al cielo para darnos cuenta que La Vida es David y el cosmos es Goliat.

¿Lograremos competir contra tan abrumador rival? Hasta ahora lo hemos hecho muy bien; todo un planeta contiene ahora vida abundante. ¿Será por ello que la humanidad sueña con conquistar nuevos planetas?

Aquí surge una interrogante mucho más inmediata. Si el Propósito de La Vida es proteger La Vida misma, ¿entonces la humanidad corre un gran riesgo si continúa amenazando el balance vital por sus descontextualizados deseos egoístas? Muy probablemente sí. En cambio, si privilegiamos la alianza por proteger La Vida y el planeta que la cobija, seguramente encontraremos brillantes recompensas.

Nos encontramos en un momento como especie donde es menester la empatía y el resguardo del equilibrio natural que asiste a todos los seres vivientes. Así, el Propósito aparente de La Vida continuará su curso para develarnos nuevos y más elevados Propósitos.

VI. LA VIDA COMO METACAUSA Y SU INFLUENCIA

La Vida es una metacausa cuyo Propósito rige en todos sus modos.

Demostración:

El inicio de La Vida es la causa de las causas de todos sus modos, por lo tanto, (por la Proposición VII de la Geometría de El Todo) su primera derivada o Propósito permea en todas sus manifestaciones. Q.E.D.

Escolio:

El origen de La Vida es determinante para entender todo lo que ha derivado. ¿Por qué surgió? Esa es una pregunta clave.

Muy probablemente la respuesta se encuentra en un plano cognitivo inaccesible al momento, en algún sitio más profundo que el espacio-tiempo. Sin embargo, con relación al mundo como lo experimentamos, lo que sabemos es que La Vida surgió en un esfuerzo de ciertas moléculas (purinas y pirimidinas) por mantener su composición e incluso replicarla.

¿Pero qué motivó a estas moléculas a combatir el desorden? Sin duda encontraremos valiosas pistas estudiando lo que conforma a dichas moléculas, en una escala atómica y subatómica. Precisamente la mecánica cuántica se ha encargado de evaluar este tema y los resultados han sido impresionantemente disruptivos. Nos hemos dado cuenta que debemos reinventar nuestros territorios y paradigmas físicos para lograr comprender los fenómenos que ocurren en lo más pequeño. Se trata de una misión que apenas comienza.

¿Qué hemos encontrado? Un reino donde las cosas pueden ser ciertas y falsas a la vez, dialeteismo en toda su expresión, donde algo puede existir y no existir a la vez (superposición), donde el vacío realmente no existe, donde todo está conectado y donde la interacción del observador tiene un impacto decisivo sobre lo observado.

Hemos encontrado que la razón no es tan confiable como pensábamos y que hay mucho más allá de lo que conocemos.

¿Será que el intento de las moléculas germinales de La Vida por resistir y prevalecer obedece a un Propósito más grande que solo se puede entender con una perspectiva mucho más amplia? La probabilidad nos diría que sí.

Pero por el momento, sí sabemos algo muy relevante: todas las moléculas de La Vida, los genes que han formado, sus organismos y todas sus especies junto con sus capacidades incluyendo sus emociones, sentimientos, deseos y pensamientos, se han creado con un objetivo central: resistir y prevalecer. El Propósito de La Vida rige en todos sus modos.

VII. LA VOLUNTAD Y ORIGEN DE LOS DESEOS

El Propósito de La Vida que se manifiesta a través del imperativo homeostático por resistir y prevalecer representa la Voluntad en los seres vivientes y el origen de los deseos.

Demostración:

La Voluntad (por la Proposición VIII de la Geometría de El Todo) integra las fuerzas (manifiestas en deseos) que obedecen al Propósito de (por la Proposición V de la Geometría del Ser y los Deseos) resistir y prevalecer de la metacausa que (por la Proposición VI de la Geometría del Ser y los Deseos) representa La Vida. Q.E.D.

Escolio:

¿De dónde vienen nuestros más profundos deseos?

Es cierto, los seres humanos podemos elegir con base en lo que deseamos, pero no podemos elegir qué deseamos. No tenemos ningún tipo de poder de decisión sobre qué queremos y nos motiva.

¿Acaso no parece existir dentro de nosotros un "yo" que desea y otro "yo" que lo trata de controlar y moderar? Lacan lo llama el Otro con "O" mayúscula. Freud lo conoce como ID. Schopenhauer le llama *Wille*. La Biología moderna le conoce como "naturaleza". Shakespeare lo presentó magistralmente con Hamlet y su famoso dilema sobre ser o no ser. El cristianismo, judaísmo e islamismo lo atribuyen a Dios; el budismo e hinduismo al dharma o dhamma en pali.

Desde una perspectiva amplia, estamos hablando de una ley cósmica que reina sobre los seres vivientes. En este modelo le llamamos Voluntad, y se trata del conjunto de fuerzas en el Ser que obedece al Propósito de La Vida, o, en otras palabras, a resistir y prevalecer.

La Genética y Neurobiología modernas nos muestran que los seres vivientes actuamos en reacción a estímulos emocionalmente competentes que nos provocan estados corporales; una programación cuidadosamente diseñada para aumentar las probabilidades de resistencia y prevalencia de La Vida.

La Psicología moderna propone que creamos realidades subjetivas con representaciones mentales sublimadas que significan deseos inconscientes.

Lo que quiero decir, en términos más simples, es que toda decisión, acción y comportamiento atiende directa e indirectamente a la Voluntad en forma de deseos programados a *priori*. Deseos que no controlamos y que se reflejan en cada movimiento y pensamiento de los seres vivos.

Ahora, esta programación opera en diferentes niveles, por ello es que es tan complejo decodificarla. Sin embargo, si prestamos cuidadosa atención al mapa evolutivo de La Vida podemos identificar las capas que forman el Ser. Tal como lo hace la Geología para entender la composición de una montaña; este ejercicio nos dota de respuestas culminantes.

Para entender la Voluntad que se manifiesta en deseos debemos reconocer todo lo que la ha integrado en tiempo y espacio desde un inicio.

Justamente siguiendo esa última línea podemos observar que desde el punto más lejano que conocemos en el tiempo, se presenta una intención constante por resistir y prevalecer en todas las expresiones de La Vida, y que a partir de ella, nacen otros *sub-Propósitos* en diferentes planos como: la lucha egoísta del gen por sobrevivir y reproducirse, la búsqueda incesante por sentimientos positivos de los organismos con mentes, el anhelo por identificar causas de los organismos inteligentes y el apetito por modelar futuros de los organismos creativos.

Todo ello, es parte de la titánica Voluntad que vive en cada uno de nosotros.

VIII. PRIMERA DERIVADA DE LA VOLUNTAD

El atributo de la Voluntad que representa su primera derivada (resistir y prevalecer) se trata de la lucha de La Vida por La Vida.

Demostración:

La Voluntad como causa tiene modos que se manifiestan en atributos; la Dimensión Espiritual se presenta como la primera derivada de la Voluntad que representa la búsqueda por resistir y prevalecer de La Vida con atributos que se manifiestan en deseos que motivan a los seres vivientes a proteger La Vida misma. Q.E.D.

Escolio:

No podemos decidir qué deseamos, pero sí podemos conocer qué deseamos. Este afortunado fenómeno se debe a los atributos que nuestra mente puede identificar sobre lo que percibimos.

Por otro lado, ya hemos establecido que La Vida surgió buscando mantener un orden para combatir la expansión y enfriamiento perpetuo del universo que la condena a la desaparición.

Precisamente, a los atributos en forma de deseos que motivan a los seres vivientes a proteger esa primera constante, la catalogo en la *Teoría del Multi-Ser* como la Dimensión Espiritual. Misma constante que se presenta en todos los seres vivientes y que por tanto posicionamos como la primera derivada de La Vida y de la Voluntad presente en todos sus modos.

En el mundo de las matemáticas, una primera derivada es aquél vector director que influye en cada punto de una función. En la analogía con los atributos de La Vida, la primera derivada es el esfuerzo por resistir y prevalecer y cada punto de la función son todos los seres vivientes y todo lo que nos integra.

Estos atributos que pertenecen a la Dimensión Espiritual del Ser son muy fáciles de identificar. Los vemos reflejados todo el tiempo en momentos sublimes cargados de empatía. Por ejemplo, en aquellos deseos que nos motivan a ayudar a otros seres vivientes necesitados.

Al final de cuentas, todos los seres vivientes, desde lo más profundo, anhelamos proteger La Vida y su extraordinaria prevalencia.

IX. DIMENSIÓN ESPIRITUAL

La Dimensión Espiritual del Ser representa la conexión de La Vida con La Vida y con El Todo.

Demostración:

El Ser (por la Proposición IX de la Geometría de El Todo) existe como parte de El Todo y como parte de su metacausa La Vida; La Dimensión Espiritual corresponde a todo lo que representa esa conexión. Q.E.D.

Escolio:

Todo está conectado en tiempo y espacio. Dichas conexiones tienen diversos niveles con distintos efectos que podemos identificar a través de los atributos que se nos presentan.

Todo es uno y uno es todo, no es tan solo un emblema poético impetuoso, es una máxima racional que se manifiesta indiscutiblemente en la realidad que percibimos.

La confusión se desata porque para detectar causas nuestra mente debe aislar sistemas. Pero identificar las causas y efectos de sectores específicos no significa que la conexión y dependencia con otros no exista. Paradójicamente, mientras más tratamos de encontrar sentido desarmando piezas, menos entendemos; una dura lección que nos ha dado la mecánica cuántica.

Ahora es momento de buscar el justo medio, de adquirir una visión mucho más inteligente, de entender que nada existe por sí mismo y que los sistemas independientes son ilusiones pasajeras. De esta forma podremos identificar causas y efectos específicos, pero sin perder de vista el impacto que tiene en la medición la interacción con el observador y todo su entorno físico y temporal.

Por ello es tan importante comprender la influencia que tiene en todos los seres vivientes nuestra conexión con El Todo, con sus causas y con La Vida misma.

Somos parte de un equipo privilegiado con un objetivo en común que nos motiva penetrantemente: proteger la resistencia y la prevalencia de La Vida en todas sus formas.

X. DESEOS ESPIRITUALES

Los deseos espirituales surgen del imperativo homeostático por resistir y prevalecer.

<u>Demostración:</u>

La Dimensión Espiritual en la Voluntad (por la Proposición VIII de la Geometría del Ser y los Deseos) se manifiesta a través de atributos que denominamos deseos espirituales que motivan a los seres vivientes a proteger el Propósito de La Vida. Q.E.D.

Escolio:

Los deseos, por definición, son por sí mismos, no requieren de un destino para crear un significante. En contraparte, una necesidad, por definición, se da en función de un objetivo: ¿necesitar para qué?

Por esta razón es que considero que usar el término "necesidad" para nombrar a los fenómenos que aluden a las fuerzas que nos motivan resulta muy ambiguo. Dada la difícil relación que tenemos con ellas, llamarles así, parece más bien una estrategia inconsciente para justificarlas a *priori*.

La palabra más indicada es "deseos", y cuando comparten un origen y Propósito en común los complemento con un adjetivo *ad hoc*.

En el caso de aquellos deseos que forman parte de la lucha germinal de La Vida por La Vida y que surgen por la conexión con ella misma, los denomino deseos espirituales en el modelo.

Son los deseos más vetustos y más profundamente embebidos en nuestro Ser porque su origen se remonta al inicio de La Vida. Son aquellos que nos incitan a proteger la evolución, el Planeta, la vida en la Tierra en todas sus formas, a nuestros congéneres y a nosotros mismos como especie.

Los deseos espirituales son los gatillos de los movimientos humanos más monumentales en la historia de la civilización. Aquellas causas que benefician a La Vida misma conectan en masa.

Estamos programados con un imperativo homeostático para resguardar la justa por resistir y prevalecer. Se trata de un imperativo porque son fuerzas presentes en absolutamente todas las formas de La Vida. Es homeostático porque regula los fenómenos y comportamientos de todos los seres vivos para encontrar un balance que apremie las posibilidades de resistencia y prevalencia de La Vida misma.

Dicho imperativo homeostático se revela en atributos que interpretamos como deseos espirituales, forman parte muy importante de la Voluntad y sin duda son aquellos que elevan de la manera más sublime la esencia humana.

XI. METACAUSA DE LOS GENES

Las partículas subatómicas que conforman La Vida son metacausa de los genes; mismos genes que representan uno de sus sistemas modales con atributos.

Demostración:

Los genes están formados por moléculas que están compuestas por átomos que están integrados por partículas subatómicas. Entonces, en la línea de tiempo evolutiva, a partir de El Todo se formó primero un sistema modal compuesto por grupos de partículas subatómicas que se convirtieron en la causa del origen los sistemas modales con atributos específicos que conocemos como genes. Q.E.D.

Escolio:

Si el genoma humano fuera un libro estaría compuesto aproximadamente por tres mil millones de letras (bases A,C,T,G), mil millones de palabras (codones que representan aminoácidos), veinte mil historias (genes que representan proteínas) y veintitrés capítulos (cromosomas).

Las *letras* que componen el instructivo genético son moléculas que conocemos como purinas y pirimidinas formadas por átomos de Carbono, Hidrógeno y Nitrógeno.

Los átomos están integrados por electrones, protones y neutrones.

Hasta este punto encontramos un cierto consenso científico, sin embargo, la composición subatómica y sus propiedades por ahora son un misterio. Afortunadamente hemos obtenido muchas pistas sobre ello en las últimas décadas, pero nada definitivamente concluyente.

Lo que observamos, finalmente se trata de efectos estadísticos que atienden a resultados probabilísticos. Pero precisamente con dichos atributos es que podemos entender que la fenomenología subatómica en el caso de todo lo que compone a La Vida tiene características especiales. Erwin Schrödinger plasma muy bien esta idea en su famoso libro *¿Qué es La Vida?*

Ahora, sobre la comprensión de los genes, aunque aún nos falta mucho por descifrar, es cierto que hemos tenido avances muy significativos. Hemos detectado atributos muy específicos del sistema modal que corresponde a la genética. De hecho, parece que, a mayor amplitud del sistema físico, mayores posibilidades de comprensión humana. Claro, hasta cierto límite macro que ni siquiera hemos comenzado a cuestionar.

Lo que es vital, con fines cognitivos, es no perder de vista la conexión entre sistemas, es decir, aislar para detectar atributos específicos, pero siempre considerando los efectos inter causales.

Dicho esto, encontramos que de El Todo se desprenden sistemas modales subatómicos con ciertos atributos que influyen sobre los subsiguientes sistemas modales que engendran. O expresado de otra forma, El Todo influye sobre La Vida que influye sobre los fenómenos subatómicos que influyen sobre los fenómenos genéticos. Cada nivel con atributos especiales que nos permiten conocerlos y estudiarlos.

De esta forma obtendremos una visión mucho más certera sobre lo que somos. Un nuevo paradigma científico integral está actualmente gestando sus bases y se revelará muy pronto en las décadas por venir.

XII. LUCA

La Vida como la conocemos comienza con LUCA, el primer grupo de Seres, compuestos por material genético y capaces de autorreplicarse.

Demostración:

En un punto del mapa evolutivo tuvo que existir un primer grupo de Seres que representan el ancestro en común más antiguo de todas las manifestaciones de La Vida presentes en la Tierra. Q.E.D.

Escolio:

LUCA, por sus siglas en inglés (*Last Universal Common Ancestor*) representa nuestro ancestro en común más antiguo.

Se trata de un Ser, o probablemente varios, que lograron autorreplicarse con recursos del entorno externos a su propia composición individual.

Así comenzó la odisea, irónicamente egoísta, por mantener el orden para contribuir a La Vida entera. Seres procurando su propia supervivencia, compitiendo por recursos, dotándose de fortalezas entre sí y beneficiando una lucha común por resistir frente al caos como una sola escuadra.

Muchos le llaman *selección natural*. ¿No es acaso un campo de batalla y entrenamiento que nos ha permitido ser mucho más fuertes a nivel individual, colectivo y como unidad vital? ¿Egoísmo inconscientemente altruista? Al final de cuentas genes, individuos y especies ya han enfrentado la cruel extinción, pero La Vida misma es hoy más fuerte que nunca.

La voz de nuestra capacidad racional más básica nos dice que todo debe tener un comienzo y que todo tiene una causa; a nivel genético LUCA es el resultado de la conceptualización lógica del origen de La Vida como la conocemos.

Este peculiar punto del tiempo en el que encontraríamos a nuestros congéneres más vetustos está lleno de extraordinariedad. La teoría parcialmente comprobada es que una combinación entre agua, dióxido de carbono, metano y amoniaco, con una dosis de energía aplicada, permitió la formación de purinas y pirimidinas, la base del código genético. Estas bases que conocemos como adenina, guanina, citosina, timina y uracilo, comenzaron a ser abundantes y a aliarse en equipo. De pronto, un conjunto logró la serendípica hazaña de autorreplicarse usando los recursos de su entorno. Aquí nació LUCA. Y el resto es historia.

Más de tres mil millones de años después, estás tú ser humano leyendo este texto, gracias a las heroicas batallas conquistadas por nuestros antepasados. Pero la lucha no es entre nosotros, La Vida es un solo equipo, la lucha se trata de algo mucho más grande e importante, caos contra orden, permanencia contra inexistencia. Tenemos un inmenso camino por entender y aceptar sobre esta colosal cruzada y de ninguna manera debemos bajar la guardia, es momento de combatir con empatía, pues todos los seres vivientes somos uno, provenimos del mismo lugar, lo más inimaginable está por venir.

XIII. PROPÓSITO DETECTABLE DE LA PROGRAMACIÓN GENÉTICA

El Propósito de los genes, el efecto en común que podemos inferir por sus atributos en todos sus modos, es supervivencia y reproducción del gen mismo.

Demostración:

Los efectos en común (por la Proposición VII de la Geometría de El Todo) de los sistemas modales de una causa representan su primera derivada o Propósito. Igualmente (por el Axioma III de la Geometría del Ser y los Deseos) todos los sistemas modales obedecen a la primera derivada de su metacausa. Todos los modos de los genes, por sus atributos, protegen su supervivencia y reproducción, por lo tanto, esto refleja su primera derivada o Propósito. Además, la prevalencia de los genes ha trascendido a la prevalencia de los individuos y las especies, estadísticamente tienen una jerarquía superior en la configuración de la evolución; solo superados por la prevalencia de las partículas subatómicas que representan La Vida misma. Q.E.D.

Escolio:

El gen egoísta. Así se titula uno de los libros más célebres de la genética moderna. Trazado magistralmente por Richard Dawkins, este libro documenta claramente porqué la lucha no es de la especie por la especie, como tradicionalmente se pensaba, sino del gen por el gen mismo.

Y si nos vamos aún más lejos, como ya lo he expuesto, parece que esa lucha del gen por el gen es una herramienta de la pugna de La Vida por La Vida misma en niveles mucho más ínfimos.

Pero enfocándonos en el campo genético, una cuestión que ha incitado a un amplio debate es la definición del gen. Hasta ahora el consenso principal indica que un gen es una secuencia de nucleótidos que generan una proteína, o bien, cualquier porción del material cromosómico que puede potencialmente utilizarse como unidad para la selección natural incluso durante millones de años.

Considero que la clave del concepto se encuentra en identificar secuencias de bases que han logrado trascender por muy largos periodos de tiempo; ello representa evidencia sólida sobre la jerarquía de la prevalencia del gen sobre las especies.

Increíblemente, una guerra microscópica entre porciones de material cromosómico se preludia en el campo de batalla de La Vida. Genes compitiendo por su propia supervivencia y reproducción. Para ello han desarrollado todo tipo de tácticas, desde aliarse en grupos hasta crear máquinas de supervivencia sumamente elaboradas que materializamos todas las especies en el planeta Tierra.

Los seres humanos somos producto de un diseño sumamente complejo modelado por la colaboración de más de veinte mil genes y documentado en un instructivo detallado que llamamos genoma.

Este impresionante manual, que ha sido redactado por más de tres mil millones de años, lo hemos logrado descifrar recientemente. Hoy podemos identificar la secuencia y posición de cada una de las *letras* (moléculas) que contiene el código. Sin duda esto abre una *caja de Pandora* muy peligrosa que podría significar una fuente de poderosísimas ventajas, pero también una interrupción del proceso evolutivo con consecuencias fatales y autodestructivas. Todo lo que hagamos con respecto a este tema debe ser tratado con máxima responsabilidad y cuidado, por eso es tan importante que todos y cada uno de nosotros seamos conscientes de los peligros y oportunidades que tenemos sobre la mesa de la investigación genética.

Al final de cuentas, nuestra integridad y existencia como especie está en juego. El equilibrio es muy delicado y todo se ha creado a fuego lento, la lucha del gen por su propia supervivencia y reproducción es indispensable para la permanencia de La Vida.

XIV. LA INFLUENCIA DE LOS GENES

Los genes son una metacausa cuyo Propósito rige a todos sus modos.

Demostración:

Todos los seres vivientes en el planeta Tierra están compuestos por material genético que representa un instructivo que influye en todos los niveles del Ser. Los genes son la causa de todos sus modos, por lo tanto, (por la Proposición VII de la Geometría de El Todo) su primera derivada o Propósito rige en todas sus manifestaciones. Q.E.D.

Escolio:

En los animales el instinto es evidente. Durante miles de años, los seres humanos nos hemos maravillado por ello. ¿Cómo y por qué la naturaleza sabe tanto?

Hasta solo recientemente hemos caído en cuenta de que mucha de esa información se encuentra documentada en cada una de las células que componen a un ser viviente. Se trata de un sistema de almacenamiento, pero también de procesamiento, compuesto por miles de millones de moléculas en el que cada una representa alguna instrucción.

Este manual de procedimientos no solo define nuestro fenotipo (cómo nos vemos), sino que también programa tendencias de comportamiento y respuestas específicas a estímulos determinados. En otras palabras, los genes influyen en todas y cada una de las decisiones que tomamos.

En la mayoría de los seres vivientes, dicha influencia es absoluta y significan órdenes directas que se cumplen al pie de la letra. En el caso del Sapiens, solemos creernos liberados de estos mandatos ya que la injerencia genética pierde autoridad frente a la posibilidad de tomar otras decisiones vía nuestra capacidad racional. Pero cuidado, la razón presenta una ilusión que aparenta tener todo el control, sin embargo, la realidad no es ni remotamente cercana a ello. De hecho, si seguimos el mapa evolutivo, la razón parece existir y actuar en servicio de los genes.

En cada una de nuestras decisiones la razón y el instinto, a través de la intuición, forman parte del comité de gestión.

Al final de cuentas, absolutamente todos los seres vivientes existimos gracias a nuestro código genético, mismo que determina contundentemente la formación y procesos de nuestra fisiología, psicología y básicamente todo lo que nos integra. Los genes son el origen de la existencia de los organismos vivos, y, por lo tanto, los atributos que aportan a su Propósito (supervivencia y reproducción genética) nos rige e influye a todos. Entendernos y acercarnos a La

Verdad sobre nuestra esencia implica entender a fondo el funcionamiento genético.

XV. LOS GENES Y LA VOLUNTAD

El Propósito de los genes que se manifiesta en la supervivencia y reproducción del gen es un atributo de la Voluntad.

Demostración:

La Voluntad como causa tiene modos que se muestran como atributos; La Dimensión Instintiva se presenta como un modo de la Voluntad que representa a la programación genética con atributos que se manifiestan en deseos que motivan a los seres vivientes a proteger la supervivencia y reproducción genética. Q.E.D.

Escolio:

¿Podemos desear dos cosas opuestas a la vez? *¿Sí* y *no* al mismo tiempo? La experiencia nos dice que sí. Por ejemplo, ese otro *yo* lacaniano que desea, y que no podemos controlar, muchas veces nos pide exactamente lo contrario a lo que nos pide nuestro *yo* racional.

Este fenómeno es muy fácil de entender cuando nos damos cuenta de que nuestro Ser es en realidad un multiser.

Entre otras, una de las partes más influyentes que nos integran corresponde al instinto, a todo aquello preprogramado genéticamente.

Es impresionante lo mucho que la ciencia moderna ha identificado sobre el impacto de los genes en nuestras tendencias de comportamiento. En resumidas cuentas, son la base de nuestra personalidad, establecen la dirección de las fuerzas instintivas que nos motivan. Dichas tendencias existen porque han significado una ventaja de supervivencia durante la evolución. Tomarlas en cuenta ha sido literalmente cuestión de vida o muerte.

El instinto es una parte fundamental de nuestra Voluntad, de aquellas fuerzas que nos mueven para tomar decisiones y actuar. Dichas potencias actúan principalmente en el inconsciente, se subliman en el preconsciente y se manifiestan en símbolos en nuestro consciente a través de los pensamientos. En otras palabras, no podemos controlar su origen, pero sí podemos identificar sus efectos.

Para localizar la injerencia instintiva tenemos dos posibilidades clave. Primero, correlacionar comportamientos humanos con los de otras especies que actúan primordialmente por instinto. Y segundo, validar motivadores presentes en el 99% de los humanos: recordemos que como *Homo sapiens* compartimos el 99.9% del código genético, por lo tanto, las tendencias en común corresponden al peso de los genes.

De manera concluyente podemos aseverar que nuestro instructivo genético influye en todas y cada una de nuestras decisiones desde una posición alterna a nuestro consciente; reconocer sus intenciones es sin duda un ejercicio esencial para acercarnos a la Libertad.

XVI. JERARQUÍA DE LA DIMENSIÓN INSTINTIVA

El Propósito de La Vida es metacausa del Propósito de los genes.

Demostración:

La Vida (por la Proposición XI de la Geometría del Ser y los Deseos) es causa de los genes, por lo tanto, el Propósito de los genes atiende al Propósito de La Vida. Q.E.D.

Escolio:

¿Es posible que el egoísmo aporte un bien común? Los genes parecen ser prueba de ello.

Si nos remontamos al contexto primal que dio origen a las moléculas (purinas y pirimidinas) que forman nuestro código genético, encontramos un entorno en el que comenzó la competencia por los limitados recursos para sobrevivir y reproducirse.

Dicha contienda se convirtió, literalmente, en una cuestión de vida o muerte y permea en muchos niveles: gen vs. gen, especie vs. especie, grupo vs. grupo, sociedad vs. sociedad, individuo vs. individuo, etc.

La ironía es que este enfrentamiento egoísta requiere de alianzas en equipo para adquirir fortalezas, y que, a su vez, resulta orquestado para mejorar las posibilidades de resistencia y prevalencia de La Vida entera. Pareciera un campo de entrenamiento esbozado con la finalidad de dotar de aptitudes a sus integrantes para enfrentar algo mucho más grande.

Lo que sucede ahora con el Sapiens es aún más peculiar. Como especie, gracias a este proceso evolutivo, hemos obtenido tanto poder que estamos situados en un punto en el que continuar la tendencia egoísta, que originalmente nos dio fuerza, significa la autodestrucción. La esperanzadora noticia es que este mismo contexto nos obsequia la facultad de liberarnos del ego y de modelar un futuro en que sigamos nutriendo fuerzas, pero sustituyendo el egoísmo con la empatía.

El punto de quiebra lo estamos viviendo; la historia de millones de años por venir se escribe en este mismo instante, y depende de cada uno de nosotros marcar la inmensa diferencia.

XVII. DIMENSIÓN INSTINTIVA

Los atributos que obedecen a la supervivencia y reproducción del gen representan a la Dimensión Instintiva del Ser.

Demostración:

La Dimensión Instintiva del Ser corresponde a todos aquellos atributos que (por la Proposición XIV de la Geometría del Ser y los Deseos) obedecen específicamente al Propósito de los genes. Q.E.D.

Escolio:

¿Qué es el Ser? Es una pregunta muy peligrosa, muy controversial y evitada por la ciencia; se trata de un enorme elefante rosado en medio del cuarto que nadie entiende plenamente.

"Pienso, luego existo" *[cogito ergo sum]*, es una de las frases más famosas de la historia porque nos concede un reflejo sobre nuestra existencia. En el contexto dualista, Descartes pretende argumentar con esta idea que dicha existencia del Ser tiene una cualidad no material. Sin embargo, la

Neurobiología moderna nos ha demostrado que para poder pensar como lo hacemos, es indispensable el cerebro y su conexión con todo el cuerpo. En otras palabras, en realidad pensamos porque existimos con una fisiología humana específica.

Entonces, los pensamientos *per se* no parecen ser una prueba contundente de nuestra existencia más allá del cuerpo. Pero tenemos una cuestión aún más interesante, ¿qué hay de los deseos como evidencia del Ser?

Deseo, luego existo. Pero para esta apreciación debemos ser muy cuidadosos. Empezando por entender el deseo, no como un capricho humano, sino como una fuerza que influye en cada uno de nuestros pensamientos y acciones; un fenómeno sobre el cual no tenemos ningún control y que nos muestra un *yo* independiente al *yo* que piensa. Con este enfoque bien podríamos argumentar que los deseos, al igual que los pensamientos, son producto de nuestro cuerpo y encéfalo; sin embargo, indagando más a fondo podemos darnos cuenta que la Voluntad (manifiesta en deseos) parece existir en sincronía con muchos niveles, desde lo más pequeño hasta lo más inmenso de la existencia detectable.

Precisamente, por lo anterior, surge lo que llamo la *Teoría del Multi-Ser*; un ejercicio muy parecido al análisis geológico de las placas tectónicas. Se trata de identificar, con un principio de anidamiento, lo que compone al Ser con relación a un mapa evolutivo y con base en los deseos que manifiesta a través de sus comportamientos. Dicho de otra forma, la *Teoría del Multi-Ser* busca las causas que nos hacen desear, sus aparentes objetivos y su origen en el tiempo desde la perspectiva más amplia posible.

Con un análisis medianamente serio, considerar al Ser como un individuo independiente que existe por sí mismo, simplemente nos lleva al absurdo. Con base en lo que podemos experimentar, el Ser es un complejo súper sistema de sistemas que se compone por diferentes niveles con jerarquías y orden específico.

El nivel germinal detectable es el que refiero como la Dimensión Espiritual, se trata de la fenomenología que resulta de la conexión del Ser con El Todo, desde el punto más lejano en el tiempo y espacio hasta el aquí y ahora. Dicha relación origina pensamientos que reflejan deseos que generan acciones y que modela lo que llamamos realidad. Así es como podemos identificarla, al igual que con el resto de las Dimensiones. Este nivel inicial parece motivarnos a proteger la existencia misma y La Vida como la conocemos, se manifiesta, por ejemplo, en los casos en que los seres humanos han sacrificado su propia vida por una causa mayor, o bien cuando nos sentimos motivados por proteger al Planeta y a sus seres vivientes.

Posteriormente, establezco un segundo nivel, surgido hace más de tres mil millones de años y con un objetivo específico evidente: la supervivencia y reproducción del gen. La Dimensión Instintiva se origina a partir de la Dimensión Espiritual y se muestran íntimamente conectadas; no existiría la segunda sin la primera. Por lo que encontramos que la pugna egoísta del gen, en realidad atiende a proteger la prevalencia de La Vida misma.

Más adelante revisaremos las siguientes dimensiones derivadas con distintos puntos de origen y objetivos; pero siempre con una misma causa germinal aparente: aportar al esfuerzo por resistir y prevalecer.

Para terminar, me permito concluir este escolio con la cuestión inicial del mismo: ¿Qué es el Ser? Con certeza y exactitud nadie lo sabe, sin embargo, si prestamos suficiente atención a los comportamientos de los seres vivientes, que son motivados por fuerzas conscientes e inconscientes manifiestas en lo que llamamos deseos, entonces podremos acercarnos a comprender de qué se trata aquél misterioso ente que nos anima.

Y en el camino, podemos atesorar una de las más extraordinarias pruebas de nuestra presencia: deseo, luego existo.

XVIII. INTERCONEXIÓN INSTINTIVA

La Dimensión Instintiva del Ser representa la conexión de los genes con los organismos y seres que forman.

Demostración:

El Ser (por la Proposición IX de la Geometría de El Todo) existe como parte de El Todo, como parte de su metacausa La Vida y como parte de su metacausa genética; La Dimensión Instintiva corresponde a todo lo que representa la conexión del Ser con sus genes. Q.E.D.

Escolio:

¿Podemos comunicarnos con el pasado? Parece que sí.

Incluso, los mensajes que recibimos de los tiempos antiguos son fuertes y claros. Los llamamos sentimientos.

En resumidas cuentas, los sentimientos son representaciones mentales de las reacciones del cuerpo originadas por nuestra programación biológica-emocional diseñada genéticamente durante más de tres mil millones de años. Es decir, mensajes estructurados para regular nuestro comportamiento, en sincronía con el aprendizaje sobre tácticas de supervivencia que hemos adquirido durante el cronograma evolutivo.

El pasado se contacta con el presente.

Que esplendorosa obra de la existencia representa el genoma humano; tres mil millones de moléculas (o bases) con un orden perfectamente coordinado que dictan las instrucciones precisas para formar organismos vivos y para guiar sus comportamientos con asombrosas estrategias de supervivencia.

La programación genética nos murmura en cada segundo de nuestra existencia el conocimiento adquirido durante milenios. Los conocemos comúnmente como instintos y su influencia es colosal, mucho mayor de lo que pensamos normalmente.

Es cierto, el ser humano puede decidir en contra de su instinto por medio de la razón, justamente es una facultad obtenida por supervivencia genética que marca una de las peripecias más interesantes de la evolución. Sin embargo, eso no implica que la injerencia instintiva no sea perpetua y monumental.

Cada día y cada instante tenemos una íntima conversación con los mensajes del pasado documentados en cada una de las células de nuestro cuerpo, no son un enemigo, sino un poderoso aliado con el que debemos negociar constantemente para encontrar el máximo bienestar individual, colectivo y futuro.

XIX. LOS ATRIBUTOS DE LOS GENES Y LOS DESEOS INSTINTIVOS

Los deseos instintivos surgen de la búsqueda por la supervivencia y reproducción del gen. El Propósito de los genes.

Demostración:

La Dimensión Instintiva en la Voluntad (por la Proposición XV de la Geometría del Ser y los Deseos) se manifiesta a través de atributos que denominamos deseos instintivos que motivan a los seres vivientes a proteger el Propósito de los genes. Q.E.D.

Escolio:

¿Cómo podemos identificar los atributos derivados de la programación genética? Actualmente tenemos muchos recursos para hacerlo, desde la simple observación hasta el análisis detallado del código.

A la fecha, sabemos mucho sobre los efectos de los genes, no solo sobre nuestro fenotipo (físico) sino también sobre las tendencias de comportamiento que motivan.

En textos previos he publicado lo que llamo *Los 12 Detonadores Instintivos*, los cuales representan tendencias de comportamiento que los Sapiens compartimos con otras especies y que producen deseos, que al cumplirse o no, generan sentimientos positivos o negativos respectivamente en la inmensa mayoría de nosotros.

Primero, podemos marcar que provienen del código genético, ya que coinciden con comportamientos instintivos de otras especies.

Y segundo, porque pasan una prueba causal-sintiente, es decir, provocan reacciones emocionales y sentimentales casi idénticas en la inmensa mayoría de los seres humanos. Esto último corresponde con el hecho de que nuestro genoma es 99.9% idéntico entre seres humanos, por ello, todo lo que provenga desde esta fuente lo encontraremos evidenciado de forma muy parecida en prácticamente todos nosotros.

Ahora, algo sumamente interesante es que dichos mandatos del gen operan desde un lugar presente en el núcleo de cada una de nuestras células, pero inaccesible psicológicamente de forma directa. Por ello, la interacción es indirecta por medio de los deseos, mismos que actúan como un puente entre las condiciones intrínsecas preprogramadas y nuestra mente.

Los deseos son la evidencia más contundente de los objetivos de nuestros genes; los atributos detectables más patentes de las Dimensiones del Ser.

Deseo de dominación, de pertenencia, de placer sensorial, de control, de descubrimiento, de protección y familia, de aprendizaje, de poder, de altruismo cooperativo, de ser escuchado, de trascendencia y de reconocimiento. ¿No son acaso 12 conceptos que nos motivan a cada uno de nosotros?

Insaciables y perpetuos, pueden ser fieles compañeros, pero también convertirse en nuestros peores contrincantes, de cualquier manera, nuestra existencia humana se la debemos fundamentalmente a los instintos, son causa de nuestros peores defectos y nuestras mejores virtudes.

XX. LA FUNCIÓN DE LOS GENES

Los genes surgen como herramienta de La Vida para aumentar sus probabilidades de resistencia y prevalencia.

Demostración:

Los genes por su capacidad de adaptación y motivación para sobrevivir y reproducirse protegen al Propósito de La Vida, el cual (por la Proposición XVI de la Geometría del Ser y los Deseos), representa su función principal y razón de ser. Q.E.D.

Escolio:

¿Para qué existen los genes? Son una obra maestra perfectamente diseñados para resistir y prevalecer, incluso, para reprogramar la existencia.

Todo lo que nos rodea (teóricamente a partir del *Big Bang*) se encuentra en un estado de impío caos, condenado a un destino congelado y expansivo. Los genes, y aquello que los compone en niveles mucho más pequeños, no están de acuerdo con aquella condena y procuran mantener el orden. ¿Qué clase de batalla cósmica se lleva a cabo? Es muy difícil saberlo con exactitud por nuestras limitantes cognitivas humanas. Pero lo que podemos observar es contundente: las partículas subatómicas de los seres vivientes, con ayuda de las moléculas que llamamos genes, pugnan por conservar y replicar su existencia y composición.

Se trata de un inestimable esfuerzo por reestablecer el orden.

La función de los genes en esta cruzada está expuesta. Una metáfora, un tanto coloquial, pero muy ilustrativa, sería imaginar a cada gen como miembros de un equipo deportivo. Los integrantes, deben enfrentarse entre ellos en cada entrenamiento con el fin de obtener fortalezas para vencer a otros equipos y alzar la copa: competencia individual e interna para un bien común. Así "entrenan" los genes, enfrentándose entre sí para ser mucho más fuertes de cara a la imponente fuerza obscura que representa la dispersión y el enfriamiento de la existencia.

La programación genética es un instrumento estratégico que tiene La Vida para conservarse a sí misma. Y vaya que ha gestado frutos. Los seres vivientes hemos conquistado el planeta Tierra, ¿seguirán otros planetas? ¿La Vida continuará su reordenamiento universal? ¿el ser humano seguirá figurando en la batalla? Que noble y energizante narrativa, que supera, por mucho, a la ciencia ficción misma. Y, además, tenemos la extraordinaria fortuna de atestiguar esta obra de primera mano, de ser parte fundamental de ella, e incluso de representar el inimaginable fenómeno en el que la historia se volvió consciente de sí misma.

Ah, y esta aventura apenas comienza, depende ahora de nosotros marcar el rumbo. Los seres humanos, formados por poderosos genes que han multiplicado su potencia gracias al ánimo que los enfrenta entre sí. Tenemos ahora una posición privilegiada para decidir sobre la continuación de La Vida misma.

XXI. METACAUSA DE LOS ORGANISMOS CON EMOCIONES

Los genes son metacausa de los organismos que forman; mismos organismos que representan uno de sus sistemas modales con atributos.

Demostración:

Los organismos con emociones son creados por genes que están formados por moléculas que están compuestas por átomos que están integrados por partículas subatómicas. Entonces, en la línea de tiempo evolutiva, a partir de El Todo, se formó primero un sistema modal compuesto por grupos de partículas subatómicas que se convirtieron en la causa de los sistemas modales que conocemos como genes, mismos que se convirtieron en la causa de los sistemas modales con atributos específicos que conocemos como organismos con emociones. Q.E.D.

Escolio:

Siguiendo un cronograma evolutivo y espacial, encontramos inicialmente, desde lo más diminuto, fenómenos en longitudes Planck, que comprendemos muy poco y que dieron origen a la resistencia frente a la naturaleza caótica de la existencia.

Eventualmente, se dio un evento muy especial, la combinación de ciertos átomos (Carbono, Hidrógeno y Nitrógeno para ser exactos) permitió el surgimiento de lo que conocemos hoy como material genético; grupos extraordinarios de moléculas que dirigen la formación de todos los seres vivientes.

Lo que sucedió es que estas moléculas referidas como purinas y pirimidinas, las famosas A,C,T,G, lograron una hazaña que marcó el horizonte de eventos: en un esfuerzo por resistir y prevalecer, consiguieron autorreplicarse. Y para ello, las moléculas requirieron de recursos limitados, entonces comenzó la guerra de competencias.

Es importante considerar, que conforme creció el número de reproducciones de estos autorreplicadores, comenzaron a presentarse errores de copiado (mutaciones). Cada error podría representar una ventaja, o bien una desventaja, frente al duelo por los recursos. Comenzó entonces la evolución.

Una de estas ventajas, y una muy relevante, fue la creación de organismos por medio de grupos de bases nucleótidos que componen proteínas. Los genes modelaron máquinas que aumentan sus probabilidades de supervivencia y reproducción.

Dichos organismos, se formaron con propiedades químicas reactivas muy específicas frente a distintos estímulos. A ello me refiero como la programación biológica-emocional, misma que ha representado una ventaja de supervivencia en la línea evolutiva.

Partículas subatómicas que crearon genes, que crearon organismos con emociones con atributos reactivos particulares. Causas y efectos que dieron forma a seres sistematizados para responder estratégicamente a lo que les presenta su entorno.

Así, es como la historia converge con la creación de las emociones y sus consecuencias las conocemos íntimamente.

XXII. LAS EMOCIONES

En un punto de la evolución, los genes formaron organismos con emociones, reactivos a su entorno.
<u>Demostración:</u>

En un punto del mapa evolutivo tuvo que existir un primer grupo de Seres con facultades reactivas automatizadas frente a los estímulos de su entorno (emociones), que representan el origen de los organismos vivos actuales y cuyo funcionamiento sigue vigente. Q.E.D.

Escolio:

¿Cómo habrían sido los primeros organismos con emociones?

Parece una pregunta cargada de romanticismo, sin embargo, la respuesta es muy simple y funcional.

Básicamente, lo que sucedió es que los genes programaron ciertas reacciones químicas frente a distintos estímulos que les fueron representando ventajas o desventajas de supervivencia. Así se modelaron las emociones de los primeros organismos.

Desde una óptica neurobiológica, las emociones propiamente dichas son estados corporales que se dan como efecto interactivo frente a distintos incentivos.

Entonces, los primeros organismos con emociones muy probablemente fueron unicelulares, como bacterias, compuestos por grupos de genes que modelaron "cuerpos" con ayuda de proteínas, capaces de reaccionar de forma específica frente a distintos escenarios en su entorno.

Increíblemente, como nota complementaria, las bacterias, a pesar de su aparente simplicidad, pueden incluso coordinarse en grupos sociales.

A partir de estos pioneros evolucionamos una amplísima gama de seres programados para reaccionar química y fisiológicamente de forma muy particular a cada situación que se nos presenta. Una programación biológica-emocional que busca mantener un delicado equilibrio y que encontramos presente en todas las criaturas vivientes del Planeta.

XXIII. PROPÓSITO DETECTABLE DE LA PROGRAMACIÓN BIOLÓGICA-EMOCIONAL

El Propósito de los organismos con emociones, el efecto en común que podemos inferir por sus atributos en todos sus modos, es la búsqueda por emociones positivas alineadas a su programación biológica-emocional.

Demostración:

Los efectos en común (por la Proposición VII de la Geometría de El Todo) de los sistemas modales de una causa representan su primera derivada o Propósito. Igualmente (por el Axioma III de la Geometría del Ser y los Deseos) todos los sistemas modales obedecen a la primera derivada de su metacausa. Todos los modos de los organismos con emociones, por sus atributos, atienden a su programación emocional, por lo tanto, esto refleja su primera derivada o Propósito. Q.E.D.

Escolio:

Algo que tenemos en común todos los seres vivientes es que estamos gobernados por reglas reactivas emocionales previamente escritas. O, en otras palabras, a reaccionar de formas específicas frente a estímulos específicos.

¿Por qué?

En breve, para buscar mantener un equilibrio de bienestar que permita las condiciones correctas en las que La Vida continúe desafiando la segunda ley de la termodinámica: para resistir y prevalecer.

Las emociones son parte de un proceso homeostático que protege a La Vida misma. Al igual que los genes, los sentimientos, la razón y la creatividad.

En particular, si nos enfocamos en qué determina a un organismo con emociones, encontramos un algoritmo muy básico que instruye lo siguiente: a partir de un punto de equilibrio ideal, al alejarse se presenta una emoción (o reacción) negativa, y al acercarse se presenta una positiva. Así protegemos el balance vital, con una inteligencia oculta y no explícita que determina un manual de direcciones.

Finalmente, procurar seguir los lineamientos establecidos por nuestra programación biológica-emocional puede derivar en actos conscientes pero la mayoría de las veces son inconscientes. Estamos diseñados para buscar emociones positivas perpetua e insaciablemente.

Percatarnos de la influencia emocional y su función es una puerta hacia posibilidades excepcionalmente creativas.

XXIV. LA INFLUENCIA DE LAS EMOCIONES

Los organismos con emociones son una metacausa cuyo Propósito rige a todos sus modos.

Demostración:

Todos los seres vivientes en el planeta Tierra tienen una programación biológica-emocional diseñada para desatar reacciones específicas frente a diferentes estímulos y que influye directamente en el Ser. Dicho diseño, en los seres vivientes, es la causa de todos sus modos, por lo tanto, (por la Proposición VII de la Geometría de El Todo) su primera derivada o Propósito rige en todas sus manifestaciones. Q.E.D.

Escolio:

La programación biológica-emocional es una constante en todos los seres vivientes. Absolutamente todos estamos diseñados para seguir instrucciones reactivas frente a los estímulos que nos presenta nuestra experiencia.

Dichas reacciones son inevitables y afectan cada uno de nuestros pensamientos y comportamientos.

Por ejemplo, ¿qué pasa cuando vemos el majestuoso escenario de un translúcido mar azul desde una playa paradisíaca? Una ola de fotones con características muy detalladas choca con nuestra retina, la cual envía señales que detonan reacciones automáticas fisiológicas, como sucede con la dilatación de la pupila, y psicológicas por medio de la interpretación de mapas neurales derivados. Este proceso se da en fracciones de segundo a nivel inconsciente y los estados del cuerpo que induce, en este caso, muy probablemente generarán sensaciones y sentimientos de paz y bienestar. Esto nos permitirá, conscientemente, estar relajados y con buen ánimo.

Lo mismo sucede, pero a la inversa, con situaciones que representan peligro en nuestro modelo emocional. Por ejemplo, encontrarnos con un animal peligroso resultará, para prácticamente todos nosotros, en un estado de estrés con el completo arsenal corporal que tenemos listo para enfrentar o huir: la sangre se destinará al sistema musculoesquelético, el corazón aumentará su ritmo, la respiración se tornará agitada, etc. Este estado corporal nos generará sensaciones y sentimientos de estrés y miedo.

Ahora, no es necesario enfrentarnos a situaciones extremas para que los marcos somáticos que provocan las emociones afecten nuestros comportamientos, sucede en mayor o menor intensidad con todas nuestras experiencias. A pesar de que la mayoría de las veces no nos damos cuenta, la influencia de las emociones en nuestro funcionamiento físico y mental es enorme y constante.

XXV. LAS EMOCIONES Y LA VOLUNTAD

El Propósito de los organismos con emociones que se manifiesta en la búsqueda por emociones positivas alineadas a su programación biológica-emocional es un atributo de la Voluntad.

Demostración:

La Voluntad como causa tiene modos que se muestran como atributos; La Dimensión Emocional se presenta como un modo de la Voluntad que representa a la programación biológica-emocional con atributos que se manifiestan en impulsos y deseos que motivan a los seres vivientes a procurar obtener emociones positivas. Q.E.D.

Escolio:

La conexión con nuestra programación biológica-emocional es indirecta y discontinua. Es decir, podemos detectar sus reglas y efectos por medio de la observación, pero no tenemos un canal de comunicación consciente con ella. Se trata de una inteligencia recóndita y no explícita planificada independientemente de nuestra capacidad racional.

Por su etimología (*inter - entre*) (*legere - escoger*), la inteligencia implica "saber escoger" para tomar decisiones correctas con base en algún objetivo. En el caso de La Vida, la elección debe promover su esfuerzo de prevalencia. Sin lugar a ninguna duda, nuestras instrucciones emocionales están organizadas para elegir la opción más favorable para mantener el equilibrio vital homeostático: es un mecanismo inteligente.

En el marco de la Voluntad, sobre el conjunto de fuerzas que nos motivan desde niveles inconscientes, la programación biológica-emocional es fundamental. Los seres humanos podemos tomar todo tipo de decisiones con relación a nuestra conducta, sin embargo, no podemos elegir como reaccionamos química y fisiológicamente frente a las diversas situaciones, aquello está proyectado previamente en nuestro diseño original.

Finalmente, todas nuestras elecciones tienen detrás una carga instructiva invisible muy potente que las dirige para procurar el seguimiento de los mandatos emocionales. La interocepción, que refleja en nuestra mente el estado de bienestar del funcionamiento interno del cuerpo, afecta directamente en cada decisión que tomamos. Es evidente que preferimos aquello que nos hace sentir bien, y ese "sentir bien" es un reflejo de sincronía con los deseos emocionales.

Es cierto, no es la única fuerza que influye en nosotros, y también sucede que podemos ir en contra de ella, sin embargo, eso no significa que su potencia no sea particularmente sobresaliente. Las emociones nos dominan en incontables ocasiones, a veces para bien, pero a veces, cuando el contexto es distinto al escenario prevalente para el cual fuimos programados, se tornan autodestructivas; es entonces cuando las fuerzas racionales y creativas deben vencer para resistir y prevalecer.

XXVI. BALANCE SOMÁTICO

Las emociones positivas procuran un balance somático que se encuentra por medio de la interacción con su entorno.

Demostración:

Los organismos vivos tienen un rango de estados químicos y fisiológicos (emociones) que pueden estar o no alineados a su punto ideal definido por la programación biológica-emocional que (por la Proposición IV de la Geometría del Ser y los Deseos) protege el Propósito de La Vida. Al punto más alineado lo referimos como balance somático o bienestar. Q.E.D.

Escolio:

El esfuerzo por sobrevivir es como un péndulo en eterno movimiento. Procurar su estabilidad es un valiente empeño que requiere de un poderoso equipamiento.

La homeostasis, concepto acuñado por Walter Cannon, describe muy bien este fenómeno. Los seres vivos estamos en un constante intento por mantener el balance somático idóneo que representa el máximo de probabilidades de supervivencia.

Dicho equilibrio procura mantener los parámetros fisiológicos que le permiten un óptimo funcionamiento. Por ejemplo, balancear el pH, la temperatura, el flujo de nutrientes y la articulación visceral.

En términos biológicos, a través de la alostasis, el cuerpo busca recuperar su estabilidad (homeostasis) realizando ajustes fisiológicos y psicológicos con base en respuestas químicas moleculares.

¿Por qué es tan relevante? Ni más ni menos, porque significa que todas nuestras acciones, decisiones, creaciones y pensamientos están fuertemente influenciadas por la búsqueda homeostática. Misma, que finalmente nos castiga o recompensa con sentimientos negativos y positivos. Además, la creatividad humana está completamente infiltrada de alostasis: a mayor bienestar o balance somático, mayor creatividad; y a mayor creatividad, mayor bienestar.

XXVII. VALENCIA EMOCIONAL

Las emociones tienen valencia. Positiva cuando se acercan al balance somático correcto, y negativa cuando se alejan.

Demostración:

Las emociones (por la Proposición XXVI de la Geometría del Ser y los Deseos) procuran un balance somático que representa el bienestar del organismo en sincronía (por la Proposición IV de la Geometría del Ser y los Deseos) con su metacausa vital buscando proteger la prevalencia y resistencia de La Vida. Por lo tanto, cuando se acerca a este balance, las emociones adquieren un valor positivo, y cuando se alejan adquieren un valor negativo. Q.E.D.

Escolio:

En los seres con mente, las emociones utilizan a los sentimientos como un sistema de recompensas muy sofisticado; con ellos podemos realizar una lectura sobre el funcionamiento de la programación biológica-emocional.

Hemos establecido que las emociones representan estados del cuerpo que pueden ser o no óptimos para alcanzar el equilibrio vital. Pero los valores no son absolutos, existen tesituras penetrantes que contribuyen a la singularidad de la esencia humana.

Es decir, los estados emocionales van mucho más allá de un simple “bien o mal”, tienen vastos niveles y formas.

En términos prácticos, la valencia emocional se entiende mejor con una analogía triangular. Desde un punto central idóneo distintas variables se aproximan o se alejan representando valores positivos y negativos con distintas intensidades.

Por esta razón, podemos encontrar, por ejemplo, emociones muy buenas detonadas por estímulos o experiencias que nos acercan cuantiosamente al punto homeostático metadeterminado por nuestro diseño biológico. Por supuesto que procuraremos este tipo de detonadores, por el contrario, evitaremos aquellos que nos desequilibran.

Y así fluye el vaivén de La Vida, una partida eterna por mantener el balance que nos permite resistir y prevalecer; con una política estricta de mandatos prediseñados que marcan cada uno de nuestros movimientos.

Vale la pena notar que dichas condiciones de estabilidad idóneas no solo aplican para seres individuales, sino también para entornos compartidos en un esfuerzo por lograr un estado de *homeostasis colectiva*; los ecosistemas naturales ilustran muy bien este concepto.

Y en sentido contrario, en niveles más pequeños, las partes que conforman los cuerpos de los seres vivientes también tienen puntos de equilibrio. Comenzando por las mismas células que tienen su propio sistema homeostático individualizado.

Con lo anterior, podemos entender que el balance vital perfecto es una suma y resta de rangos con amplitudes dinámicas y que a su vez afectan y son afectadas por micro y macro rangos dentro de un sistema complejo.

Los Sapiens tendemos a buscar simplificar todo esto con las etiquetas "el bien" y "el mal", pero en resumidas cuentas se trata del reflejo de un estado en equilibrio o en desequilibrio con valencia variable.

Y finalmente, como nota sobre la creatividad, aquellas construcciones con alta carga de intensidad emocional son las que conectarán con nosotros más íntimamente.

XXVIII. JERARQUÍA DE LA DIMENSIÓN EMOCIONAL

El Propósito de La Vida es metacausa del Propósito de los genes que a su vez es metacausa del Propósito de los organismos con emociones.

Demostración:

La Vida (por la Proposición XI de la Geometría del Ser y los Deseos) es causa de los genes, los genes (por la Proposición XXI de la Geometría del Ser y los Deseos) son causa de los organismos con emociones, por lo tanto, el Propósito de los organismos con emociones atiende al Propósito de los genes y de La Vida. Q.E.D.

Escolio:

Normalmente, una emoción positiva se da porque nos hemos acercado al objetivo de nuestra programación vital, instintiva o emocional.

Desde una perspectiva amplia, resulta muy ilustrativo apreciar que nuestra programación biológica-emocional se encuentra al servicio de nuestros genes, los cuales asisten al Propósito detectable de La Vida: resistir y prevalecer.

Todo se trata de este último objetivo. Prevalecer en un universo donde el caos impera es una tarea que ha requerido de más de tres mil millones de años de sofisticación.

Para mantener el orden, primero las partículas subatómicas de La Vida formaron series de moléculas autorreplicables conocidas como genes, y posteriormente, este material genético formó organismos con una programación reactiva específica referida como emociones.

La cadena de mando es manifiesta y contundente. Por lo mismo, la valencia emocional se detonará con mayor o menor intensidad dependiendo del nivel de profundidad de las metas obtenidas. Es decir, si una experiencia o estímulo nos acerca a cumplir las disposiciones determinadas para proteger La Vida misma, la supervivencia genética y la sistematización emocional, entonces la recompensa será inmensa. Esto sucede, por ejemplo, cuando ves por primera vez a un hijo al nacer.

Y en otra variante, si dicha experiencia o estímulo únicamente cumple con el nivel emocional, entonces la gratificación será aún positiva, pero con mucho menor intensidad. Por ejemplo, cuando advertimos una agradable vista panorámica.

Podemos ahora entrever que aquellos ejercicios creativos que logren cortejar con la lucha de La Vida por La Vida, así como con las especificaciones genéticas y emocionales, serán realizaciones elogiables que se traducirán en emociones sobresalientes.

XXIX. DIMENSIÓN EMOCIONAL

El atributo de la Voluntad que obedece a la búsqueda por emociones positivas representa la Dimensión Emocional del Ser.

Demostración:

La Dimensión Emocional del Ser corresponde a todos aquellos atributos que (por la Proposición XXIV de la Geometría del Ser y los Deseos) obedecen específicamente al Propósito de los organismos con emociones. Q.E.D.

Escolio:

El Ser es un ente complejo que definitivamente no existe por sí mismo. Se trata de un conjunto de fuerzas y elementos, distribuidos en tiempo y espacio, que han permitido la manifestación presente que experimentamos.

Dichas fuerzas se encuentran cargadas de un firme ímpetu con direcciones distintas que finalmente convergen en lo que define a La Vida misma: el esfuerzo por mantener el orden establecido.

En pro de visualizar mejor estas capas, las he categorizado en Dimensiones diferenciadas por su origen y objetivo:

En el inicio, encontramos a la Dimensión Espiritual, representa nuestra conexión más profunda con La Vida y tiene como objetivo protegerla en todas sus formas. Posteriormente, más de tres mil millones de años atrás, encontramos a la Dimensión Instintiva, con un objetivo directo distinto: procurar la supervivencia y reproducción del gen. Y más adelante, encontramos a la Dimensión Emocional, surgió con los primeros organismos reactivos programados por los mismos genes, pero con otro objetivo directo: asegurar la sistematización biológica-emocional, o, en otras palabras, motivar con emociones positivas que regulan el bienestar y las probabilidades de supervivencia.

Cada Dimensión es meta de la otra. Es decir, la Espiritual originó a la Instintiva, y la Instintiva a la Emocional; todas en impecable sincronía.

Por esta razón, a los seres humanos nos anima proteger La Vida en todas sus manifestaciones, pero también defender la egoísta supervivencia individual genética escuchando al instinto, y también, por otro lado, procurar emociones positivas. En muchas ocasiones, estos Propósitos tienen diferentes sentidos, así nos damos cuenta que definitivamente no nos gobierna una sola fuerza. Aunque el objetivo detectable final sea resistir y prevalecer, para ello debemos cumplir otros mandatos que nos dotan de mayores probabilidades.

La Dimensión Emocional es inapelable, es parte de nuestro diseño de fábrica, se encuentra impregnada en la química de cada milímetro de nuestro cuerpo. Es absolutamente necesaria para mantener el equilibrio homeostático que nos dota de bienestar, aunque también, en muchas circunstancias, puede tornarse autodestructiva. Esto último tiene que ver con el factor tiempo; la programación biológica-emocional está modelada para favorecer en términos inmediatos, sin embargo, en incontables ocasiones, es más inteligente posponer la recompensa sacrificando el beneficio emocional instantáneo para obtener una mucho mayor retribución a mediano o largo plazo. Especialmente, cuando el contexto es radicalmente distinto a aquel que estuvo presente en el desarrollo del instructivo biológico durante miles de millones de años; situación prevalente en el mundo moderno post revolución industrial.

Con esta visión amplia, que contempla la *Teoría del Multi-Ser*, podemos encontrar congruencia en un universo caótico y un Ser aparentemente aislado que en realidad se encuentra en conexión con todo lo que le rodea en tiempo y espacio.

XXX. INTERCONEXIÓN EMOCIONAL

La Dimensión Emocional del Ser representa la conexión de las emociones con sus organismos.

Demostración:

El Ser (por la Proposición IX de la Geometría de El Todo) existe como parte de El Todo, como parte de su metacausa La Vida, como parte de su metacausa genética, y como parte de su metacausa biológica-emocional; La Dimensión Emocional corresponde a todo lo que representa la conexión del Ser con sus emociones. Q.E.D.

Escolio:

¿Podremos imaginarnos cuánto es posible aprender en más de tres mil millones de años?

De hecho, no tenemos que ir muy lejos, esa dinámica de aprendizaje se encuentra dentro de cada uno de nosotros. Por un lado, en el instructivo genético que determina nuestra formación, y por otro, en la programación biológica-emocional que reglamenta nuestras reacciones desde niveles moleculares.

Con respecto a las emociones, estamos predeterminados a asumir marcos corporales específicos frente a distintas circunstancias. Esto, con base en un ordenamiento químico que hemos complementado durante miles de millones de años y que nos ha permitido sobrevivir hasta el día de hoy.

Cada vez que nuestro cuerpo protesta o celebra frente a una situación particular, es producto de un pasado con el que nos encontramos íntimamente conectados. ¿Por qué preferimos un clima templado de alrededor de 20 grados centígrados frente a un escenario gélido?, ¿por qué preferimos recibir una sonrisa que un ceño fruncido?, ¿por qué nos causa placer una bebida refrescante?, ¿por qué nos molesta el tráfico?, ¿por qué nos atraen los objetos brillantes? Todo esto, y mucho más, se da por una sistematización emocional que nos contacta desde tiempos lejanos.

La Dimensión Emocional, representa la permanente conexión temporal y espacial que tenemos con nuestra refinada programación biológica-emocional. Misma, que protagoniza constantemente en nuestro quehacer creativo, todo proceso de adaptación es siempre especialmente influenciado por las emociones; una maravilla sumamente humana y vigente.

XXXI. LOS ATRIBUTOS DE LAS EMOCIONES Y LOS DESEOS EMOCIONALES

Los deseos emocionales surgen de la búsqueda por emociones positivas representando el Propósito de los organismos con emociones.

Demostración:

La Dimensión Emocional en la Voluntad (por la Proposición XXV de la Geometría del Ser y los Deseos) se manifiesta a través de atributos que denominamos deseos emocionales que motivan a los seres vivientes a actuar con base en su programación biológica-emocional. Q.E.D.

Escolio:

¿Cómo afectan las emociones a nuestros comportamientos?

En breve, las emociones son detonaciones de reacciones químicas predispuestas que generan estados corporales. Dichos cuadros somáticos se reflejan en la mente en forma de sentimientos y tienen valencia positiva o negativa. Finalmente, por estas razones, desearemos experimentar aquellos estímulos que nos generen sentimientos positivos y evitar aquellos que fungen como catalizadores de sentimientos negativos.

Así, surge lo que denomino *deseos emocionales*: las fuerzas que nos motivan en sincronía con nuestra programación biológica-emocional.

Ya que se trata de fenómenos interactivos frente a estímulos emocionalmente competentes, la gratificación es inmediata. Por ello, los *deseos emocionales* procuran la convergencia con estímulos express que provoquen la liberación de biomoléculas (conocidas como neurotransmisores) que nos hacen sentir bien. Entre ellas, encontramos serotonina, oxitocina, noradrenalina, dopamina, acetilcolina y endorfinas.

Es muy importante, comprender que estos procesos no son conscientes y se dan en modo causa-efecto inmediato. Así, podremos diferenciar los deseos que nacen desde las emociones y aquellos derivados desde otras fuentes. Por ejemplo, los *deseos sintientes*, sí son conscientes, surgen de los sentimientos y atienden a estados mentales que operan en corto, mediano y largo plazo.

Como hemos develado, los organismos sin mente tienen emociones al igual que los Sapiens. La gran diferencia es que nosotros las llevamos al reino del consciente a través de los sentimientos y ellos no.

Los atributos observables de los deseos emocionales se presentan en las reacciones biológicas inminentes que tenemos todos los organismos frente a las distintas circunstancias que nos presenta el entorno. Detectarlos y entenderlos significa una poderosa visión llena de evolución e inteligencia.

XXXII. LA FUNCIÓN DE LAS EMOCIONES

Las emociones surgen como herramienta de La Vida para guiar los comportamientos de sus organismos.

Demostración:

Los organismos con emociones por las emociones que programan sus reacciones frente a distintos estímulos para alinearse al aprendizaje evolutivo protegen al Propósito de La Vida, el cual (por la Proposición XXVII de la Geometría del Ser y los Deseos), representa su función principal y razón de ser. Q.E.D.

Escolio:

Las emociones son un guardián de comportamientos, su misión es asegurar que sus organismos tomen la decisión correcta.

¿Pero decisiones correctas para qué? Lo que técnicamente están regulando es la homeostasis: procuran un equilibrio que signifique las mayores probabilidades de 1) supervivencia y reproducción genética y 2) resistencia y prevalencia de La Vida entera.

¿Y cómo saben cuál es la decisión correcta para estos fines? Registrando información durante miles de millones de años con base en un proceso de prueba y error que conocemos como Selección Natural.

Esto es lo que ha permitido la inmensa diversidad de formas en los seres vivientes. Todas ellas con un férreo escudo que resguarda y actualiza la inteligencia en la toma de decisiones.

Las emociones nos conectan con el funcionamiento de nuestro propio cuerpo, pero también con algo mucho más grande que nosotros mismos. Nos conectan con el inicio de la existencia, con las primeras moléculas autorreplicadoras, con los organismos vivos pioneros, con el aprendizaje del pasado, con todas las especies del Planeta, con los sueños de nuestros más vetustos antepasados; las emociones nos conectan, ni más ni menos, que con la lucha de La Vida por La Vida.

Esa es su imperativa misión, guiarnos a un destino cálido, lleno de creatividad y en resguardo del congelamiento existencial. Y aunque en ocasiones es necesario contradecirlas, la realidad es que la trascendencia de La Vida depende ahora de escuchar a las emociones con suma inteligencia y empatía. Hasta este momento les debemos nuestra propia esencia.

XXXIII. METACAUSA DE LOS ORGANISMOS SINTIENTES

Los organismos con emociones, a través de la evolución, son metacausa de los organismos sintientes, los cuales, representan uno de sus sistemas modales con atributos.

Demostración:

Los organismos sintientes surgieron a partir de los organismos con emociones que son creados por genes que están formados por moléculas que están compuestas por átomos que están integrados por partículas subatómicas. Entonces, en la línea de tiempo evolutiva, a partir de El Todo, se formó primero un sistema modal compuesto por grupos de partículas subatómicas que se convirtieron en la causa de los sistemas modales que conocemos como genes, mismos que se convirtieron en la causa de los sistemas modales que conocemos como organismos con emociones, mismos que evolucionaron y se convirtieron en la causa de los sistemas modales con atributos específicos que conocemos como organismos sintientes. Q.E.D.

Escolio:

¿Qué son los sentimientos?

Los sentimientos se dan por la consciencia de los marcos somáticos reactivos que representan las emociones.

Las emociones crean sentimientos en la mente.

Los organismos sin mente presentan emociones, pero no sentimientos. Por ello, hacemos una diferenciación entre organismos con emociones y organismos sintientes.

Estos últimos se dieron gracias a una de las singularidades más extraordinarias en el camino evolutivo; el momento en que los seres logramos interpretar los estados del cuerpo desde un centro de control que cartografía todo lo que sucede.

El cuerpo se comunicó con la mente.

¡Qué afortunado evento! Con los sentimientos, se fundió el sello que marcaría la esencia más pura de los seres vivientes. Con ellos se abrió una puerta hacia el máximo potencial creativo de la existencia.

En el instante en que un organismo fue consciente del funcionamiento de su interior, se conectó un canal de comunicación directo entre El Todo y el individuo: se acercaba el momento en que el alumno recibiera las llaves de la creación.

Las emociones se convirtieron en sentimientos y cambió el rumbo del universo.

XXXIV. PROPIOCEPCIÓN, INTEROCEPCIÓN Y EXTEROCEPCIÓN

En un punto de la evolución, los organismos con emociones evolucionaron en organismos sintientes, con capacidad de propiocepción, interocepción y exterocepción.

Demostración:

Los organismos con mentes, como nos demuestra nuestra experiencia, somos capaces de percibir 1) los estímulos del exterior (exterocepción), 2) nuestro propio cuerpo (propiocepción), y 3) el funcionamiento de nuestro interior o emociones a través de sentimientos (interocepción). Las emociones precedieron a los sentimientos. Q.E.D.

Escolio:

El sí mismo central surgió con la capacidad de percibir 1) los estímulos del exterior, 2) el propio cuerpo, y 3) el funcionamiento del interior a través de los sentimientos.

Estos tres elementos son clave para entender la consciencia y la facultad sintiente. Propiamente dicho, se trata de la exterocepción, propiocepción e interocepción.

Antes que nada, debió darse la posibilidad de alcanzar un sentido de propiedad: “mi cuerpo”, “mis sentimientos”, “lo exterior”. Sin una entidad central la referencia del “yo” y “lo demás” no existiría. Para ello se dio la propiocepción; la facultad de interpretar, a través de mapas neurales, la posición temporal y espacial del cuerpo. Con esto, el organismo podría identificarse como un individuo que experimenta.

Por otro lado, encontramos también la posibilidad de interpretar lo que sucede alrededor del organismo por medio de los sentidos. La exterocepción consiste en cartografiar los fenómenos de la existencia en la mente, mismos que se manifiestan en lo que apreciamos como visuales, sonidos, olores, sabores y sensaciones. Los seres podrían entonces comenzar a identificar causa-efecto dentro y fuera de sí mismos.

Y finalmente, la interocepción nos daría las señales cerebrales referentes al funcionamiento interno y el impacto de lo que sucede alrededor sobre el sí mismo.

Nacieron entonces los sentimientos: los seres vivientes logramos advertir el nivel de bienestar propio y una noción contundente sobre el óptimo desempeño del Ser con respecto al esfuerzo de La Vida por resistir y prevalecer.

Las emociones, representando a los diferentes estados del cuerpo, lograron ser interpretadas por una interfaz nuclear que conocemos como mente y los organismos con emociones evolucionamos en organismos sintientes.

XXXV. PROPÓSITO DETECTABLE DE LA CAPACIDAD SINTIENTE

El Propósito de los organismos sintientes, el efecto en común que podemos inferir por sus atributos en todos sus modos, es la búsqueda por sentimientos positivos.

Demostración:

Los efectos en común (por la Proposición VII de la Geometría de El Todo) de los sistemas modales de una causa representan su primera derivada o Propósito. Igualmente (por el Axioma III de la Geometría del Ser y los Deseos) todos los sistemas modales obedecen a la primera derivada de su metacausa. Todos los modos de los organismos sintientes, por sus atributos, buscan sentimientos positivos, por lo tanto, esto refleja su primera derivada o Propósito. Q.E.D.

Escolio:

Los seres vivientes con mente nos encontramos en medio de una búsqueda perpetua e insaciable por sentimientos positivos.

Se trata de una brújula que no solo marca el rumbo, sino que nos atrae hacia él. Tal como hace un imán al metal.

Dicha analogía se vuelve compleja cuando consideramos que no solo hay una brújula, sino varias, representando a las diferentes capas que conforman al Ser.

Con ayuda de los sentimientos, nos marcarán caminos distintos e independientes: nuestra conexión con La Vida (Dimensión Espiritual), nuestra programación genética (Dimensión Instintiva), nuestra programación biológica-emocional (Dimensión Emocional), nuestra necesidad racional de identificar causas lógicas (Dimensión Racional) y nuestro ímpetu por crear nuevas realidades (Dimensión Creativa).

Todas estas Dimensiones utilizan a los sentimientos como su instrumento operativo principal. A veces, estarán todas de acuerdo, pero muchas más veces no, es entonces cuando se dan sentimientos agridulces que contrastan las fuentes e intenciones de nuestros deseos.

Lo que es una constante en los organismos sintientes, es nuestra preferencia por obtener sentimientos positivos. Incluso en el peculiar caso psicológico que conocemos como masoquismo, podemos entrever que aquella inclinación por sentimientos negativos suele darse para obtener otro sentimiento positivo; por ejemplo, autolesionarse para conseguir la satisfacción que me ofrece el sentido de control sobre el dolor. Así mismo sucede en los casos extremos en que un Ser sacrifica su propia vida por un ideal mayor.

Siempre, constante y perpetuamente, desde una óptica biológica, buscamos la retribución sentimental. Me atrevería a decir que la inmensa mayoría del tiempo vivimos tratando de encontrar sentimientos positivos de todo tipo.

Por ello, podemos inferir, que el Propósito en común de los organismos sintientes, es cosechar sentimientos positivos. Se trata de un fin que nos condena a un destino voraz que nunca está completamente satisfecho. Por esta razón es que es una herramienta tan potente.

Ahora, cuando conseguimos cumplir dicho objetivo concordando con nuestros instintos, nuestras emociones, nuestra razón y creando nuevos y lumínicos mundos, entonces, los sentimientos adquieren un nivel culminante y eminente.

XXXVI. LA INFLUENCIA DE LOS SENTIMIENTOS

Los organismos sintientes son una metacausa cuyo Propósito rige a todos sus modos.

Demostración:

Todos los seres sintientes en el planeta Tierra experimentan sentimientos y procuran su valencia positiva, lo cual influye en todos los niveles del Ser. La capacidad sintiente es la causa de todos sus modos, por lo tanto, (por la Proposición VII de la Geometría de El Todo) su primera derivada o Propósito rige en todas sus manifestaciones. Q.E.D.

Escolio:

Todos los organismos sintientes, por definición, experimentamos sentimientos, los cuales influyen en absolutamente todas nuestras decisiones y pensamientos.

Comenzando por nuestros pensamientos, es inevitable yuxtaponer sentimientos en todas nuestras ideas, incluso aquellas "puramente racionales". Por ejemplo, pensar en una ecuación matemática podría provocarnos satisfacción o miedo. ¿Qué habrá sentido Einstein cuando consumó la famosa ecuación E = mc2?

Y, por otro lado, cada decisión que tomamos los organismos sintientes es influenciada por los sentimientos. Desde imaginería tan simple como definir nuestro color favorito, hasta elegir pareja o una carrera. Evidentemente, tendremos preferencia por experiencias sentimentales positivas con la mayor intensidad posible.

Planteado sin rodeos, los sentimientos son omnipresentes en la totalidad de los seres con mente y en cada momento consciente. No hay escapatoria ni forma de cancelarlos, son parte de nuestra esencia y lo que nos hace humanos. Podemos, hasta cierto punto, controlar sus efectos, pero no podemos eliminarlos desde las características de nuestra biología.

Por estas razones, los sentimientos son uno de los motivadores más dominantes en la psique de los organismos con capacidad sintiente en todos sus modos. Y, además, son un recurso elemental para el ejercicio creativo; nuestros esfuerzos por consolidar nuevos mundos están fuertemente cargados de profundidad sentimental.

XXXVII. LOS SENTIMIENTOS Y LA VOLUNTAD

El Propósito de los organismos sintientes que se manifiesta en la búsqueda por sentimientos positivos es un atributo de la Voluntad.

Demostración:

La Voluntad como causa tiene modos que se muestran como atributos; la Dimensión Sintiente se presenta como un modo de la Voluntad que representa a la capacidad de experimentar sentimientos con atributos que se manifiestan en deseos que motivan a los seres vivientes a buscar sentimientos positivos. Q.E.D.

Escolio:

En el mundo contemporáneo existe una resistencia férrea para aceptar que todas nuestras acciones y pensamientos están influenciadas por fuerzas principalmente desconocidas hasta ahora. En parte, por la falsa premisa que representa la idea de "Libertad de decisión" que engendra nuestra capacidad racional. Ya lo hemos comentado antes, por supuesto que tenemos la facultad de elegir, sin embargo, no tenemos injerencia sobre lo que nos hace desear; y los deseos son los monarcas motivadores de la acción y el pensamiento.

En general, la ciencia moderna ha optado por explorar el mapa y no el territorio; es decir, en enfocarse en los efectos, pero ignorar las causas. Afortunadamente, esta tendencia se ha revertido poco a poco y cada vez encontramos más debate sobre el tema, especialmente en el área de la mecánica cuántica.

Es cierto, nuestros recursos para validar con un método científico lo que acontece en lo más profundo de la existencia son muy limitados, pero su fenomenología es evidente: los deseos existen, no sabemos exactamente de dónde se originan y afectan todas nuestras ideas y acciones.

Lo que sí tenemos al momento, son herramientas hermenéuticas que nos permiten identificar variables para obtener aproximaciones muy representativas sobre el comportamiento. Echando mano de los avances en áreas como la Psicología, Filosofía, Genética y Neurobiología, es posible ensamblar una visión muy interesante.

Así, podemos comenzar a descifrar la complejidad de ese misterioso e incontrolable "yo que desea".

Entre otros atributos, la Dimensión Sintiente es parte fundamental de la Voluntad. Por ejemplo, los Sapiens tendemos inevitablemente a cosechar sentimientos positivos, esto es un factor que afecta directamente todo lo que deseamos, no es lo único, pero siempre está presente.

Y recordemos, los deseos son el motor de toda acción y pensamiento. Por eso, entenderlos mejor es un menester absolutamente relevante.

La Voluntad energiza nuestros esfuerzos creativos e infiltra en cada detalle del modelado de imperios, mundos, civilizaciones y estilos de vida individuales. Es momento de romper prejuicios y de ampliar el portal cognitivo sobre la fuente germinal.

XXXVIII. SENTIMIENTOS POSITIVOS

Los sentimientos positivos corresponden a la sensación de bienestar consciente que proviene de un balance somático que se encuentra por medio de la interacción con su entorno y sus pensamientos.

Demostración:

Los organismos vivos tienen un rango de estados químicos y fisiológicos (emociones) que pueden estar o no alineados a su balance somático ideal definido por la programación biológica-emocional que (por la Proposición IV de la Geometría del Ser y los Deseos) protege el Propósito de La Vida. Los sentimientos (por la Proposición XXXIV de la Geometría del Ser y los Deseos) corresponden a representaciones mentales de las emociones. Por lo tanto, los sentimientos que crean representaciones mentales que corresponden a emociones en dirección hacia el balance somático ideal genera lo que referimos como sentimientos positivos. Q.E.D.

Escolio:

¿Qué significa estar sano? Es una pregunta que la industria de la salud moderna paradójicamente se hace muy poco. Actualmente, hemos llegado a confundir salud con combatir síntomas.

Para comprender lo que implica el bienestar, debemos considerar cómo y para qué estamos diseñados y todo lo que integra al Ser; sin duda, un reto enorme.

Una de las patentes pistas que tenemos para ello, son las emociones y los sentimientos. En síntesis, un balance emocional sano nos provocará sentimientos de fondo positivos. La clave se encuentra en la palabra "balance", o, en otros términos: homeostasis.

Nuestro modelo biológico tiene un estado idóneo, aquél en que todas las funciones vitales fluyen con Libertad, aquél en que los elementos más minúsculos que nos conforman retan a la segunda ley de la termodinámica procurando conservar más energía de la que pierden. En ese equilibrio, hallamos nuestro máximo potencial creativo, fortaleza física y mental, valentía para enfrentar peligros, abolición de miedos innecesarios, una condición excelsa para aportar a la lucha de La Vida por La Vida, y por supuesto, sentimientos penetrantemente positivos.

Entonces, uno de los principales factores que influyen en la salud humana es la posición fisiológica referente a la armonía homeostática. Aquellos movimientos (incluidos pensamientos y acciones) que nos acerquen a dicha posición, nos recompensarán con sentimientos positivos. Recordemos que los sentimientos son el reflejo de estados corporales que pueden ser dañinos o beneficiosos para los objetivos de las Dimensiones del Ser.

Con base en lo anterior, podemos distinguir que los sentimientos positivos corresponden a la sensación de bienestar consciente que proviene de un balance somático. Estas sensaciones las encontramos por medio de la interacción con el entorno y nuestros pensamientos.

Los sentimientos actúan como un termostato que regula los esfuerzos hacia una condición, casi utópica, de perfecta consonancia fisiológica y psicológica con los Propósitos de nuestro proyecto biológico: hacia la auténtica salud.

XXXIX. VALENCIA SENTIMENTAL

Los sentimientos tienen valencia. Positiva cuando se acercan al balance somático y psicológico ideal, y negativa cuando se alejan.

Demostración:

Los sentimientos (por la Proposición XXXIV de la Geometría del Ser y los Deseos) corresponden a representaciones mentales de las emociones, las cuales (por la Proposición XXVI de la Geometría del Ser y los Deseos) procuran un balance somático que representa el bienestar del organismo en sincronía (por la Proposición IV de la Geometría del Ser y los Deseos) con su metacausa vital buscando proteger la prevalencia y resistencia de La Vida. Por lo tanto, cuando se acercan a este balance, los sentimientos adquieren un valor positivo, y cuando se alejan adquieren un valor negativo. Q.E.D.

Escolio:

En breve, los sentimientos son un sistema de castigos y recompensas con distintas intensidades.

Este método lo utilizan nuestros genes, nuestra programación biológica-emocional y otros elementos mucho más minúsculos que nos conectan con La Vida misma. Lo emplean para impulsar o mitigar los comportamientos de sus organismos.

Dichos motivadores/represores, para que funcionen de forma óptima, deben tener niveles. Es decir, existen sentimientos mucho más positivos o negativos que otros; es un rango dinámico.

El estímulo en forma de sentimientos positivos, o el freno en forma de sentimientos negativos se da conforme el organismo se acerca o se aleja del equilibrio objetivo.

Es muy importante considerar que las diferentes capas o Dimensiones del Ser que nos conforman tienen distintas metas, y por lo tanto, representan sistemas de recompensas paralelos que actúan al unísono. Por ello, es que en ocasiones recibimos tanto castigo como recompensa al mismo tiempo, se trata de niveles del Ser con diferentes agendas. Por ejemplo, cuando comemos comida chatarra, nuestra programación emocional nos recompensará por la cantidad de calorías que representa esta ingesta, sin embargo, muy probablemente, nuestra Dimensión Racional y/o nuestros ideales profundos (Dimensión Espiritual) no estén muy de acuerdo con este acto y nos inhiban.

Ahora, existen situaciones moderadas o extremas que se retribuirán o se aplacarán con diversas intensidades. Los sentimientos tienen valencia.

Es difícil cuantificarlos ya que no se trata de valores racionales, y mucho menos exactos, sin embargo, definitivamente podemos identificar tesituras.

Desde un punto de vista neurobiológico, en un acontecimiento intenso, ya sea muy benéfico o peligroso, las señales eléctricas neurales tendrán mayor penetración en los filtros cerebrales conocidos como zonas de convergencia y divergencia. Esto determinará la potencia de un sentimiento.

Dependiendo de la fuerza que tenga un sentimiento, motivará en mayor o menor proporción al Ser a actuar en consecuencia.

Las fascinantes texturas y alcurnias de la variedad de sentimientos que podemos experimentar guían en diferentes medidas cada uno de nuestros pensamientos y acciones hacia el tan anhelado balance homeostático, mismo que representa la máxima potencia creativa y resiliente como seres vivos.

XL. JERARQUÍA DE LA DIMENSIÓN SINTIENTE

El Propósito de La Vida es metacausa del Propósito de los genes, que a su vez es metacausa del Propósito de los organismos con emociones, que a su vez es metacausa del Propósito de los organismos sintientes.

Demostración:

La Vida (por la Proposición XI de la Geometría del Ser y los Deseos) es causa de los genes, los genes (por la Proposición XXI de la Geometría del Ser y los Deseos) son causa de los organismos con emociones, los organismos con emociones (por la Proposición XXXIII de la Geometría del Ser y los Deseos) son causa de los organismos sintientes, por lo tanto, el Propósito de los organismos sintientes atiende al Propósito de los organismos con emociones, de los genes y de La Vida. Q.E.D.

Escolio:

¿Por qué hacemos lo que hacemos? ¿No es acaso la pregunta más profunda que podemos hacernos?

Y vaya que la respuesta es abismal, a tal grado que ni siquiera sabemos si es una posibilidad llegar al fondo. Pero no todo es incertidumbre, hemos avanzado un gran trecho en el insondable mar del génesis. Desde un punto de vista puramente empírico y observable, podemos detectar revelaciones brillantes.

Como especie, tenemos fuertes limitantes cognitivas, eso debemos aceptarlo a *priori*. Pero en el panorama que nos permiten nuestras capacidades, tenemos respuestas contundentes:

Primero, sabemos que todo en nuestro alrededor, desde lo más pequeño hasta lo más inmenso, se encuentra en un estado de expansión y enfriamiento perpetuo, descrito por la segunda ley de la termodinámica y conocido como entropía. Sabemos también, que La Vida lucha contra ese destino inmóvil para resistir y prevalecer. Esa es nuestra visión más recóndita al momento y significa un Propósito que permea en todos los niveles del Ser.

Precisamente, para aumentar las posibilidades de dicha meta, surgieron los genes y su lucha egoísta por sobrevivir y reproducirse. Y derivado de esta pugna genética, se modelaron distintos modos de programación biológica-emocional con organismos en ecosistemas que en conjunto han ganado fuerza para cumplir los objetivos asignados.

El individuo se especializa para dotar de potencia a la lucha de La Vida entera.

Siguiendo el perfeccionamiento de este proceso conocido como evolución, encontramos en un punto próspero, el momento en que los organismos con codificaciones específicas logramos ser conscientes de nuestra esencia. ¿Para qué? De nuevo, para aumentar las posibilidades de resistencia y prevalencia de La Vida.

Tener una percepción sobre el propio cuerpo, sobre lo exterior y sobre el funcionamiento interno, nos dotó de herramientas de supervivencia poderosísimas. Entre este épico arsenal, encontramos a los sentimientos, la facultad de advertir la condición interna de nuestro propio cuerpo.

Pero hay que tener siempre claras las jerarquías. Los sentimientos están al servicio de la programación biológica-emocional, la cual está al servicio de los genes, los cuales están al servicio de La Vida misma. Una coordinación impresionantemente fausta con un fin detectable en común: resistir y prevalecer.

La autoridad del complejo de La Vida es absoluta sobre los organismos sintientes porque implica su causa.

XLI. DIMENSIÓN SINTIENTE

El atributo de la Voluntad que obedece a la búsqueda por sentimientos positivos representa la Dimensión Sintiente del Ser.

Demostración:

La Dimensión Sintiente del Ser corresponde a todos aquellos atributos que (por la Proposición XXXV de la Geometría del Ser y los Deseos) obedecen específicamente al Propósito de los organismos sintientes. Q.E.D.

Escolio:

Es imperativo entenderlo, somos un multiser y nada existe por sí mismo.

Dicho esto, podemos entonces identificar modos de la Voluntad, del Ser y de El Todo por medio de sus atributos sin riesgo de confundirlos con sistemas aislados.

Así sucede con el *yo* y con las fuerzas que nos hacen desear, precitadas como Voluntad. Cada uno de nosotros estamos conformados por diversos estratos discontinuos que armonizan para crear la ficción del Ser.

Una de las posibilidades para clasificar estas vetas es diferenciándolas por su origen y Propósito. Así, como ya lo hemos expuesto, se ha modelado la *Teoría del Multi-Ser*; una propuesta diseñada para encontrar congruencia sobre el comportamiento humano con fuentes de validación racionales, sociales e intuitivas.

Retomando un breve del modelo, encontramos, en su versión más actualizada, seis Dimensiones que integran al Ser y que engendran atributos detectables de la Voluntad:

- Dimensión Espiritual
(conexión integral con La Vida y El Todo)

- Dimensión Instintiva
(programación genética)

- Dimensión Emocional
(programación biológica-emocional)

- Dimensión Sintiente

- Dimensión Racional

- Dimensión Creativa

En este caso, la Dimensión Sintiente, contrasta por dos elementos principales. Primero, por su origen, oriunda de aquel punto evolutivo en que los seres adquirimos consciencia sobre nosotros mismos y sobre nuestros estados corporales o emociones. Y segundo, por su aparente Propósito, esa primera derivada presente en todos los organismos sintientes: la búsqueda perpetua e insaciable por sentimientos positivos.

Con estas distinciones la atingencia entre el comportamiento y sus motivadores comienza a ser palpable. La Dimensión Sintiente, corresponde a todo aquello que nos anima en relación con los sentimientos. Incluso, permite un modo de pensamiento muy especial por su cualidad no-racional: la intuición. Actúa en paralelo a la razón, pero es parte fundamental de la creatividad, sin sentimientos y sin intuición no existe el ejercicio creativo como lo conocemos.

Auscultando la etiología de la creatividad hallaremos justamente estas mismas Dimensiones del Ser siempre presentes. En particular, la órbita sintiente detona formidablemente el vigor creativo.

XLII. INTERCONEXIÓN SINTIENTE

La Dimensión Sintiente del Ser representa la conexión de los sentimientos con sus organismos.

Demostración:

El Ser (por la Proposición IX de la Geometría de El Todo) existe como parte de El Todo, como parte de su metacausa La Vida, como parte de su metacausa genética, como parte de su metacausa biológica-emocional y como parte de su metacausa sintiente; La Dimensión Sintiente corresponde a todo lo que representa la conexión del Ser con sus sentimientos. Q.E.D.

Escolio:

Los sentimientos son la representación mental de los estados del cuerpo que llamamos emociones. La Dimensión Sintiente corresponde a la conexión de dichos sentimientos con el Ser.

Para entender esta conmovedora obra de arte natural debemos desengranar parcialmente sus piezas. Los sentimientos son reflejo neural de nuestras emociones; las emociones, son marcos corporales automatizados que asumimos en reacción a estímulos con base en una programación cincelada por los genes durante miles de millones de años; los genes, son moléculas unidas que luchan por sobrevivir y reproducirse conformadas por elementos subatómicos que desafían a la entropía en un esfuerzo por resistir y prevalecer.

En otras palabras, los sentimientos protegen las metas de sus creadores, y tal como lo hace una vela, nos muestran el camino más optimo hacia la resistencia y prevalencia de La Vida. El mapa se ha trazado por millones de años y su luz viaja en el tiempo para orientarnos hacia un futuro fulgurante.

Se trata de una epopeya atestada de aprendizajes compartidos por medio del sistema de transmisión temporal-espacial interno que todos tenemos llamados sentimientos. Por medio de ellos, no solo nos hablan nuestros antepasados, sino también el origen de La Vida misma.

¿Qué otra conversación más grandiosa podríamos imaginar? Cada día charlamos directamente con algo colosal. Empapar sabiamente nuestro don creativo con los conocimientos difundidos a través de los sentimientos, significa un destino inteligente y fecundo.

XLIII. LOS ATRIBUTOS DE LOS SENTIMIENTOS Y LOS DESEOS SINTIENTES

Los deseos sintientes surgen por la búsqueda de sentimientos positivos de sus organismos (el Propósito de los organismos sintientes).

Demostración:

La Dimensión Sintiente en la Voluntad (por la Proposición XXXVII de la Geometría del Ser y los Deseos) se manifiesta a través de atributos que denominamos deseos sintientes que motivan a los seres vivientes a buscar sentimientos positivos. Q.E.D.

Escolio:

La energía originada por el deseo de obtener un sentimiento positivo (o evitar uno negativo) es colosal. Figura un incentivo dominante que se muestra como atributo en todos los organismos sintientes.

SILOGISMO TRIFÁSICO

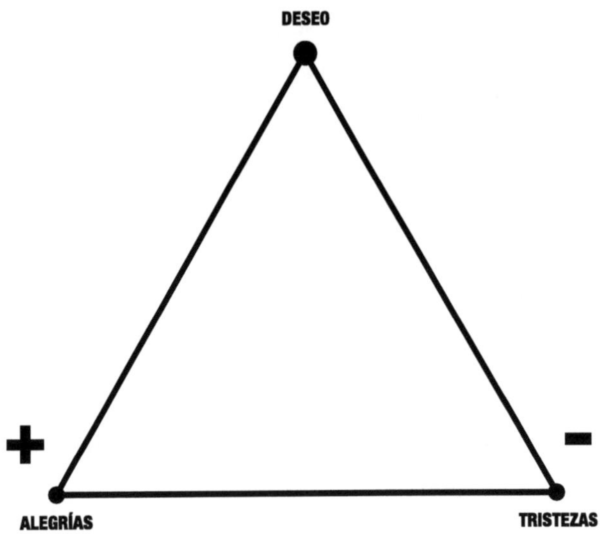

Ahora, la relación entre sentimientos positivos y negativos es directa y proporcional. Es decir, no se puede dar uno sin la existencia del otro. Se trata de un triángulo en balance continuo. En el centro tenemos un deseo, a un lado la posibilidad de obtenerlo (positivo), y al otro, la posibilidad de no obtenerlo (negativo).

En un ejercicio de estructuración mecánica-afectiva, a estos polos podemos clasificarlos como alegrías y tristezas.

No existe positivo sin negativo. La posibilidad de no obtener una alegría (o deseo cumplido) generará una tristeza, y viceversa, la posibilidad de evitar una tristeza (o deseo incumplido) generará una alegría. Se trata de un fenómeno muy parecido a la colorimetría, por ejemplo, a más negro menos blanco y viceversa.

En realidad, es un silogismo con tres pilares que opera como bucle: una alegría produce un deseo; un deseo cumplido produce una alegría; un deseo incumplido produce una tristeza.

¿Qué es primero, el deseo o la alegría? No hay una respuesta para ello porque se alimentan mutuamente y no existe uno sin el otro. Lo que les precede son los objetivos que marcan cada estrato de nuestro Ser.

Además, los extremos tienen diversos rangos de intensidad definidos por la relevancia del deseo en cuestión. Fundamentalmente, los máximos los observamos relacionados a la probabilidad de resistencia y prevalencia vital, seguido por la de supervivencia y reproducción genética y complementados por valores psicológicos y culturales colectivos e individuales.

Podemos ahora entender que la polaridad de los sentimientos gira en función de la posibilidad de obtener, o no, los deseos que generan las capas que nos conforman.

Finalmente, las alegrías y tristezas tienen una amplísima variedad de texturas que etiquetamos con los diferentes sentimientos que conocemos: miedo, esperanza, amor, odio, placer, dolor, etc.

Esta barra de valores representa para el Sapiens un penetrante universo de riquezas exclusivas para el quehacer creativo y la transformación de realidades.

XLIV. LA FUNCIÓN DE LOS SENTIMIENTOS

Los sentimientos surgen como herramienta de La Vida para guiar los comportamientos de sus organismos.

Demostración:

Los organismos sintientes por los sentimientos que guían sus comportamientos para alinearse al aprendizaje evolutivo protegen al Propósito de La Vida, el cual (por la Proposición XLII de la Geometría del Ser y los Deseos), representa su función principal y razón de ser. Q.E.D.

Escolio:

Todos tenemos un sabio consejero personal que trabaja cada instante que estamos conscientes.

Vamos a decirlo simple y claro: los sentimientos guían a sus criaturas para proteger La Vida en todas sus manifestaciones. Su cometido, es hacer eco de los mandatos emocionales, genéticos y espirituales. Se trata, en sentido figurado, de una caja acústica que maximiza las señales y las conecta con la mente para hacerlas más influyentes.

Además, los sentimientos nos entregan la llave del principio emocional. Son literalmente imágenes neurales que cartografían a las emociones. Dicho de otra forma, nos permiten ser conscientes de lo que sucede con el funcionamiento de nuestro interior.

¿Pero para qué lo hacen? Desde una perspectiva amplia es muy evidente. Los sentimientos tienen la función de sincronizar las acciones de los organismos con mente con su programación biológica y genética diseñadas para la resistencia y prevalencia de La Vida.

A través de la capacidad sintiente podemos inferir aquello que los genes esperan de nosotros, aquello que los genes han aprendido por miles de millones de años para obtener ventajas de supervivencia y lo que ellos mismos han definido como instrucciones reactivas emocionales en nuestro cuerpo. Pero también, muy importante, con ella podemos recibir lo que la misma Vida busca de cada uno de nosotros y para sí.

Y, por otro lado, la sintiencia significa una principal fuente de piezas para el modelado creativo. Gracias a ella podemos transformar profundamente entornos subjetivos, objetivos e intersubjetivos. Sin la intuición, que permiten los sentimientos, no existiría la creatividad humana.

Los sentimientos son una herramienta de supervivencia, una herramienta muy redituable.

Gracias a ellos hemos obtenido preeminencias excepcionales, los sentimientos han sido actores protagonistas y han permitido el mundo como lo conocemos. Incluso, en el tan reciente universo digital; todo internet se encuentra plagado de sublimaciones sentimentales (recibidas y transmitidas), representa un auténtico ente cíborg que apenas comenzamos a comprender.

Entender mejor y escuchar a los sentimientos no solo es un ejercicio interesante y útil, es un cimiento indispensable para el futuro de la humanidad y de La Vida.

XLV. METACAUSA DE LOS ORGANISMOS INTELIGENTES

Los organismos sintientes son metacausa de los organismos inteligentes que evolucionaron; mismos organismos inteligentes que representan uno de sus sistemas modales con atributos.

Demostración:

Los organismos inteligentes surgieron a partir de los organismos sintientes, que surgieron a partir de los organismos con emociones que son creados por genes que están formados por moléculas que están compuestas por átomos que están integrados por partículas subatómicas. Entonces, en la línea de tiempo evolutiva, a partir de El Todo, se formó primero un sistema modal compuesto por grupos de partículas subatómicas que se convirtieron en la causa de los sistemas modales que conocemos como genes, mismos que se convirtieron en la causa de los sistemas modales que conocemos como organismos con emociones, mismos que evolucionaron y se convirtieron en la causa de los sistemas modales que conocemos como organismos sintientes, mismos que evolucionaron y se convirtieron en la causa de los sistemas modales con atributos específicos que conocemos como organismos inteligentes. Q.E.D.

Escolio:

Primero, fuimos capaces de percibir nuestro cuerpo, lo exterior y nuestro interior, así surgieron los organismos sintientes.

Después, logramos retener y procesar esa información percibida y surgieron los organismos inteligentes.

La palabra inteligencia, por su etimología, proviene del latín y está compuesta por el prefijo *inter* que significa "entre", el verbo *legere* que significa "leer o escoger", el sufijo *nt* que indica "agente", y el sufijo *ia* que indica "cualidad". En conjunto sugiere la cualidad de leer y elegir entre opciones.

Los organismos inteligentes nos destacamos justamente por nuestra facultad de tomar decisiones.

Frecuentemente, el ingrato ego confunde esta última habilidad con Libertad absoluta, sin embargo, no podría tener una deducción más equivocada. Sí, somos capaces de elegir, pero aquellas decisiones están sumamente condicionadas y dirigidas en diferentes niveles.

En el caso de los organismos inteligentes, elegimos sobre las posibilidades que nos presentan nuestras imágenes neurales, mejor conocidas como pensamientos, mismos que derivan en acciones u otras imágenes. Y para ello, necesitamos primero una mente.

Para poder inteligenciar como seres humanos, se deben dar varios requisitos: 1) tener un cuerpo, 2) tener un cerebro, 3) percibir que tenemos un cuerpo (propiocepción), 4) percibir lo que nos rodea (exterocepción), 5) percibir nuestro interior (interocepción) (sentimientos), 6) retener la información percibida y 7) ser capaces de procesar dicha información para tomar decisiones.

Por lo tanto, todos los organismos inteligentes provenimos de organismos sintientes.

Esto último nos afianza que la gama de posibilidades a escoger, no solo se trata de pensamientos lógicos que corresponden a factores externos, sino también de toda la escala sintiente con sus extraordinarios matices. En nuestra mente, cada pensamiento conlleva un sentimiento, no importa que tan abstracta parezca la idea. Normalmente, la inmensa mayoría de las veces, elegiremos aquella opción que nos ofrezca un superior sentimiento positivo; este fenómeno es pieza fundamental del funcionamiento de nuestro sistema inteligente.

En el cronograma histórico, la sintiencia progresó en inteligencia, lo cual sentaría el precedente para el ápice de la evolución, la creatividad.

XLVI. RETENER Y PROCESAR INFORMACIÓN

En un punto de la evolución, los organismos sintientes evolucionaron en organismos inteligentes, capaces de retener y procesar información en forma de pensamientos. Esta habilidad les permitió desarrollar una capacidad racional con la facultad de detectar causas con argumentación lógica.

Demostración:

Los organismos inteligentes, en algún punto de la evolución, (por la Proposiciones XVII, XVIII y XIX de la Geometría de El Todo) logramos ser capaces de almacenar y procesar información en forma de pensamientos lógicos manifestados en imágenes neurales (visuales, sonidos, olores, sabores, sensaciones) y en forma de pensamientos homeostáticos o sentimientos. Q.E.D.

Escolio:

Para tomar decisiones, debemos tener opciones a elegir. En el caso de los organismos inteligentes, estas opciones se tratan de pensamientos presentes gracias a la memoria y la mente.

La confusión se da cuando observamos que dichos pensamientos se transforman en acciones, sin embargo, todo empieza por una idea.

El proceso racional, en términos muy amplios es relativamente sencillo: la mente recibe estímulos externos a través de los sentidos e internos por la comunicación con el cuerpo y la misma mente; dichos estímulos son cartografiados por el cerebro en mapas neurales que podemos relacionar por su causalidad y almacenar en la memoria; finalmente, estos mapas conocidos como pensamientos, son presentados para deliberar decisiones conscientes, principalmente en el área de la neocorteza cerebral.

A mayor capacidad de retención y correlación causal de la información, mayor inteligencia. Es decir, mientras más podamos recordar y mientras más podamos interrelacionar causas, tomaremos decisiones más inteligentes.

En este punto, es importante recapitular que los pensamientos que procesamos y retenemos no solo son visuales, sonidos, olores, sabores y sensaciones, sino también toda la gama de sentimientos posibles. Esto último es un diferenciador fundamental que tenemos frente a la inteligencia artificial.

Entonces, la razón se trata de un proceso de selección. Recibimos, procesamos y retenemos información para tomar decisiones con base en las causas y efectos que detectamos para cumplir objetivos específicos. En particular, a esta correspondencia de causas la referimos como argumentación lógica, la cual, ha permitido un inmenso avance en diferentes áreas de la civilización humana.

El don de la inteligencia, lo recibimos en un punto evolutivo en que las mentes fueron capaces de retener y procesar información en mayor calidad, cantidad y tiempo. Precisamente, estas variables serán determinantes en el futuro ya que los avances tecnológicos pueden ahora aumentar exponencialmente dichas funciones. El porvenir se escribe en pasos muy acelerados, ha llegado el momento en que la inteligencia progrese con inteligencia, pero también con mucha creatividad y empatía para procurar un destino pródigo.

XLVII. PROPÓSITO DETECTABLE DE LA CAPACIDAD RACIONAL

El Propósito de los organismos inteligentes, el efecto en común que podemos inferir por sus atributos en todos sus modos, es la búsqueda de argumentación racional por medio de pensamientos lógicos identificando causas y efectos.

Demostración:

Los efectos en común (por la Proposición VII de la Geometría de El Todo) de los sistemas modales de una causa representan su primera derivada o Propósito. Igualmente (por el Axioma III de la Geometría del Ser y los Deseos) todos los sistemas modales obedecen a la primera derivada de su metacausa. Todos los modos de los organismos inteligentes, por sus atributos, buscan detectar causas con argumentos lógicos, por lo tanto, esto refleja su primera derivada o Propósito. Q.E.D.

Escolio:

Todos los organismos inteligentes buscamos detectar causas y efectos para tomar decisiones. De eso se trata esta facultad privilegiada que tenemos los seres racionales.

En un ejercicio de categorización, podemos entonces inferir que la primera derivada, aquella variable siempre presente en los entes capaces de razonar, es su motivación por identificar relaciones causales.

Preguntarnos ¿por qué? desde que tenemos conocimiento, es parte de nuestro diseño biológico como especie.

El reconocimiento causal para deliberar decisiones es el Propósito de la razón. Se trata de una herramienta de supervivencia supra instintiva que nos permite, ciertamente, elegir opciones distintas a las definidas por instinto y por otros niveles del Ser. Este procedimiento resulta especialmente útil cuando la programación genética y biológica-emocional se encuentran fuera del contexto en el que fueron planificadas.

En la Tierra, encontramos una majestuosa variedad de seres vivientes, muchos de ellos, contra la percepción común, son organismos inteligentes capaces de detectar causas y tomar decisiones conscientes. Incluso, varias especies poseen dotes propios de un *sí mismo autobiográfico* con la posibilidad de recordar datos sobre su vida.

Los Sapiens, no tenemos el monopolio de la inteligencia en el Planeta. Lo que sí es verdad, es que somos la especie que la ha llevado más lejos.

Aquello que nos asemeja e implica un elemento en común entre la totalidad de los organismos inteligentes, es nuestra habilidad de representar y correlacionar estímulos en un centro de control neural que nos permite tomar mejores decisiones inmediatas para sobrevivir y cumplir los mandatos de La Vida misma.

Esta capacidad aporta piezas fundamentales para el desarrollo creativo; marca el inicio de un hito en la línea evolutiva donde los seres vivientes podrán comenzar a modelar el futuro.

XLVIII. LA INFLUENCIA DE LA RAZÓN

Los organismos inteligentes son una metacausa cuyo Propósito rige a todos sus modos.

Demostración:

Todos los seres inteligentes con capacidad racional en el planeta Tierra buscan detectar causas con argumentos lógicos, lo cual influye en todos los niveles del Ser. La capacidad racional es la causa de todos sus modos, por lo tanto, (por la Proposición VII de la Geometría de El Todo) su primera derivada o Propósito rige en todas sus manifestaciones. Q.E.D.

Escolio:

Recibir el don de la razón no solo es un privilegio, es también una condena. Cada uno de los organismos inteligentes está destinado a cuestionarse perpetua e insaciablemente.

A veces, la razón resulta en una bendición, pero en otras ocasiones se transforma en un precursor de angustia. La realidad, es que no siempre queremos escuchar "La Verdad" con base en argumentos lógicos porque frecuentemente van en contra de lo que deseamos a nivel instintivo y emocional, y por lo tanto, descalifican recompensas inmediatas.

Así como es imposible ignorar o eliminar nuestra programación genética, es igualmente imposible hacerlo con el espíritu racional que habita en cada uno de nosotros. Todos los seres inteligentes, por definición, y en todos sus modos, surgimos del don de la razón y buscamos saciar su Propósito: identificar causas para tomar decisiones lógicas.

No hay forma de evitarlo, somos seres curiosos que necesitan entender el origen de sus experiencias. Esta fuerza nos motiva a todos y cada uno de nosotros.

De nuevo, no es la única fuerza influyente en nuestro pensar y actuar, ni siquiera es la más enérgica, sin embargo, es un estratega omnipresente que nos aconseja asiduamente en cada decisión tomada. Esto último significa que muchas veces haremos caso omiso a la advertencia racional en pro de satisfacer otras fuerzas inconscientes y preconscientes que nos ofrecen una gratificación express; en esos casos la calidad intelectual se encuentra comprometida.

La fórmula más fructífera se da con un balance racional e intuitivo sincronizado con la compasión que nos conecta al entero de La Vida.

Distinguir cómo opera la razón y por qué es un antídoto contra los actos hedonistas y autodestructivos. Caer en cuenta de que utilizamos argumentos racionales para justificar decisiones egoístas convenientes a corto plazo, pero inconvenientes a largo plazo, es vital para un despertar humano. En cambio, emplear esta singular competencia para desenmascarar sesgos individualistas, desarrollar nuevas tecnologías y alimentar el ímpetu creativo para un futuro plagado de vida y empatía, es la cima del cometido humano.

XLIX. LA RAZÓN Y LA VOLUNTAD

El Propósito de los organismos inteligentes que se manifiesta en la búsqueda de causas con argumentación lógica es un atributo de la Voluntad.

Demostración:

La Voluntad como causa tiene modos que se muestran como atributos. La Dimensión Racional se presenta como un modo de la Voluntad que representa a la capacidad de argumentación lógica con atributos que se manifiestan en deseos que motivan a los seres vivientes a detectar causas. Q.E.D.

Escolio:

Deseamos aportar un legado para La Vida y lo que nos rodea, también deseamos satisfacer nuestros impulsos instintivos egoístas, igualmente deseamos obtener recompensas emocionales, pero también deseamos entender los porqués. Espíritu, instinto, emociones y razón encontrados.

Lo queremos todo, por naturaleza somos seres ambiciosos que buscan derribar límites constantemente. En la dirección correcta, este fenómeno puede convertirse en una gran virtud con un puerto resplandeciente, pero en la dirección incorrecta nos llevará, sin lugar a duda, a la autodestrucción.

Para encontrar el camino es imperativo conocer a ese "*yo* que desea", del cual no tenemos ningún control, y que vive dentro de cada uno de nosotros. Aquél que nos anima a desear todo lo anterior y mucho más. ¿De dónde viene? ¿qué motivación me provoca y por qué? Actualmente podemos encontrar muchas respuestas en la Psicología moderna, pero es más necesario que nunca lograrla conectar también con otras áreas como la Filosofía, Biología, Genética y Física.

Solo así comenzaremos a develar paso a paso a ese misterioso personaje que representa a la Voluntad.

En el caso de la razón y su papel en la Voluntad, se trata de una posición beta. La gran mayoría de las veces la usamos para justificar otras intenciones y se subordina. Solo en los casos de vida o muerte es que encontramos victorias racionales contundentes, pero en el día a día el instinto y las emociones suelen dominar.

Esto lo podemos discernir fácilmente en los hábitos de consumo humanos. El Marketing ha identificado empíricamente que lo que más vende es aquello que conecta con los deseos instintivos y emocionales. Desafortunadamente, a escala colectiva, los estímulos emocionales egoístas express son el motivador estrella. Mismos, que justificamos de miles de formas racionalmente. Por ejemplo, una persona no compra un reloj de lujo por sus beneficios funcionales, sino por lo que le hace sentir el satisfacer sus deseos instintivos de dominación, estatus, poder y pertenencia: estímulos emocionales egoístas inmediatos, en este caso, con un origen genético. Y en paralelo, el comprador lo justificará con argumentos como “es una buena inversión” o “lo vale porque va a durar mucho”.

La influencia de la razón en la Voluntad normalmente no es la óptima. La realidad es que en incontables ocasiones optamos por la solución fácil, utilizamos nuestra facultad racional para aportar a una búsqueda de placer individual. Hacer lo contrario, usarla con fines generosos e inteligentes implica un virtuoso empeño.

Esta última magna posibilidad es esencial para la evolución. Emplear el don de identificar causas y argumentación lógica para conectar con Propósitos más grandes que el egoísmo humano y en equipo con La Vida misma es una empresa inestimable. Pero para ello, debemos escuchar a todos los niveles de la Voluntad y procurar el autocontrol. Solo así, llevaremos a la creatividad a un estrato privilegiado; cuando el poder heurístico se encuentra con una inteligencia amplia y penetrante entonces nos volvemos capaces de crear realidades inimaginables.

L. LOS SENTIMIENTOS Y LA MEMORIA

En el caso de los organismos inteligentes los pensamientos homeostáticos (sentimientos) obtienen una dimensión temporal por medio de la memoria.

Demostración:

Los organismos inteligentes (por la Proposición XLVI de la Geometría del Ser y los Deseos) somos capaces de retener y procesar información (por la Proposición XIX de la Geometría de El Todo) en forma de pensamientos homeostáticos referidos como sentimientos, los cuales adquieren entonces mayor prevalencia temporal en la mente. Q.E.D.

Escolio:

¡Que consecuencia más afortunada! No solo somos conscientes de nuestras emociones, sino que también podemos guardarlas como un invaluable tesoro intrínseco.

Lo que llamo *sentimientos* de fondo son aquellos estados mentales derivados de estados corporales reactivos que han roto la barrera del tiempo, derribado diversos filtros de control y logrado archivarse en la memoria. Significan una fuente de energía profunda que nos motiva desde lo más entrañable. Son sentimientos que multiplican su fuerza al aliarse con el tiempo.

Sin memoria, no podríamos tener acceso a los sentimientos del pasado, por lo tanto, no podríamos modelar una visión causal racional-sintiente que ilustra en nuestra mente universos imaginarios eficaces para transformar realidades. De hecho, esta habilidad es uno los dotes excepcionales del Sapiens, nos ha permitido consolidarnos como especie dominante en el Planeta y nos ha permitido diseñar ideas esperanzadoras de mundos futuros que mueven civilizaciones enteras.

La suficiencia para retener información en mayor cantidad, calidad y tiempo en la mente es un pilar elemental para la consciencia que ha cambiado el rumbo de la evolución drásticamente.

Normalmente, esta facultad la relacionamos con el pensamiento lógico, sin embargo, los datos intuitivos acumulados y disponibles son igualmente relevantes.

Los sentimientos de fondo son una monumental consecuencia de la cooperación entre inteligencia y sintiencia. El amor profundo que ha sido fuente de las obras de arte más grandiosas y que históricamente ha motivado a seres humanos en masa, es un gran ejemplo de ello: empatía hacia La Vida y sus atributos, presente en la memoria constante e incondicionalmente.

Por supuesto que este fenómeno es un cimiento irremplazable que contribuye augustamente a la imaginería creativa. Incluso, considero que ser mucho más receptivos con los sentimientos de fondo en el proceso intelectual es la clave para un porvenir evolutivo excelso.

LI. PENSAMIENTOS LÓGICOS

La argumentación racional corresponde a la búsqueda de causas y efectos por medio de los pensamientos lógicos.

Demostración:

La constante que encontramos en todos los esfuerzos racionales es la identificación de causas. Q.E.D.

Escolio:

La razón se da gracias a tres factores principales: 1) consciencia, 2) capacidad de retención y 3) capacidad de procesamiento para correlacionar causas.

Tener una consciencia nos permite percibir el exterior (exterocepción), el propio cuerpo (propiocepción) y el funcionamiento interno (interocepción). Estas apreciaciones se dan interpretando los diversos estímulos por medio de mapas neurales que conocemos como pensamientos y que podemos agrupar en dos categorías por sus características: 1) *pensamientos lógicos*, pertenecientes al reino de la razón, son cuantificables y provienen principalmente de los cinco sentidos que nos conectan con el exterior y 2) *pensamientos homeostáticos*, miembros del reino de la intuición, originados desde los sentimientos, presentan una correlación causal pero es casi imposible asignarles valores cuantitativos exactos.

Entonces, en el caso de la aptitud racional, utilizamos principalmente pensamientos lógicos que se forman por medio de la consciencia de las señales que nos envían nuestros sentidos.

Después, necesitamos de alguna forma ser capaces de retener la información generada por dichos pensamientos. La memoria es indispensable para el ejercicio racional.

Y finalmente, debemos lograr procesar esta información para detectar causas y efectos y así tomar decisiones.

Consciencia, memoria e inteligencia que resultan en una aleación privilegiada con un objetivo evidente: detectar causas para elegir con base en lo más beneficioso para los Propósitos del Ser.

La comprobación racional para la toma de decisiones se debe dar, siempre, en función de la identificación de causas. A mayor entendimiento de la fenomenología causal, mejores decisiones. Por lo tanto, el escenario ideal se da frente a la posibilidad de conocer la mayor cantidad de causas. Esto último motiva esencialmente al espíritu humano.

Al día de hoy hemos caído en cuenta del carácter utópico del demonio de Laplace, aquél ser imaginario que pudiera predecir con exactitud cualquier evento futuro por medio del dominio de las leyes físicas. Sabemos que el determinismo absoluto tiene probabilidad teórica, pero si existiera, es una posibilidad aún muy lejana para el alcance humano.

Sin embargo, dentro de nuestra interfaz cognitiva, dentro de nuestro marco de posibilidades de entendimiento actual, podemos identificar una enorme cantidad de causas y efectos.

Esta comprensión de correlaciones aunada con nuestra capacidad creativa nos ha permitido transformar la realidad que conocemos.

LII. VALENCIA RACIONAL

La argumentación racional tiene valencia. Afirmativa cuando se demuestra la relación entre causa y efecto y negativa cuando se demuestra lo contrario.

Demostración:

Todos los esfuerzos racionales (por la Proposición LI de la Geometría del Ser y los Deseos) buscan identificar causas. Por lo tanto, cuando las causas son identificadas y son consistentes, entonces los pensamientos racionales adquieren un valor positivo; cuando no son consistentes, adquieren un valor negativo. Q.E.D.

Escolio:

La razón tiene valencia y sus elementos son cuantificables. Cuando relacionamos una causa con un efecto obtenemos un valor racional positivo que en un sistema racional tradicional se entiende como "cierto". En contraste, cuando se da una discordancia, el valor se torna negativo y se cataloga como "falso"; la causa no corresponde al efecto.

Un gran dilema sobre el carácter "verdadero" de escenarios que presentan contradicciones lógicas, se da cuando entendemos que "cierto" o "falso" depende de los axiomas predefinidos. Es decir, un sistema racional pone sus propias reglas de "veracidad". Por ejemplo, en sistemas dialeteístas pueden existir valores ciertos y falsos a la vez; una contradicción *per se* que requiere validación de sistemas lógicos paraconsistentes.

En algunas áreas, estas licencias son necesarias para obtener cálculos congruentes, como sucede en el caso de la superposición cuántica o las geometrías no euclidianas. De hecho, la computación cuántica está ahora demostrando el inmenso potencial de estas técnicas de entendimiento. Desde un punto de vista epistemológico el debate está muy lejos de encontrar desenlaces conclusivos, quien asegure tener La Verdad absoluta simplemente estará mintiendo. Pero en la práctica, independientemente de La Verdad tal cual es, hemos encontrado la robusta utilidad de desafiar todos los estándares lógicos formales.

Entonces, la valencia racional existe, pero no es tan sencilla como parece y no necesariamente indica veracidad. Por ejemplo, las matemáticas nos han obsequiado un universo lleno de asombrosas posibilidades y aplicaciones, pero no son por ende reflejo exacto de la realidad.

"Yo solo sé que no sé nada", decía Sócrates, uno de los humanos más sabios en la historia. La certeza parece alejarse de nuestro alcance mientras más sabemos, por ello, y contra los anhelos einsteinianos, la razón se ha enfocado en un carácter principalmente pragmático.

Precisamente, con un objetivo práctico, es que la evolución ha diseñado nuestra facultad racional: somos capaces de detectar causas y efectos para obtener ventajas de prevalencia y resistencia. Para ello, la afirmación de correlaciones es clave, la Voluntad nos motiva a detectarlas y en términos básicos implica la validación de causas y efectos en todos sus modos.

Por programación genética y biológica-emocional, cuando detectamos una causa, obtenemos recompensas sentimentales. Encontrar esos valores racionales positivos o "ciertos" es lo que nos anima a preguntarnos el porqué de todo lo que nos rodea; se trata de un sistema de recompensas racional que nos ayuda a dotar de viabilidad al ingenio creativo para transformar mundos con muchas más probabilidades de supervivencia.

LIII. JERARQUÍA DE LA DIMENSIÓN RACIONAL

El Propósito de La Vida es metacausa del Propósito de los genes que a su vez es metacausa del Propósito de los organismos con emociones que a su vez es metacausa del Propósito de los organismos sintientes que a su vez es metacausa de los organismos inteligentes.

Demostración:

La Vida (por la Proposición XI de la Geometría del Ser y los Deseos) es causa de los genes, los genes (por la Proposición XXI de la Geometría del Ser y los Deseos) son causa de los organismos con emociones, los organismos con emociones (por la Proposición XXXIII de la Geometría del Ser y los Deseos) son causa de los organismos sintientes, los organismos sintientes (por la Proposición XLV de la Geometría del Ser y los Deseos) son causa de los organismos inteligentes, por lo tanto, el Propósito de los organismos inteligentes atiende al Propósito de los organismos sintientes, de los organismos con emociones, de los genes y de La Vida. Q.E.D.

Escolio:

La razón está diseñada para ayudar a La Vida a resistir y prevalecer. Esa es su función final hasta donde podemos observar.

Irónicamente, por supervivencia, se ha establecido como un contrapeso de las herramientas de supervivencia básicas como los instintos y las emociones. La explicación es muy sencilla, en muchas ocasiones el aprendizaje que hemos obtenido durante miles de millones de años de evolución y que ha dado forma a los mandatos genéticos y biológicos, se encuentra en situaciones descontextualizadas y se tornan autodestructivas. Lograr discernir cuando se presentan estos escenarios para tomar decisiones rápidas y diferentes, sobre todo en casos de vida o muerte, es la tarea de la capacidad racional.

Recalcular el curso en contra de los impulsos primitivos de supervivencia para sobrevivir. Esa es la idílica esencia del racional humano.

Por otro lado, pareciendo un corto circuito, usamos la razón para apoyar al ímpetu instintivo y emocional que proviene desde el inconsciente. Y digo "corto circuito" porque dicha empresa ha probado ser altamente autodestructiva: justificar deseos egoístas y hedonistas con argumentos lógicos para validarlos, es un cáncer que está afectando fuertemente a la civilización humana. El antídoto para ello se encuentra en la Dimensión Espiritual del Ser, aquella que nos recuerda que la lucha es en equipo y por La Vida misma.

¿En un futuro hacia qué lado se inclinará la balanza? ¿Hacia un mundo egoísta y autodestructivo o empático y fértil? La razón es una gran aliada para cualquier dirección, parece que ello dependerá de nuestra potencia creativa en conexión con el Propósito de La Vida y nuestro desear espiritual. El amor nos hará libres o esclavos de nosotros mismos.

LIV. DIMENSIÓN RACIONAL

El atributo de la Voluntad que obedece a la búsqueda de argumentación racional representa la Dimensión Racional del Ser.

Demostración:

La Dimensión Racional del Ser corresponde a todos aquellos atributos que (por la Proposición XLVII de la Geometría del Ser y los Deseos) obedecen específicamente al Propósito de los organismos inteligentes. Q.E.D.

Escolio:

En el mapa evolutivo, el origen de la razón se da con los organismos inteligentes con consciencia y capacidad de retención y procesamiento. Su Propósito, aquella característica presente en todos los seres con facultad racional, es detectar causas para tomar decisiones con mayores probabilidades de resistencia y prevalencia vital. Esta fenomenología corresponde a la Dimensión Racional en la *Teoría del Multi-Ser*.

En contraste, las dimensiones Espiritual, Instintiva, Emocional, Sintiente y Creativa tienen otro origen en el tiempo y distintos Propósitos.

La Espiritual, en comunión con La Vida, busca apoyarla en su lucha por resistir y prevalecer. La Instintiva, en conexión con los genes, procura soportarlos para su individualista supervivencia y reproducción. La Emocional, en sincronía con el algoritmo biológico-emocional del organismo, intenta conservar un balance somático ideal. La Sentimental, gracias a la consciencia de las emociones en una mente, motiva comportamientos con sentimientos positivos y negativos. La Racional, agencia la identificación de causas para deliberar decisiones específicas. Y la Creativa, fusiona pensamientos para modelar escenarios que transforman mundos.

Se trata de un modelo con seis dimensiones al servicio de La Vida misma que llamo el *Círculo del Ser* y que detallo en el *Árbol del Ser*.

Entonces, la Dimensión Racional es evidente, su impacto específico lo podemos inferir rápidamente: detección de causas y efectos. Pero adquiere un nivel de complejidad muy interesante cuando observamos su interacción con otras Dimensiones del Ser. Se trata de una herramienta muy útil para respaldar cualquier deseo, hay justificaciones racionales casi para cualquier cosa. Esto último es muy peligroso porque, como lo hemos visto en la historia, la racionalidad se puede convertir en un medio catalizador engañoso para fines negativos y destructivos. Entender las fuerzas y debilidades el ejercicio racional es indispensable para obtener una visión penetrante que nos permita ser libres a nivel individual y colectivo. Solo la creatividad con un empleo noble y responsable de la razón nos permitirá conquistar horizontes llenos de paz y esperanza.

LV. INTERCONEXIÓN RACIONAL

La Dimensión Racional del Ser representa la conexión de la capacidad racional con los organismos que la contienen.

Demostración:

El Ser (por la Proposición IX de la Geometría de El Todo) existe como parte de El Todo, como parte de su metacausa La Vida, como parte de su metacausa genética, como parte de su metacausa biológica-emocional, como parte de su metacausa sintiente y como parte de su metacausa racional; La Dimensión Racional corresponde a todo lo que representa la conexión del Ser con su capacidad racional. Q.E.D.

Escolio:

La Dimensión Racional del Ser nos conecta con todas aquellas respuestas lógicas que hemos acumulado a nivel individual y colectivo.

Durante nuestra propia vida hemos adquirido aprendizajes racionales que nos han dotado de ventajas de supervivencia. De la misma forma, las civilizaciones han levantado, conservado y utilizado estos conocimientos para florecer. La cultura es precisamente un set de entendimientos que significan ventajas de permanencia y transcendencia; tácticas supra instintivas colectivas que se comparten de generación en generación.

A diferencia de los datos que se transmiten genéticamente y que se encuentran presentes en el Ser desde su nacimiento, los códigos culturales deben ser enseñados y aprendidos. Pero fuera de esta importante distinción, el objetivo de ambas posibilidades es el mismo: dotar a su organismo con armas de resistencia. Las culturas, sin duda, han probado ser un formidable socio para la existencia de La Vida. Sin embargo, ha llegado el punto en el que han cargado de tanto poder a nuestra especie, que es el turno de nuestra cualidad creativa y espiritual de mantener un balance prolífico.

Y por otro lado, algunos privilegios que la razón nos ha obsequiado son: ser capaces de leer el "aquí y ahora" y ser conscientes de la magnificencia de cada instante. La habilidad racional surgió por la necesidad vital de tomar decisiones rápidas con base en contextos específicos. Pero no solo logró ese cometido, sino que también nos otorgó una posición estelar en el espectáculo de la existencia.

Además, conforme han aumentado nuestras posibilidades de retención y procesamiento de información, se nos han concedido una infinidad de opciones para la configuración creativa; la razón se ha puesto al servicio de la creatividad.

Conseguir plantear argumentos lógicos ha derivado en un arsenal utilitario. Pero igualmente, en algo mucho más excepcional, en la serendipia que nos permitió ser partícipes y también espectadores privilegiados del milagro de La Vida.

LVI. LOS ATRIBUTOS DE LOS ORGANISMOS INTELIGENTES Y LOS DESEOS RACIONALES

Los deseos racionales surgen de la búsqueda por argumentación racional de sus organismos, el Propósito de los organismos inteligentes.

Demostración:

La Dimensión Racional en la Voluntad (por la Proposición XLIX de la Geometría del Ser y los Deseos) se manifiesta a través de atributos que denominamos deseos racionales que motivan a los seres vivientes a detectar causas con argumentación lógica. Q.E.D.

Escolio:

¡Eureka! Así se escucha el penetrante sentimiento que nos provoca encontrar la solución a un problema.

Hallar respuestas nos mueve y nos llena, se trata de un motivador energizado en colaboración con nuestra Dimensión Racional.

Por instinto, buscamos experiencias nuevas, pero racionalmente procuramos detectar sus causas. A la fuerza que promueve esa interminable búsqueda de sentido la refiero como deseos racionales. Estos estimulantes han detonado el desarrollo de modelos lógicos como las matemáticas, la geometría y la física; son un apetito esencial para el progreso.

Sin los deseos racionales no nos importaría entender nada; nuestra curiosidad ha sido catalizador de abundancia, pero también de anhelos de poder desmedidos. Como cualquier deseo, el ímpetu que generan puede canalizarse para bien o para mal, por eso el autocontrol es tan relevante.

Para que estos deseos se den, es necesaria la cooperación con otros estratos del Ser. La recompensa de un esfuerzo heurístico, cuando identificamos una explicación, se da en el nivel sintiente, se trata de un sentimiento positivo. La razón utiliza a la sintiencia para crear motivadores.

Pero también, sucede en el sentido contrario, resultando en un sistema holístico extraordinario. El espíritu humano en conexión con La Vida utiliza a la razón para acreditar e intensificar su fuerza. Lo mismo hacen el instinto, las emociones y la creatividad.

Asignar un argumento lógico provee de auge y valor a cualquier pensamiento, es una adición muy significativa. Esto último es lo que sucede cuando ampliamos el fondo de una idea creativa con fundamentación sólida, la llevamos a una nueva categoría y multiplicamos su potencial.

Los deseos racionales, en conjunto con las cualidades esenciales del ser humano, son un importantísimo catalizador para la evolución.

LVII. LA FUNCIÓN DE LA CAPACIDAD RACIONAL

Los pensamientos lógicos surgen como herramienta de La Vida para que sus organismos puedan tomar decisiones diferentes a las impulsadas por los deseos instintivos cuando se encuentran fuera de contexto.

Demostración:

Los organismos inteligentes por su capacidad de tomar decisiones diferentes a las impulsadas por los deseos emocionales e instintivos protegen al Propósito de La Vida, el cual (por la Proposición LV de la Geometría del Ser y los Deseos), representa su función principal y razón de ser. Q.E.D.

Escolio:

La función específica de la capacidad racional es permitir tomar decisiones distintas a las motivadas instintiva o emocionalmente cuando el organismo se encuentra frente a contextos nuevos.

El bagaje genético es una fuente valiosísima de información que motiva comportamientos muy bien alineados a las mejores probabilidades de supervivencia. Sin embargo, tanto la programación genética como la biológica-emocional, en muchas ocasiones se enfrentan a condiciones muy distintas para las que fueron diseñadas, en esos casos su ímpetu se torna autodestructivo. Para mitigar estas situaciones existe la razón. Por ejemplo, cuando nuestros instintos y emociones nos piden consumir la mayor cantidad de alimentos con una alta densidad calórica, la razón opera como un moderador que entiende las consecuencias negativas de dicha acción y mitiga el impulso. Esto mismo sucede con un sin fin de escenarios que requieren de la racionalidad para controlar deseos instintivos de dominación, pertenencia, placer, control, descubrimiento, protección, aprendizaje, poder, influencia, transcendencia y reconocimiento, entre otros, cuando nos afectan en negativo, sobre todo a largo plazo.

En algún punto del tiempo, el organismo obtuvo cierto grado de autonomía, fue capaz de percibir su entorno, representarlo con imágenes neurales, procesar la información generada, detectar causas, y así discernir sobre los cursos de acción más acertados con miras hacia la resistencia y prevalencia.

Es muy importante aclarar que la capacidad racional en ningún momento anuló la influencia espiritual, genética, emocional o sintiente, simplemente complementó el sistema para dotarlo con mayores herramientas de supervivencia.

La razón surgió con un cometido específico, pero ha evolucionado de tal forma que ha amplificado sus alcances asombrosamente. Cuando hace equipo en sincronía con todos los niveles del Ser adquiere una posición excelsa. Especialmente, cuando utilizamos nuestros dotes de argumentación lógica para llenar de sentido y consciencia nuestra existencia, la esencia de La Vida y nuestra facultad creativa para modelar futuros.

Entonces, la Dimensión Racional ocupa un lugar indispensable en la toma de decisiones inteligentes, complementa magistralmente el potencial de todas las capas del Ser y también suma de forma muy contundente al Propósito de La Vida misma por resistir y prevalecer.

Justamente, el magnánimo objetivo de resistencia y prevalencia es el más beneficiado por la colaboración entre razón y creatividad. La Vida, motorizada por la naturaleza, es una obra cuidadosamente sistematizada, creada para protegerse a sí misma y es sumamente inteligente.

LVIII. METACAUSA DE LOS ORGANISMOS CREATIVOS

Los organismos inteligentes son metacausa de los organismos creativos que evolucionaron; mismos organismos creativos que representan uno de sus sistemas modales con atributos.

Demostración:

Los organismos creativos surgieron a partir de los organismos inteligentes que surgieron a partir de los organismos sintientes, que surgieron a partir de los organismos con emociones que son creados por genes que están formados por moléculas que están compuestas por átomos que están integrados por partículas subatómicas. Entonces, en la línea de tiempo evolutiva, a partir de El Todo, se formó primero un sistema modal compuesto por grupos de partículas subatómicas que se convirtieron en la causa de los sistemas modales que conocemos como genes, mismos que se convirtieron en la causa de los sistemas modales que conocemos como organismos con emociones, mismos que evolucionaron y se convirtieron en la causa de los sistemas modales que conocemos como organismos sintientes, mismos que evolucionaron y se convirtieron en la causa de los sistemas modales que conocemos como organismos inteligentes, mismos que evolucionaron y se convirtieron en la causa de los sistemas modales con atributos específicos que conocemos como organismos creativos. Q.E.D.

Escolio:

Llegó uno de los momentos más transcendentes en la historia de la evolución, aquél fausto acontecimiento en que los seres logramos ser conscientes de nuestra consciencia y transformar el futuro: nació la creatividad.

Desde uno de los más lejanos horizontes que podemos vislumbrar, y en forma superlativamente breve esto fue lo que sucedió:

Hace más de cuatro mil millones de años, en un espacio desolado e inerte, dentro de un planeta llamado Tierra, surgieron moléculas capaces de autorreplicarse en un esfuerzo por combatir la expansión y enfriamiento del cosmos. Después, estás moléculas se unieron para formar genes aumentando sus fortalezas. Posteriormente, los genes en equipo crearon organismos programados para reaccionar acorde a las mayores probabilidades de reproducción y supervivencia genética. Entonces, para seguir complementando sus capacidades reactivas y las posibilidades de prevalencia, los organismos obtuvieron sistemas nerviosos que les permitieron ser conscientes tanto de su entorno, de su interior en forma de sentimientos y de sí mismos. Continuando, dichos organismos sintientes, evolucionaron para retener y procesar su información neural y así ser capaces de tomar decisiones inteligentes. Y finalmente, en esta impresionante odisea evolutiva, los organismos alcanzamos la posibilidad de ser conscientes de nuestra propia consciencia y de concebir pensamientos de pensamientos; la creatividad habría llegado para cambiar el universo al servicio de La Vida.

O, en otras palabras:

Ciertas partículas subatómicas especiales crearon genes que crearon organismos con emociones, que evolucionaron en organismos sintientes, que evolucionaron en organismos inteligentes, que evolucionaron en organismos creativos.

Actualmente, los seres humanos, hasta donde tenemos conocimiento, somos los representantes más avanzados del poder creativo. Una vez que logramos darnos cuenta de que somos seres inteligentes, conscientes y con la facultad de formar pensamientos que pueden modelar nuevos pensamientos, entonces, se multiplicó nuestra influencia en el destino.

La razón, aunada a la sintiencia y nuestra aptitud de representarlas con información neural resguardable y procesable, dio pie a la formación de nuevas ideas que impactan directamente en el interior y el exterior del organismo. Los seres inteligentes capaces de detectar causas pasadas para tomar decisiones presentes, evolucionamos en seres creativos capaces de influir también en el futuro.

LIX. PENSAMIENTOS DE PENSAMIENTOS Y METACONSCIENCIA.

A lo largo de la evolución, los organismos inteligentes evolucionaron en organismos creativos, conscientes de su consciencia, capaces de formar nuevos pensamientos de pensamientos.

Demostración:

Todos los organismos con capacidad creativa son conscientes de su consciencia y son capaces de formar nuevos pensamientos con la unión de pensamientos previos. Q.E.D.

Escolio:

¿Cómo se da la creatividad humana? En síntesis, se trata de pensamientos de pensamientos; ideas del pasado, presente y futuro conectadas entre sí para formar una sola aleación neural superior.

Dicho de otra manera, la creatividad representa metapensamientos que se dan gracias a una cualidad vital muy especial: la consciencia de la consciencia.

¡Realmente entendemos que entendemos! De ahí proviene la fuerza que ganó la famosa frase de Descartes "pienso, luego existo". Esta idea ilustra muy bien el fenómeno perceptivo de la metaconsciencia. Aunque, como nota al margen, desde una óptica neurobiológica sucede al revés, ahora sabemos que realmente existimos como existimos porque pensamos.

También, vale la pena notar que estas percepciones no poseen un valor ontológico, son representaciones que crea nuestra mente. Es muy importante recordar que el mapa no es el territorio.

Hecha esta significativa aclaración, entonces podemos evaluar más libremente qué elementos participan en el ejercicio creativo. En un esfuerzo de categorización y en pro de comprender más fácilmente el proceso, divido los pensamientos que fungen como piezas del rompecabezas creativo en dos: 1) *pensamientos lógicos* y 2) *pensamientos homeostáticos*.

Los primeros, representan ideas cuantificables que se originan normalmente desde lo que conocemos como los cinco sentidos: visuales, sonidos, olores, sabores y sensaciones. Su función primordial es dotar a la mente de información para la toma de decisiones racionales.

Por otro lado, los pensamientos homeostáticos se representan con lo que entendemos como sentimientos, no son cuantificables y su función fundamental es regular comportamientos en sincronía con otros niveles del Ser como con su programación biológica-emocional y genética y con su conexión vital primal.

A estos dos tipos de pensamientos podemos posicionarlos mentalmente en un espacio temporal imaginario que corresponda al pasado, presente o futuro. Entonces, lo que sucede es muy especial, combinamos pensamientos en distintas esferas del tiempo para crear nuevos pensamientos recargados que fusionan razón (pensamientos lógicos) e intuición (pensamientos homeostáticos) capaces de producir "realidades" futuras tanto en la mente como fuera de ella.

Lo que llamamos creatividad se trata de pensamientos de pensamientos producto de la conciencia de la consciencia.

LX. PROPÓSITO DETECTABLE DE LA CAPACIDAD CREATIVA

El Propósito de los organismos creativos, el efecto en común que podemos inferir por sus atributos en todos sus modos, es la búsqueda por crear nuevos pensamientos conformados por pensamientos lógicos y pensamientos homeostáticos con el objetivo de adaptarse y volverse el cambio constante e infinito.

Demostración:

Los efectos en común (por la Proposición VII de la Geometría de El Todo) de los sistemas modales de una causa representan su primera derivada o Propósito. Igualmente (por el Axioma III de la Geometría del Ser y los Deseos) todos los sistemas modales obedecen a la primera derivada de su metacausa. Todos los modos de los organismos creativos, por sus atributos, buscan adaptarse y convertirse en el cambio constante e infinito creando nuevos pensamientos de pensamientos, por lo tanto, esto refleja su primera derivada o Propósito. Q.E.D.

Escolio:

¿Por qué somos creativos?, ¿será una concesión especial divina?, ¿será un evento fortuito?, o bien ¿tiene una razón de ser particular?

Con base en lo que podemos observar, me parece que la respuesta es muy puntual: la creatividad existe para ayudar a sus poseedores a adaptarse y volverse el cambio constante e infinito.

Aquel *flux* que describía Heráclito define muy bien la realidad que experimentamos; todo cambia, todo el tiempo, sin excepción. Y para afrontar ese dinamismo necesitamos cualidades especiales.

La creatividad es, ni más ni menos, que nuestra herramienta más potente para modelar el cambio y así aumentar las probabilidades de La Vida para resistir y prevalecer.

Ya hemos mencionado que un Propósito se puede identificar con una constante en común. En específico, todos los organismos creativos buscamos idear soluciones que nos permitan adecuarnos y fusionarnos al cambio para sobrevivir.

La existencia nos presenta continuamente problemas inéditos que requieren soluciones nuevas. Si todo estuviera escrito no necesitaríamos más que nuestra herencia genética para tomar las decisiones correctas. La realidad es que nos falta muchísimo por descifrar. La Vida corre peligro de extinción a cada instante, por eso necesita forjar Seres sumamente capaces, inteligentes y creativos que entiendan la fuerza de operar en equipo.

El Propósito detectable de la creatividad es permitir la adaptación y la transformación del cambio constante e infinito de la existencia. Entender este objetivo, nos otorga la llave para forjar mundos y llevar a La Vida misma a su epítome en medio de un entorno caótico e incierto.

LXI. LA INFLUENCIA DE LA CREATIVIDAD

Los organismos creativos son una metacausa cuyo Propósito rige a todos sus modos.

Demostración:

Todos los seres con capacidad creativa en el planeta Tierra buscan adaptarse y convertirse en el cambio constante e infinito creando nuevos pensamientos de pensamientos, lo cual influye en el total de los niveles del Ser. La capacidad creativa es la causa de todos sus modos, por lo tanto, (por la Proposición VII de la Geometría de El Todo) su primera derivada o Propósito rige en todas sus manifestaciones. Q.E.D.

Escolio:

No existe un solo organismo creativo que no valore la adaptación a su inconsistente entorno. Todos buscamos idear soluciones a la defensiva para resistir los embates que nos presenta la existencia, pero también, explorar posibilidades a la ofensiva para moldear el porvenir: buscamos resistir y prevalecer.

La energía creativa se infiltra en todos y cada uno de los seres conscientes de su consciencia y capaces de crear pensamientos de pensamientos.

¿Pero de qué nos serviría la habilidad de crear nuevas ideas potencialmente transformadoras si no estuviéramos incitados para ello? El don creativo no solo nos faculta para volvernos el cambio, sino que también nos anima a hacerlo.

El conjunto de organismos con estas capacidades somos influenciados constantemente por el afán de creación e innovación. La creatividad representa una metacausa que rige a todos sus modos; esta habilidad nos define biológicamente.

Por estas razones, soñar se convierte en una fuente de inspiración aguda. Imaginar nuevas realidades es un motivador esplendoroso para la esencia humana y se presenta en cada uno de nuestros pensamientos, comportamientos y decisiones.

La creatividad tiene una injerencia absoluta en todos los seres capaces de ella. Es un obsequio omnipresente que nos muestra posibilidades infinitas.

LXII. LA CREATIVIDAD Y LA VOLUNTAD

El Propósito de los organismos creativos que se manifiesta en la búsqueda por crear nuevos pensamientos de pensamientos es un atributo de la Voluntad.

Demostración:

La Voluntad como causa tiene modos que se muestran como atributos; La Dimensión Creativa se presenta como un modo de la Voluntad que representa a la capacidad de adaptarse y convertirse en el cambio constante e infinito con atributos que se manifiestan en deseos que motivan a los seres vivientes a crear nuevos pensamientos de pensamientos previos. Q.E.D.

Escolio:

Adaptarse y convertirse en el cambio constante no sería posible si no quisiéramos hacerlo. Ese *yo que desea* que parece existir en independiente a nuestro *yo consciente*, fomenta el esfuerzo creativo constantemente.

Imaginar excelsos mundos futuros donde el sufrimiento es domado, los sentimientos positivos fluyen, la abundancia es prevalente y un espíritu compasivo reina, es un ejemplo de lo mucho que el ser humano ansía fraguar el cambio.

Pero para lograr este nivel de injerencia la evolución ha tenido que dotarnos con otro tipo de deseos, en ocasiones contradictorios entre sí, para obtener la fuerza suficiente. En la Voluntad humana no solo existen anhelos futuristas bienintencionados, también encontramos apetitos egoístas que nos han permitido ganar fortalezas de supervivencia, impulsos emocionales que buscan recompensas sentimentales inmediatas, hambre de conocimiento causal y anhelos cooperativos que protegen a La Vida entera.

En otras palabras, en la Voluntad encontramos modos con atributos en forma de deseos creativos, instintivos, emocionales, sintientes, racionales y espirituales.

Una combinación magistral extraordinaria que ha dado forma a la esencia humana.

Por ello es tan difícil, e incluso absurdo, tratar de categorizar al *Sapiens* como bueno o malo por naturaleza. La bondad y la maldad existe solo en función de un objetivo, ¿bueno o malo para qué? Y siendo que nuestro Ser atiende a distintos Propósitos sincrónicos, entonces esta pregunta se vuelve compleja y multivariable. Por ejemplo, en ocasiones actuamos "bien" con respecto a nuestra programación genética egoísta, pero "mal" en relación con nuestro ímpetu por proteger La Vida en todas sus manifestaciones. La realidad sobre las fuerzas que motivan a los seres vivientes es múltiple y relativa. Sin embargo, si damos oportunidad a un pensamiento dialeteísta y permitimos la superposición de factores simultáneos que afectan el comportamiento, entonces la existencia vital se llena de congruencia. Cabe aclarar que dicho ejercicio epistemológico desafía la lógica clásica, por eso la confusión sobre estos temas suele ser tan presente.

Pero justamente para enfrentar el desconcierto es que he acuñado la *Teoría del Multi-Ser*; misma que representa una herramienta funcional para entender mejor la Voluntad y las fuerzas que nos animan consciente e inconscientemente. Con ella la visión es más nítida: los seres vivientes deseamos en diferentes formas y niveles con un objetivo detectable en común: proteger la resistencia y prevalencia de La Vida.

Para este mismo Propósito, entre otros motivadores, lo más hondo de nuestro Ser apetece vigorosamente ser creativo y moldurar un futuro esperanzador.

LXIII. VALENCIA CREATIVA

La creatividad tiene valencia. Positiva cuando aporta a crecer la posibilidad de adaptarse y convertirse el cambio y negativa cuando dicha posibilidad decrece.

Demostración:

Todos los esfuerzos creativos (por la Proposición LX de la Geometría del Ser y los Deseos) buscan encontrar posibilidades para adaptarse y convertirse en el cambio constante e infinito en sincronía (por la Proposición IV de la Geometría del Ser y los Deseos) con su metacausa vital buscando proteger la prevalencia y resistencia de La Vida. Por lo tanto, cuando se acercan a dichas posibilidades, los pensamientos creativos adquieren un valor positivo, y cuando se alejan adquieren un valor negativo. Q.E.D.

Escolio:

Estar motivado para encontrar una solución que permita satisfacer deseos, es un deseo por sí mismo. La creatividad emplea meta-consciencia, metapensamientos y metadeseos.

En otras palabras, nuestra capacidad creativa engendra un fuerte apetito por descubrir nuevos pensamientos que nos permitan saciar deseos espirituales, instintivos, emocionales, sintientes y racionales a través del modelado del cambio.

Por esta razón, cuando el impacto de adaptación y reformulación de una idea creativa logra satisfacer anhelos, obtiene un carácter positivo y viceversa.

La creatividad tiene valencia.

Cuando una propuesta creativa permite alcanzar los objetivos establecidos por las partes que conforman al Ser, entonces será adecuada.

Formamos ideas de ideas con la intención de cumplir mandatos genéticos, de conseguir sentimientos positivos, de identificar causas lógicas y de alimentar nuestro ímpetu creador. Cuando lo conseguimos, entonces obtenemos recompensas a través de los sentimientos con una amplia gama gradual. Si solo conseguimos mitigar parcialmente un instinto egoísta inmediato, la gratificación será pequeña y pasajera. En cambio, si conectamos con los motivadores más profundos del Ser y aportamos a la lucha de La Vida misma, la retribución será inmensa y transcendente, por ejemplo, cuando imaginamos posibilidades plausibles para un mundo verdaderamente evolucionado para todos.

La intensidad de gratificación (valencia) de un pensamiento creativo parece ser proporcional a su magnitud transformativa, capacidad de adaptación y nivel de aportación para el objetivo armónico de la existencia por mantener el orden y de La Vida por resistir y prevalecer.

La creatividad busca adaptarse y volverse el cambio constante en sincronía con los mandatos de la sistematización espiritual, instintiva, emocional, sintiente y racional de los organismos.

Increíblemente, somos testigos directos de esta fenomenología. Somos conscientes de nuestra consciencia, de nuestra facultad de generación de metapensamientos y de nuestra atracción hacia cumplir objetivos preprogramados. Esta condición es un afortunadísimo suceso que aparenta ser realmente especial en el universo.

¿Cómo usaremos este obsequio vital? Es una respuesta que escribimos con cada acción y pensamiento.

LXIV. JERARQUÍA DE LA DIMENSIÓN CREATIVA

El Propósito de La Vida es metacausa del Propósito de los genes, que a su vez es metacausa del Propósito de los organismos con emociones, que a su vez es metacausa del Propósito de los organismos sintientes, que a su vez es metacausa del Propósito de los organismos inteligentes, que a su vez es metacausa del Propósito de los organismos creativos.

Demostración:

La Vida (por la Proposición XI de la Geometría del Ser y los Deseos) es causa de los genes, los genes (por la Proposición XXI de la Geometría del Ser y los Deseos) son causa de los organismos con emociones, los organismos con emociones (por la Proposición XXXIII de la Geometría del Ser y los Deseos) son causa de los organismos sintientes, los organismos sintientes (por la Proposición XLV de la Geometría del Ser y los Deseos) son causa de los organismos inteligentes, los organismos inteligentes (por la Proposición LVIII de la Geometría del Ser y los Deseos) son causa de los organismos creativos, por lo tanto, el Propósito de los organismos creativos atiende al Propósito de los organismos inteligentes, de los organismos sintientes, de los organismos con emociones, de los genes y de La Vida. Q.E.D.

Escolio:

Con respecto a lo observable, la esencia de los seres vivientes está estructurada para agenciar una armonía ordenada de la existencia y auxiliar a La Vida a resistir y prevalecer.

¿Y cómo aportamos a esa lucha vital? Sobreviviendo nosotros mismos como especie, como individuos y como genes. Pero también, desde lo más penetrante, protegiendo a La Vida en todas sus manifestaciones y a los recursos que necesita (como el planeta Tierra). Para ello, la creatividad es la herramienta más potente. Usarla para imaginar futuros fecundos y llenos de vida es nuestra facultad más impactante. Lo vemos manifestado en situaciones en que una persona sacrifica su propio beneficio por otros o incluso cuando dedica su vida entera en favor de causas no egoístas. Cuando ese fin prevalece en el ejercicio creativo, entonces su impacto se multiplica exponencialmente.

La Vida la protegemos directamente defendiendo los recursos naturales del Planeta, facilitando la evolución, preservando a otras especies, apoyando a seres necesitados, aportando para ser mejores individuos, familias, comunidades, sociedades, países o representantes de la humanidad. ¿Pero mejores en qué sentido? En nuestro campo de visión, lo positivo parece determinarlo la sincronía con el Propósito vital; aquello que aporta a un futuro plagado de orden, armonía y prevalencia de La Vida misma.

El instinto y la competencia individualista ha sido un elemento central y necesario, hasta ahora, para los seres vivientes. Pero la humanidad, a través de la creatividad, tenemos ahora posibilidades mucho más poderosas e inteligentes que la lucha genética egoísta para perdurar. Evitar el dominio de impulsos autodestructivos que solo buscan estímulos emocionales parciales y pasajeros, privilegiar el intelecto y ser más compasivos es un ejercicio sumamente liberador. En otras palabras, obtener información inteligente, practicar el autocontrol, ser creativos y priorizar la empatía, es la combinación más magnánima para trascender.

Ha llegado el momento de destronar a la injerencia del gen y entregar el cetro a la empatía y el intelecto creativo para liberar nuestra máxima influencia sobre la existencia.

LXV. PROPÓSITO GERMINAL

La supervivencia y reproducción del gen, la búsqueda por emociones positivas, la búsqueda por sentimientos positivos, la búsqueda de argumentación racional y la búsqueda creativa por adaptarse y convertirse el cambio constante e infinito, atienden al Propósito germinal de resistir y prevalecer de La Vida.

Demostración:

La constante (por la Proposición IV de la Geometría del Ser y los Deseos) presente en todos los modos y Dimensiones derivados de La Vida, y por lo tanto su Propósito germinal detectable, es combatir el desorden para resistir y prevalecer. Q.E.D.

Escolio:

El Propósito de todos los Propósitos detectables en La Vida es resistir y prevalecer. Representa a la Metacausa-germinal de todos los seres vivientes. Por ello, es que se ha planificado toda una valiente epopeya contra el desorden cósmico.

Los genes, las emociones, los sentimientos, la razón y la creatividad surgieron para favorecer a este objetivo primal.

Aún más allá de ello, aunque resulta menos evidente, parece que facilitar la armonía en la existencia de El Todo también es un factor relevante. Aquello fuera del círculo de La Vida también se encuentra íntimamente conectado y coordinado con ella. Aquí es cuando nuestras limitantes cognitivas humanas muestran sus barreras, sin embargo, la interrelación con todo lo que nos rodea es indiscutible.

Ahora, retomando la fenomenología detectable, así es como cada dimensión aporta a la metavital central:

Las partículas subatómicas de La Vida desafían la segunda ley de la termodinámica y logran combatir el enfriamiento y expansión del universo.

Los genes, compiten entre sí para ganar fortalezas y así dotar a La Vida con posibilidades de supervivencia.

La programación biológica-emocional de los organismos atienden a una sistematización en constante actualización que los dota de mayores probabilidades de prevalencia.

Los sentimientos, a través de representaciones mentales que operan como un sistema de recompensas, guían los pensamientos y comportamientos de sus organismos para alinearse a las mayores probabilidades de trascendencia identificadas por el aprendizaje evolutivo.

La capacidad racional dota a sus seres con la posibilidad de tomar decisiones diferentes a las instruidas genética y emocionalmente cuando estas últimas se tornan autodestructivas por la especificidad de los contextos cambiantes.

Y finalmente, el ápice de la evolución se da con la facultad creativa que permite aumentar la prevalencia vital por medio del modelado de pensamientos que impactan dentro y fuera de la mente y hacia el futuro.

Somos parte de un súpersistema estructurado magistralmente con una finalidad constante; la creatividad surgió para cumplir dicho fin, pero también, irónicamente, significa la posibilidad de engendrar nuevos objetivos.

LXVI. DIMENSIÓN CREATIVA

El atributo de la Voluntad que obedece a la búsqueda por crear nuevos pensamientos de pensamientos representa la Dimensión Creativa del Ser.

Demostración:

La Dimensión Creativa del Ser corresponde a todos aquellos atributos que (por la Proposición LX de la Geometría del Ser y los Deseos) obedecen específicamente al Propósito de los organismos creativos. Q.E.D.

Escolio:

Desde lo más profundo hasta lo más superficial, procuramos ayudar a La Vida a resistir y prevalecer *[Dimensión Espiritual]*, y para ello: 1) apoyamos a los genes a sobrevivir y reproducirse *[Dimensión Instintiva]*, 2) procuramos sentimientos positivos *[Dimensión Emocional y Sintiente]*, 3) buscamos causas lógicas *[Dimensión Racional]* y 4) ideamos soluciones nuevas *[Dimensión Creativa]*.

La Dimensión Creativa se trata del último nivel evolutivo, un reino que nos permite crear pensamientos de pensamientos para cambiar el futuro.

Ya hemos establecido antes que la meta específica de la capacidad creativa es lograr la adaptación y el modelado del cambio constante e infinito, y que, para ello, impacta dentro y fuera de la mente con nuevas ideas creadas por metapensamientos.

Este proceso creativo, de acuerdo con un principio de anidamiento, requiere de todas las Dimensiones del Ser que lo engendraron para funcionar y para existir. Sin vida, genes, emociones, sentimientos y razón, no existiría la creatividad.

La facultad creativa tiene un objetivo muy puntual y distinto al de las demás Dimensiones, pero también está diseñada para apoyar a sus capas antecesoras a cumplir sus Propósitos. Usamos la creatividad para idear soluciones con la función de satisfacer deseos instintivos, encontrar emociones y sentimientos positivos (deseos emocionales y sintientes), hallar causas lógicas (deseos racionales) y procurar un futuro lleno de vida (deseos espirituales). Todas las partes actúan como unidad y como módulos independientes a la vez; una orquesta en armonía con el apoyo mutuo.

El *Círculo del Ser* y la *Teoría del Multi-Ser* nos permiten vislumbrar una inmensa manifestación, la gran paradoja de la existencia: todo es uno y uno es todo.

La Vida es una asombrosa y compleja maquinaria, que mientras más entendemos, más debemos de valorar. Y precisamente, con el último obsequio de la evolución, con nuestra capacidad creativa que nos permite ser conscientes de la consciencia, podemos ser testigos y partícipes de la más extraordinaria historia jamás contada.

Termino este escolio con una pregunta sumamente interesante: en caso de continuar resistiendo y prevaleciendo, ¿qué nueva Dimensión en el Ser estará por gestarse en la línea evolutiva? ¿será que ya comienza a manifestarse?

LXVII. INTERCONEXIÓN CREATIVA

La Dimensión Creativa del Ser representa la conexión de la capacidad creativa con los organismos que la contienen.

Demostración:

El Ser (por la Proposición IX de la Geometría de El Todo) existe como parte de El Todo, de su metacausa La Vida, de su metacausa genética, de su metacausa biológica-emocional, de su metacausa sintiente, de su metacausa racional y de su metacausa creativa; la Dimensión Creativa corresponde a todo lo que representa la conexión del Ser con su capacidad creativa. Q.E.D.

Escolio:

La creatividad nos conecta con el futuro.

El marco temporal de la existencia es una composición muy compleja que entendemos muy poco, intuimos el pasado y el futuro, pero en realidad solo podemos experimentar el presente.
¿Será que el pasado y el futuro realmente existen?

Desde nuestra interfaz humana, y con base en la lógica clásica, pareciera que la posteridad y el pretérito terminan de existir una vez que el fugaz presente se apodera de ellos. Sin embargo, nuestra percepción empírica nos dice lo contrario, el pasado y el futuro coexisten con el presente.

La esencia del Sapiens es un claro ejemplo de superposición temporal. Los genes y las emociones nos conectan directamente con el aprendizaje del pasado, los sentimientos y la razón nos unen con el presente y la creatividad nos fusiona con el futuro.

No solo existe una interconexión sincrónica espacial con todo lo que nos rodea, sino también temporal con todo lo que fue, es y será. De nuevo nos encontramos con la importancia de desafiar la ilusión de la racionalidad rigurosa para vencer al absurdo: todo es uno y uno es todo.

¿Y cómo nos entrelazamos con el futuro? No solo a través de la teorizada decoherencia cuántica de las partículas subatómicas, también desde un lugar mucho más simple: con los pensamientos que imaginan escenarios futuros y que impactan directamente en el cincelado de la realidad percibida.

Los pensamientos nos muestran lo que nos ha antecedido, lo que se encuentra aquí y ahora, y cómo podría ser lo que viene. La creatividad formula metapensamientos transformadores con ayuda de ideas que reflejan tres mil millones de años de evolución (mejor conocidos como sentimientos) y con ayuda de ideas que nos presentan el contexto simultáneo a través de los sentidos.

El ejercicio creativo realmente modula el futuro, soñar no es solo una poética esperanza sino un titánico instrumento para escribir el destino.

LXVIII. LOS ATRIBUTOS DE LA CREATIVIDAD Y LOS DESEOS CREATIVOS

Los deseos creativos surgen de la búsqueda por crear nuevos pensamientos de pensamientos que se adaptan y se vuelven el cambio constante e infinito.

Demostración:

La Dimensión Creativa en la Voluntad (por la Proposición LXII de la Geometría del Ser y los Deseos) se manifiesta a través de atributos que denominamos deseos creativos que motivan a los seres vivientes a adaptarse y convertirse en el cambio constante e infinito por medio de la creación de nuevos pensamientos de pensamientos. Q.E.D.

Escolio:

Todos deseamos un mundo mejor; se trata de un ejemplo de los deseos creativos que compartimos como especie. Aquello que nos motiva a idear nuevos pensamientos que significan soluciones para una infinidad de objetivos, esa fuerza, es parte de la Voluntad humana.

La particularidad de estos deseos es que su objetivo es cumplir con otros objetivos. El Propósito de la Dimensión Creativa que procura adaptarse y volverse el cambio, lo hace en función de otros fines dictados desde distintas esferas del Ser. No ideamos soluciones creativas solo *per se*, lo hacemos para resolver problemas específicos.

Por ello, en la creatividad, la regla es que no hay reglas. Cualquier pensamiento que aporte a conquistar metas es bienvenido en la colección instrumental. Como consecuencia, un sentimiento de Libertad empapa al espíritu creativo: las posibilidades son infinitas.

Ese atributo visionario que se apodera de todos nosotros es una energía penetrante que se acaudala en nuestra mente para forjar el universo futuro. ¡Qué deseo tan gigantesco e impactante! En realidad, nos anima labrar el *flux* de la existencia y convertirnos en los arquitectos del destino. ¿Acaso no es un anhelo sumamente presente en la esencia humana?

Los deseos creativos son evidentes y extensamente influyentes en todas nuestras ideas, decisiones y comportamientos; es la luz que nos torna especialmente humanos y que nos provoca aspirar a ser máximos creadores. Desde lo más hondo, soñamos con convertirnos en los dioses que hemos admirado.

La gran noticia es que esa potencia transformadora ya habita en cada uno de nosotros, ahora el reto es canalizar su brío hacia gloriosas e inteligentes creaciones.

LXIX. LA FUNCIÓN DE LA CREATIVIDAD

Los pensamientos creativos surgen como herramienta de La Vida para que sus organismos puedan idear nuevas posibilidades frente a una existencia en flux constante.

Demostración:

Los organismos creativos por su capacidad de adaptarse y volverse el cambio infinito creando nuevos pensamientos de pensamientos, protegen al Propósito de La Vida, el cual (por la Proposición LXVII de la Geometría del Ser y los Deseos), representa su función principal y razón de ser. Q.E.D.

Escolio:

Todo cambia, todo el tiempo, sin excepción. Por lo tanto, si La Vida pretende resistir y prevalecer, debe entonces enfrentar ese dinamismo de alguna manera. Para ello surgió la creatividad.

La naturaleza ha sido muy hábil hasta ahora para recopilar información y procesarla en códigos genéticos que instruyen condiciones aliadas a las mejores probabilidades de supervivencia. Sin embargo, conforme ha pasado el tiempo, esta última hazaña no ha sido suficiente para encarar a la existencia; la racionalidad tuvo que emerger para aportar herramientas adicionales al repertorio instintivo, permitió la toma de decisiones particulares frente a contextos nuevos. Hasta ese punto, el aprendizaje del pasado se unía con el control del presente; instinto y razón colaborando en equipo. Pero lo que sucedería después sería aún más especial, La Vida lo quería todo, buscaría cubrir el marco temporal en su totalidad. Entonces, nació la habilidad creativa; un dote que permitiría a los organismos afrontar el futuro.

La vital misión de la creatividad es conquistar el porvenir. Esa es su función principal y para lo cual fue creada. No solo adaptarse, sino volverse el cambio.

Interesantemente, dicha conquista la llevaría a cabo desde la consciencia individual; cada uno de nosotros tiene la oportunidad de presenciar la formación de un futuro inteligente.

Aquí es donde una perspectiva amplia se torna indispensable. El instinto, la razón y la creatividad no son enemigos ni están diseñados para luchar entre sí, sino todo lo contrario, son aliados codependientes.

Un futuro digno depende del trabajo en equipo entre todas las dimensiones humanas y del Ser. Negar nuestra naturaleza es un ejercicio autodestructivo. Por el contrario, sumar al ímpetu evolutivo es una práctica colosalmente productiva. Por lo tanto, entender la función de lo que forma a La Vida, el instinto, las emociones, los sentimientos, la razón y la creatividad, así como procurar su actuar en equipo, realmente nos dotará de la más inmensa potencia interna que impactará en toda la existencia. Esta simbiosis sin duda es lo que nos hará libres y prevalentes en el futuro por venir.

La cima de la evolución es la creatividad, y precisamente su poder para concebir futuros se multiplica exponencialmente cuando integramos armónicamente espíritu, intuición y razón.

Abracemos la oportunidad que nos ha dado este particular punto en el espacio-tiempo y utilicemos nuestra creatividad como merece ser usada, con su máxima fuerza, inteligentemente y cargada de empatía.

Las ideas creativas de hoy serán la realidad del mañana.

LXX. METACAUSA DE UN SIGUIENTE NIVEL EVOLUTIVO

Si La Vida resiste y prevalece, los organismos creativos serán metacausa de un siguiente nivel evolutivo eventualmente; mismos que representarán uno de sus sistemas modales con atributos.

Demostración:

La evolución ha demostrado ser un fenómeno dinámico en transformación constante; La Vida tiende a aumentar las facultades de sus organismos para resistir y prevalecer. Desde El Todo surgieron partículas subatómicas que formaron genes, que formaron organismos con emociones, que formaron organismos sintientes, que formaron organismos inteligentes y que formaron organismos creativos. Por lo tanto, mientras continúe este proceso, eventualmente, surgirán nuevas habilidades dominantes que representarán una nueva categoría derivada de los organismos creativos. Q.E.D.

Escolio:

Después de la capacidad creativa, ¿qué sigue en la evolución?

Podemos especular audaces posibilidades, pero la respuesta probablemente tome miles de años más para que sea plenamente manifiesta. Con los gigantescos avances tecnológicos (si la humanidad evita la autodestrucción) posiblemente tome menos tiempo. Pero considero que la clave se encuentra en la expansión de los niveles de consciencia que nos permitirán tener una perspectiva cada vez más amplia sobre la existencia y que nos ayudará a tomar decisiones mucho más inteligentes.

Al final de cuentas, parece que La Vida aún tiene muchísimo rango de expansión para perfeccionar sus tácticas de resistencia y prevalencia. ¿Será que la evolución nos tiene preparada una nueva especie en el futuro cercano? ¿Surgirá el divino *Homo deus* que describe el famoso escritor Yuval Noah Harari? ¿Será que el hombre se codeará con los dioses que tanto ha imaginado?

¿O acaso emergerá el *Homo normalis* que anhelaba el genio incomprendido Wilhelm Reich?, ¿el ser humano entonces encontrará, finalmente, un balance simbiótico entre su esencia natural y sus condiciones psico-sociales?

¿Harán las paces el espíritu, el instinto, las emociones, los sentimientos, la razón y la creatividad?

¿Lograremos expandir nuestra consciencia de lo individual a lo universal?

¿Será que otra especie no humana tome la delantera dominante?, ¿o bien el mismo Sapiens se convertirá en la primera especie que logre autoevolucionar usando manipulación genética?

¿Quizá estemos en la antesala de un hito que detonará la transición hacia una "vida" no orgánica con la inteligencia artificial?, ¿se fusionarán caminos que resultarán en cíborgs?

Éstas y muchas más preguntas se encuentran ahora abiertas, por eso es un momento tan crucial en la historia de la evolución.

Sea cual sea el camino que nos depare el futuro, algo sí está claro, una auténtica evolución que lleve al quehacer de resistencia y prevalencia vital al siguiente nivel, debe integrar información inteligente, autocontrol, creatividad y empatía. En otras palabras, el destino le pertenece a la manifestación vital que logre una visión amplia y penetrante y que alcance armonía espiritual, instintiva, emocional, sentimental y racional canalizada en creatividad colectiva.

LXXI. NUEVOS PROPÓSITOS

Los posibles organismos que surjan posteriormente en la evolución, tendrán nuevos Propósitos y serán capaces de identificar nuevas causas, metacausas y Propósitos.

Demostración:

Los efectos en común (por la Proposición VII de la Geometría de El Todo) de los sistemas modales de una causa representan su primera derivada o Propósito. Igualmente (por el Axioma III de la Geometría del Ser y los Deseos) todos los sistemas modales obedecen a la primera derivada de su metacausa. Todos los modos de los nuevos organismos, por sus atributos, procurarán objetivos en común que reflejarán su primera derivada o Propósito. También, (por la Proposición LXX de la Geometría del Ser y los Deseos), se ampliarán sus facultades y aptitudes de consciencia, con lo que podrán identificar nuevas causas, metacausas y Propósitos. Q.E.D.

Escolio:

El Propósito observable de La Vida en todas sus manifestaciones es resistir y prevalecer. ¿Pero para qué? Aquí es donde se abre un inmenso caudal de posibilidades al que la cognición humana aún no tiene acceso directo. La realidad indiscutible es que no lo sabemos con certeza.

Sin embargo, la esperanza se restablece cuando entendemos el ejercicio de resistencia y prevalencia como un medio y no como un fin. También, sumamos optimismo cuando reconocemos lo que ha logrado la evolución e imaginamos lo que podría permitir en, por ejemplo, otros tres mil millones de años más. Si La Vida hasta ahora ha conseguido un crecimiento exponencial y obtuvo consciencia de sí misma, solo podríamos especular inocentemente hasta dónde podría llegar en el futuro.

Entonces, resistir y prevalecer se torna en una misión noble y valiente. Sobrevivir para encontrar nuevas e inimaginables posibilidades; en este esfuerzo el desapego y la empatía encuentran su máxima expresión: luchar por algo mucho más grande que nosotros mismos, ya sea como individuos o como especie.

¿Qué seremos capaces de hacer y de entender con nuevas facultades y niveles de consciencia? Solo podremos saberlo si prevalecemos.

¿Tal vez se develará un peligro cósmico por vencer?, ¿será que la evolución nos llevará a un mundo sin sufrimiento, lleno de paz, consciencia, empatía y creatividad infinita?, ¿o tal vez obtendremos consciencia de la consciencia de la consciencia?, ¿cuántos niveles nos falta por comprender? ¿acaso no vale la pena intentar averiguarlo?

La esencia humana, desde lo más recóndito, alberga un ímpetu incesante por descubrir nuevas fronteras. En equipo con otras especies su potencial de consciencia, cognitivo y creativo es incalculable.

El gran final y terminante conclusión del esfuerzo vital tal vez no exista, pero sin duda, inmensos momentos apoteósicos seguirán siendo abundantes en el camino. La fortuna más colosal se encuentra en poder presenciar el proceso. Tal vez todo esto ha sido fruto de una asombrosa serendipia, o quizá es producto de una sistematización planificada a *priori*. Cualquiera que sea la respuesta, la realidad es que somos infinitamente afortunados por estar vivos en este instante y poder modelar el futuro con cada pensamiento. La Vida te necesita.

LXXII. EL SER Y LOS DESEOS

El Ser se compone de forma no limitativa por pensamientos, energía, consciencia y cuerpo. Mismos que son afectados por la Voluntad que representa a los

deseos espirituales, instintivos, emocionales, sintientes, racionales y creativos.

Demostración:

Todos los modos de la existencia, incluido el Ser, (por el Axioma VI de La Geometría de El Todo) surgen de una Metacausa-germinal que representa El Todo compuesto por partículas subatómicas mejor conocidas como materia, ondas y energía. De la Metacausa-germinal (por el Axioma I de La Geometría del Ser y los deseos) se derivan modos que se convierten en causas que derivan modos que se convierten en nuevas causas, y así sucesivamente. También, (por el Axioma V de La Geometría del Ser y los Deseos) las causas que forman al Ser lo motivan a cumplir sus Propósitos. Mismos Propósitos que detectamos por los efectos en común de cada sistema modal manifiestos en la Voluntad energizada por atributos que llamamos deseos. Los modos derivados de la Metacausa-germinal que se han convertido en causas-de-causas y que hemos referido en este texto como Dimensiones del Ser son las siguientes:

En la línea de tiempo evolutiva, a partir de El Todo, se formó primero un sistema modal compuesto por grupos de partículas subatómicas que se convirtieron en la causa de los sistemas modales que conocemos como genes, mismos que se convirtieron en la causa de los sistemas modales que conocemos como organismos con emociones, mismos que evolucionaron y se convirtieron en la causa de los sistemas modales que conocemos como organismos sintientes, mismos que evolucionaron y se convirtieron en la causa de los sistemas modales que conocemos como organismos inteligentes, mismos que evolucionaron y se convirtieron en la causa de los sistemas modales con atributos específicos que conocemos como organismos creativos. Por lo tanto, los organismos creativos son afectados por deseos espirituales, instintivos, emocionales, sintientes, racionales y creativos. Q.E.D.

Escolio:

Somos un multiser, no hay nada individual en nosotros, y mucho menos existimos de forma independiente. Somos producto de la unión de un número altísimo de ondas energéticas y partículas subatómicas, siete por diez a la 27 potencia de átomos, dos por diez a la 25 potencia de moléculas, 37 trillones de células, más de 20 mil genes y decenas de órganos que crean cuerpo y mente. Además, todos estos elementos existen gracias a un infinito número de instantes pasados que fusionan el marco temporal.

También, esta magistral composición coexiste en sincronía superpuesta, es decir, yuxtapone posiciones aparentemente contradictorias desde la lógica clásica. Por ejemplo, a nivel minúsculo, partículas subatómicas como los llamados electrones, "existen" y "no existen" en un mismo punto del tiempo-espacio a la vez; este fenómeno está muy bien identificado en la mecánica cuántica. Otro ejemplo, a nivel consciencia, es que podemos desear y no desear algo a la vez, una parte del Ser sí quiere, pero otra no: deseos superpuestos.

Pienso que esta naturaleza metaexistente se entiende cuando comprendemos que nada es por sí mismo y que la fenomenología espacial y temporal que experimentamos como seres humanos es solo una representación mental. Aunque en apariencia contraintuitiva, la realidad parece permitir que distintos planos cohabiten en paralelo.

Con estas consideraciones previas, entonces podemos hacer una lectura sobre la esencia humana con mucha mayor congruencia.

El Ser se conforma simultáneamente por Dimensiones que representan capas que han surgido en distintos puntos del tiempo y que se originaron con diferentes objetivos. Las Dimensiones Espiritual, Instintiva, Emocional, Sintiente, Racional y Creativa del Ser conviven en sincronía y motivan pensamientos y acciones con base en sus Propósitos. A veces, su ímpetu coincide en la misma dirección, pero a veces se contrastan.

Me parece que es muy importante entender que ninguna es necesariamente mejor que otra, en realidad son codependientes, se trata de un complejo posible solo gracias a la suma de todas sus partes. Por ello, la intención correcta es buscar la armonía y no la confrontación entre sí; la colaboración y no la eliminación; el control y no el dominio; la aceptación y no la negación.

Por otro lado, el balance homeostático es un elemento constante en los objetivos para los cuales fueron esbozadas cada una de las capas que nos forman. Los *deseos espirituales* que procuran proteger La Vida y la armonía de El Todo, los *deseos instintivos* que buscan la supervivencia y reproducción del gen, los *deseos emocionales* que defienden la programación química reactiva diseñada para obtener ventajas de supervivencia, los *deseos sintientes* que motivan a sus organismos con recompensas mentales para apoyar a los Propósitos de otras Dimensiones, los *deseos racionales* que nos motivan a detectar causas para tomar decisiones inteligentes y los *deseos creativos* que nos influyen para adaptarnos y convertirnos en el cambio, todos estos deseos, promueven la homeostasis. Se trata de diferentes fuerzas con diferentes objetivos, pero con una misión en común: resistir y prevalecer vital por medio del balance aliado a las probabilidades.

Al conjunto de estos deseos, y más, lo hemos referido como la Voluntad; una fuente abismal de claves que nos permitirán continuar entendiéndonos mucho mejor a nosotros mismos y todo lo que nos rodea. ¿Tal vez la llave para entender el misterio de la existencia?, ¿quizá la puerta hacia celestiales posibilidades?

Sin duda en los deseos tenemos un innumerable potencial de conocimiento esperando por ser liberado. El futuro lo forjará la comprensión de nuestra esencia, el secreto está dentro de nosotros.

GEOMETRÍA DE LA CONSCIENCIA

LIBRO 3

DEFINICIONES

Entiendo por...

I. ***consciencia***: capacidad del Ser de conocer La Verdad y a sí mismo.

II. ***Sí mismo***: interpretación de la individualidad que diferencia a un Ser del exterior.

III. ***exterocepción***: percepción de lo exterior al organismo.

IV. ***propiocepción***: percepción de lo propio del organismo.

V. ***interocepción***: percepción del interior del organismo.

AXIOMAS

I. Todo existe en función de El Todo.

II. Nada existe fuera de El Todo.

III. El Todo es la causa de todas las causas.

IV. Conocer El Todo tal cual es, significa conocer La Verdad.

V. Todos los elementos de la existencia, al ser parte de El Todo, son parte de La Verdad que se encuentra en su misma esencia.

VI. Lo que pensamos y experimentamos los Seres es una interpretación finita de El Todo y por lo tanto está limitada.

VII. Conocer causas significa conocer el origen de las partes de El Todo y por lo tanto conocer partes de La Verdad.

VIII. Los pensamientos permiten identificar causas.

IX. El Ser, a través de sus pensamientos, puede conocer sus propias causas y las causas de lo que le rodea, y, por lo tanto, puede acercarse a La Verdad con relación a El Todo.

X. Existe la posibilidad de acceder a La Verdad por otra vía que no sean los limitados pensamientos lógicos y los pensamientos homeostáticos (sentimientos).

PROPOSICIONES:

I. NIVELES DE CONSCIENCIA

Existen diferentes niveles de consciencia o sí mismo definidos con base en el rango de acceso del Ser a La Verdad.

Demostración:

El Sapiens, (por el Axioma IX de la Geometría de la Consciencia) puede acceder a La Verdad a través de sus pensamientos; a mayor acceso mayor nivel de consciencia, y viceversa. Q.E.D.

Escolio:

La consciencia no es un elemento estático que existe o no existe, es un proceso dinámico en constante flujo. Por esto mismo, la consciencia tiene rangos o niveles que van de menos a más posibilidades de percepción o entendimiento.

Estas categorías van desde sistemas reactivos que evidencian una noción de existencia espacial-corporal como es el caso de organismos unicelulares que responden a estímulos de su entorno, hasta procesos sumamente complejos de procesamiento de información creativo.

Desde una perspectiva amplia, estas cualidades de percepción se han desarrollado *in crescendo* a través del proceso evolutivo; los seres vivientes han ampliado sus niveles de consciencia conforme surgieron sus capacidades instintivas, emocionales, sintientes, racionales y creativas.

Estas consideraciones nos lleva a una pregunta sumamente interesante, ¿para que exista consciencia debe existir un cerebro? Desde un punto de vista neurobiológico la respuesta es un contundente sí, la consciencia depende de una mente y la mente de un cerebro. Sin embargo, si entendemos la consciencia como la capacidad de percibir el sí mismo y La Verdad, entonces la respuesta no es tan evidente, ¿cómo podríamos asegurar que no existe ningún sistema, Ser, organismo o ente que se pueda percibir a sí mismo y lo que le rodea, sin un cerebro de por medio? Al final de cuentas entendemos muy poco sobre cómo funcionan los procesos neurales desde lo más profundo. Lo que Chalmer llama "el problema difícil de la consciencia" consiste en averiguar cómo opera la mente más allá de la cartografía con señales eléctricas en el encéfalo; esta cuestión se podría responder en capas mucho más minúsculas, como en los estratos subatómicos que apenas comenzamos a identificar, ya no digamos a entender.

Por lo tanto, en mi opinión, simplemente no sabemos si existe la consciencia más allá del cerebro.

Ahora, lo que sí sabemos, que afortunadamente significa un gran avance, es que la conciencia como la conocemos opera con distintas intensidades y que los seres humanos no somos la única especie portadora de ella. Por ello, parece que tenemos por delante la esperanzadora posibilidad de acceder a una visión mucho más extensa sobre La Verdad conforme resistimos y prevalecemos en línea con la evolución de La Vida.

II. ELEMENTOS ESENCIALES DE LA CONSCIENCIA

Los elementos esenciales que componen los estados de consciencia simples incluyen 1) la exterocepción, o capacidad de interpretar el contexto exterior en información que produce reacciones regulatorias, 2) la propiocepción, con el reconocimiento de un cuerpo individual y la información que interpreta como propia (consciencia de sí mismo), 3) la capacidad de utilizar dicha información con representaciones en forma de pensamientos lógicos para tomar decisiones (agencialidad) y 4) la interocepción o capacidad de sentir el funcionamiento al interior del cuerpo individual en forma de pensamientos homeostáticos (sentimientos).

Demostración:

Si entendemos la consciencia como la capacidad de percibir La Verdad y el sí mismo entonces debe existir en principio una diferenciación percibida entre lo propio (propiocepción) y lo externo (exterocepción), complementado con la capacidad de procesar (agencialidad) la información de dichas percepciones para distinguir los diferentes valores que componen el exterior (pensamientos lógicos) y el interior (pensamientos homeostáticos), y así ser capaces de detectar causas que permiten un acercamiento a La Verdad. Q.E.D.

Escolio:

Lo mínimo que necesita una consciencia para existir es la facultad de percibir lo propio, o el sí mismo y por lo tanto lo que se encuentra fuera de sí también. Y para ello, el ser consciente debe ser capaz de representar los estímulos del interior y del exterior con información que a su vez debe poder retener y procesar.

Si un organismo no puede retener y procesar dicha información interpretada, entonces se quedará en un nivel reactivo inconsciente. Esto último no significa que no esté vivo, simplemente que no tiene consciencia de sí. Tampoco significa que no sea parte de un organismo que sí pueda ser consciente de sí mismo. Por ejemplo, las células de nuestro cuerpo no son conscientes de sí mismas, pero están vivas y son parte de un organismo consciente.

Por ello, es muy importante marcar una clara diferencia entre la individualidad, La Vida, y la consciencia.

Por un lado, ya hemos establecido que la individualidad es una ilusión y que en realidad todo está conectado en tiempo y espacio. Por lo tanto, el sí mismo es simplemente una interpretación pragmática holográfica que establece barreras divisorias entre lo propio y lo externo.

Por otro lado, La Vida representa a aquello capaz de desafiar la segunda ley de la termodinámica mitigando la cualidad entrópica de la existencia que todo lo expande y enfría con un sistema metabólico que le permite autorreplicarse en un esfuerzo por resistir y prevalecer. Dicho fenómeno lo observamos en organismos simples como las bacterias y complejos como los animales.

Y finalmente, la consciencia como la conocemos requiere de un centro de control capaz de retener y procesar la información que interpreta con las señales que recibe por la interacción con el exterior y el interior. Esta posibilidad la tenemos los seres humanos y también muchas otras especies en el Planeta.

Con estos antecedentes, podemos entonces resumir los elementos fundamentales que integran la consciencia: 1) percepción de lo propio (propiocepción), 2) percepción del exterior (exterocepción) y 3) retención y procesamiento de la información percibida (agencialidad) tanto del exterior (pensamientos lógicos) como del interior (pensamientos homeostáticos o sentimientos).

La creatividad, representando la máxima aptitud evolutiva, utiliza dichos elementos para modelar nuevos contextos en la mente que impactan a través de las acciones en el exterior. Sin consciencia no habría creatividad y sin creatividad no podríamos transformar el futuro.

III. PROTOCONSCIENCIA

En un primer nivel (que antecede a la consciencia de sí mismo) encontramos la protoconsciencia, capaz de generar información sobre sí mismo y su entorno

con capacidad de exterocepción, interocepción y propiocepción inconsciente. Es capaz de reaccionar impulsivamente con comportamientos regulatorios que atienden a proteger La Vida.

Demostración:

Existen seres capaces de reaccionar e interactuar con su propia estructura, su interior y el exterior, pero que parecen no ser conscientes de dicha dinámica; propiocepción, interocepción y exterocepción inconsciente y sin agencialidad que referimos como protoconsciencia. Q.E.D.

Escolio 1:

La antesala de la consciencia como la conocemos se dio desde el inicio de La Vida y se mantiene en cada uno de los organismos. La protoconsciencia es un fenómeno muy peculiar ya que implica un cierto grado de consciencia, pero sin la consciencia de la consciencia.

En otras palabras, menos repetitivas, el ser protoconsciente no parece saber que es capaz de percibir su individualidad, su interior y el exterior. Pero sabemos que distingue todo ello porque reacciona a dichos estímulos e interactúa con estos elementos.

Por ejemplo, las bacterias responden a la luz, o bien, en un disco de Petri se alejan cuando son expuestas a sustancias tóxicas. Esto último nos habla de la existencia de constructos propios, internos y externos.

Otro ejemplo son las células eucariotas que responden al contacto y las vibraciones.

¿Son entonces las células y las bacterias conscientes? Considero que con base en la definición que hemos adoptado sobre este controversial concepto, la respuesta es que son parcialmente conscientes ya que tienen un sentido de existencia reactivo e interactivo: pueden percibir el sí mismo y lo que les rodea. Sin embargo, no son conscientes de su protoconsciencia.

Por ello, y ya que no podemos comparar dicho nivel de consciencia con el de los organismos con sistema nervioso central, entonces añadimos el prefijo *proto* que por su etimología significa "primero" en griego antiguo: "la primera consciencia".

Escolio 2:

En organismos con sistema nervioso también está presente la protoconsciencia, se encarga de la regulación inconsciente de la interacción entre el cuerpo y su entorno. Utiliza configuraciones neurales con mapas interoceptivos, propioceptivos (del organismo) y exteroceptivos (de los portales sensoriales).

Básicamente, regula las respuestas fisiológicas que no controla la mente consciente; desde funciones vitales como respirar o la operación cardiaca, hasta reacciones a estímulos del exterior.

Por ejemplo, cuando nos asustamos, ese estado corporal de alerta es una réplica orquestada por el protoconsciente.

Además, todo nuestro cuerpo está atestado de organismos vivos protoconscientes como lo son los trillones de células que nos conforman.

Sin la protoconsciencia no existirían la consciencia ni los organismos con emociones, sintientes, racionales o creativos.

Es una parte fundamental e indispensable de todos los seres vivientes.

Incluso, en los organismos creativos, las entidades protoconcientes se comunican con la mente a través de los sentimientos representando una valiosísima fuente de información para tomar decisiones: la intuición.

IV. CONSCIENCIA CENTRAL

En un siguiente nivel encontramos la consciencia central, consciente en inmediato plazo de su exterocepción, propiocepción e interocepción. Capaz de tomar decisiones.

Demostración:

Existen seres capaces de reaccionar e interactuar con su propia estructura, su interior y el exterior, capaces de ser conscientes de dicha dinámica y capaces de tomar decisiones a corto plazo. Referimos como consciencia central a la facultad de propiocepción, interocepción y exterocepción conscientes, con agencialidad, pero sin la posibilidad de retención de información a largo plazo. Q.E.D.

Escolio:

Durante la evolución, la consciencia central surgió con la mente, el eje integrador capaz de generar representaciones de lo propio, lo interno y lo externo a través de mapas neurales. Y con ella, nació también un arma secreta de La Vida, la agencialidad: el don de sentir la posibilidad de dirigir el cuerpo, los pensamientos y la interacción con los objetos externos.

Aquello fue un enorme avance hacia la supervivencia, permitió a los organismos hacer una lectura de su contexto actual y así evaluar la conveniencia de sus acciones.

Aunque inicialmente de forma muy limitada, la consciencia central abrió la factibilidad de la toma de decisiones inteligentes con base en información actualizada y sin tener que depender totalmente de sistemas reactivos que solo se renuevan a través de modificaciones genéticas en periodos de miles de años.

El maestro le otorgó las llaves al aprendiz y así comenzó una impresionante epopeya donde los seres vivientes se encontraron a expensas de su albedrío. Sin embargo, cabe aclarar una profunda consideración, el alumno no se quedó solo, lo acompañaría un sabio consejero que le transmitiría directamente el valiosísimo aprendizaje vital del pasado por medio de sus sentimientos.

En los organismos creativos, la consciencia no actúa sola, vaya, ni siquiera es la protagonista; una amplia gama de instrucciones inconscientes se manifestarían primero en el preconsciente y después en el consciente para influenciar todos los pensamientos y comportamientos. Entre dichas instrucciones encontramos a los instintos, las emociones, los sentimientos y a la fuerza vital que nos une con el génesis.

En el caso de la consciencia central el rango temporal de injerencia es muy corto, opera en el plazo inmediato y tiene muy poca capacidad de retención.

Por ejemplo, con base en lo que podemos observar, una abeja tiene cerebro, puede percibir su propio cuerpo y los objetos exteriores a ella, procesa información en su mente y es capaz de tomar decisiones en inminente plazo, pero no parece memorizar y su comportamiento sugiere ser principalmente instintivo y determinado a *priori*. Gracias a su preprogramación genética y no gracias al aprendizaje obtenido a través de la memoria, todos los miembros de una comunidad himenóptera actúan con una organización impecable, aunque también, cuando una nueva situación lo amerita, a nivel individual, pueden salir temporalmente de dicha programación instintiva para tomar decisiones distintas. Esto último lo notamos, por ejemplo, con sus trayectorias de vuelo inteligentes y únicas: el instinto inconsciente se encuentra con la facultad consciente actualizada en tiempo real.

Por otra parte, identifico dos tipos de mapeo neural fundamentales que integra la consciencia central: 1) los *pensamientos lógicos* cuantificables que formamos principalmente con base en los estímulos provenientes de los sentidos y 2) los *pensamientos homeostáticos* no cuantificables, mejor conocidos como sentimientos, que representan el funcionamiento del interior.

La consciencia nos facultó para advertir los objetos externos, pero también los estados del cuerpo llamados emociones a través de sentimientos. Es justamente solo gracias a la combinación de estas esenciales fuentes de datos (interior y exterior) que podemos crear magnánimas obras creativas: razón e intuición colaborando para modelar el futuro. Con la consciencia central se habría abierto la puerta hacia algo inmensamente potente.

V. CONSCIENCIA AUTOBIOGRÁFICA

En otro siguiente nivel encontramos la consciencia autobiográfica capaz de retener y procesar la

información obtenida a través de la exterocepción, propiocepción e interocepción.

Demostración:

Existen seres capaces de reaccionar e interactuar con su propia estructura, su interior y el exterior, capaces de ser conscientes de dicha dinámica, capaces de tomar decisiones a corto plazo y capaces de retener información para tomar decisiones a largo plazo. Referimos como consciencia autobiográfica a la facultad de propiocepción, interocepción y exterocepción conscientes, con agencialidad, y con la posibilidad de retención de información a largo plazo. Q.E.D.

Escolio:

Nuestro sentido de identidad lo damos por sentado porque lo forjamos desde el nacimiento, pero principalmente se trata de un constructo psicológico subjetivo. Es decir, la respuesta básica a la pregunta ¿quién soy? es realmente un conjunto de códigos que describen recuerdos: nombre, profesión, estudios, familia etc.

A estos códigos los dotamos de significado racional con base en el contexto psicosociocultural a través del lenguaje y los sublimamos con sentimientos, emociones y connotaciones inconscientes.

Todo ello sucede gracias a que nuestra mente es capaz de retener y procesar la información que recibe del exterior y el interior. Con la consciencia autobiográfica surgieron las ideas perennes que sentaron las bases para la creación de la identidad, el lenguaje y la cultura: pensamientos que lograron mantenerse en el tiempo.

En otras palabras, en algún punto del tiempo, los organismos obtuvieron un sistema nervioso central que les permitió codificar e interpretar las señales del exterior y del propio cuerpo a través de la mente. En un principio esta información solo podía ser procesada en lapsos de tiempo muy limitados, pero conforme la evolución continuó su curso, la mente logró retener dicha información y generar nuevas construcciones que formarían pensamientos de pensamientos; en ese momento obtuvimos algo más valioso que el mismo fuego que Perseo robó de los dioses: la capacidad creativa.

Retención y procesamiento de información interpretada en mapas neurales que dieron origen a las civilizaciones, el arte, la ciencia, las humanidades, la tecnología y mucho más.

Aunque somos la especie que la ha llevado más lejos hasta ahora, los seres humanos no somos los únicos con acceso a este nivel de consciencia. Por ejemplo, los elefantes recuerdan perfectamente el lugar donde murió alguno de sus seres queridos y regresan años después a lamentarlo: razón (pensamientos lógicos), intuición (pensamientos homeostáticos/sentimientos) y memoria que permiten la consciencia autobiográfica.

La consciencia de la consciencia es capaz de resistir los embates del tiempo. Un acercamiento a la eternidad y a La Verdad que ha acuñado lo más recóndito de la esencia humana y que nos ha hecho soñar y exteriorizar sueños como ningún otro organismo en el Planeta lo ha hecho. La creatividad, posible gracias a la conciencia autobiográfica, es un privilegio inestimable que protagoniza el punto más álgido de la evolución.

VI. CONSCIENCIA PROFUNDA

En un siguiente nivel tenemos la consciencia profunda, capaz de identificar la naturaleza multimodal de sí

mismo en conexión con El Todo y los sistemas modales que lo conforman.

Demostración:

Existen seres capaces de reaccionar e interactuar con su propia estructura, su interior y el exterior, capaces de ser conscientes de dicha dinámica, capaces de tomar decisiones a corto plazo, capaces de retener información para tomar decisiones a largo plazo y capaces de percibir una visión amplia sobre su origen y su integridad. Referimos como consciencia profunda a la facultad de propiocepción, interocepción y exterocepción conscientes, con agencialidad, con la posibilidad de retención de información a largo plazo, y con la posibilidad de visualizar lo que lo conforma y la posición que ocupa con respecto a El Todo. Q.E.D.

Escolio:

Comprender qué es la consciencia profunda podría parecer un menester racional, sin embargo, va muchísimo más lejos. Incluso, es un ejercicio que desafía la lógica clásica.

La racionalidad ha sido una gran herramienta para la humanidad, sin embargo, por su esencia, se trata únicamente de representaciones aproximadas, es solo un reflejo de la realidad. Por ello, cualquiera que pretenda comprender sobre la etiología de la existencia, debe comenzar por asumir la razón por lo que es y echar mano de todas sus demás capacidades de percepción también.

Dentro de estas otras facultades que tenemos los organismos creativos para acceder a las cualidades de la existencia se encuentran los sentimientos, que, a su vez, nos conectan con las emociones, los instintos y la fuerza vital que une a todos los seres vivientes.

Maximizar nuestro potencial de entendimiento es un ejercicio complejo porque implica sobrepasar la ilusión de la individualidad e incluso retar al instinto, a nuestra programación biológica-emocional y a la razón simple y monocromática. Esto implica mucho esfuerzo y maestría para dominar la mente, por lo que son muy pocos aquellos que lo consiguen.

Para iniciar el camino hacia conectar con la consciencia profunda primero debemos asumir una posición dialeteísta libre de nociones absolutas; lo "cierto" o "falso" existe solo en la mente y la realidad nos muestra superposiciones manifiestas. Es decir, no somos un ser individual que existe por sí mismo y en términos estáticos, en cambio, somos parte de un sistema dinámico interconectado donde varias posibilidades se dan en un mismo instante. La mecánica cuántica ya ha evidenciado esta fenomenología y ha detectado partículas subatómicas que "existen" y "no existen" a la vez, o bien, que se entrelazan entre sí y si se afecta a una se afecta a la otra, incluso estando a miles de kilómetros de distancia: conexión e independencia simultáneas.

Pero no tenemos que navegar en las profundidades de la física para identificar la cualidad multimodal de la existencia, todos los seres humanos podemos fácilmente percibir que todo cambia todo el tiempo, que en nuestras decisiones, acciones y pensamientos influyen diferentes fuerzas involuntarias a la vez y que sin la conexión con todo lo que nos rodea en espacio y tiempo no existiríamos nosotros ni el presente como lo conocemos.

De todo esto se trata el abrir la puerta a la consciencia profunda, de conectar con nuestra entera esencia para identificar aquello que nos conforma y nuestra posición con respecto a El Todo: ampliar nuestra visión para obtener una perspectiva privilegiada que nos permita ver más allá de nosotros mismos.

Son muchas las historias de los personajes en la historia que han logrado llevar la consciencia profunda hasta nuevas y lejanas revelaciones. Algunos de estos humanos iluminados son muy famosos, otros muchos más pasaron desapercibidos, sin embargo, la constante es evidente: el amor y la empatía, con información inteligente, autocontrol y creatividad es la senda que nos hará libres y nos permitirá descubrir nuestra propia naturaleza.

Todo es uno y uno es todo.

INTELIGENCIA CREATIVA

Geometría de los Sentimientos.

Volumen II

Dedicado a Bacco.
E.P.D. (31/05/22)

Mi incondicional compañero por 12 años. Un espíritu sumamente fuerte, valiente, leal y empático. Que su ejemplo y el de las almas caninas inspire para que la humanidad respete finalmente a los animales. La Vida, es un equipo con el objetivo en común de prevalecer; debemos estar unidos para lograrlo.

Dedicado a Coca.
E.P.D. (31/05/22)

Volaron el mismo día. Bacco unas horas antes para esperarla. Mi abuela Coca nos demostró que el amor es la fuerza vital más poderosa; que su recuerdo nos admita la potencia para procurarlo sobre todas las cosas.

GEOMETRÍA DE LOS SENTIMIENTOS

LIBRO 4

PREFACIO

Es momento de desmitificar a los sentimientos, ni son un ente inevitablemente misterioso, ni son nuestros enemigos, ni son el opuesto a la razón. Son todo lo contrario, son decodificables, son nuestros fieles aliados y complementan a la razón en la toma de decisiones y en el ejercicio creativo.

Evaluarlos desde un modelo lógico nos permite detectar sus causas, pero lo que los hace tan enigmáticos es que al final de cuentas, en la experiencia, son incuantificables.

¿Cómo podríamos explicar el amor a una computadora? Seguramente usaríamos una serie de analogías como "mariposas en el estómago", sin embargo, solo un organismo sintiente sería capaz de relacionarlo con su experiencia. En otras palabras, los sentimientos no se pueden percibir a través de un canal racional, para ello se requiere de un cuerpo viviente con la gama de estados fisiológicos que llamamos emociones.

Ahora, si hablamos de organismo sintiente a organismo sintiente, entonces las metáforas adquieren congruencia, podemos relacionar las descripciones racionales a experiencias no racionales. De esto último se trata la *Geometría de los Sentimientos* y la *Mecánica de los Afectos*, de hallar sentido en el mar de las posibilidades sentimentales, de identificar sus causas para poder canalizar la energía que generan hacia metas excelsas.

La intuición, mecanismo al cual pertenecen los sentimientos, es una cualidad vital que nos ha permitido llegar hasta este punto de la existencia como especie, pero también, aquella que nos permitirá continuar modelando el destino. Esto último ocurre porque significa la conexión directa entre la mente y los miles de millones de años de aprendizaje que contienen una carga de información privilegiada.

Los sentimientos, de la mano con la fuerza vital, los instintos, la razón y la creatividad, nos harán Libres. Comencemos por entender mejor su majestuosidad.

DEFINICIONES

Entiendo por…

I. ***La Vida***: conjunto de modos compuestos por material genético (purinas y pirimidinas) derivados del último ancestro universal en común (LUCA) que representa el primer Ser autorreplicable en la Tierra hace más de tres mil millones de años.

II. ***Ser***: todo lo que integra a lo que conocemos como un "ser viviente individual" (extensivo a todas las especies). Incluidas partículas, campos energéticos o cualquier elemento que no conozcamos o no seamos capaces de identificar por nuestras limitantes cognitivas humanas.

III. ***Dimensiones del Ser***: modos en el Ser diferenciables por su origen y Propósito que se manifiestan a través de atributos detectables.

IV. ***selección natural***: proceso evolutivo que explica la fenomenología en que los organismos vivientes con nuevos atributos adquiridos genéticamente y que representan una ventaja de supervivencia, trascienden frente a aquellos que no los tengan.

V. ***emociones***: marcos somáticos (estados corporales) que corresponden a las reacciones programadas biológicamente a estímulos exteriores e interiores.

VI. ***sentimientos***: atributos en la mente al tener consciencia de sus emociones.

VII. ***estímulo emocionalmente competente (EEC)***: estímulos provenientes del exterior o del interior de un organismo que desatan una reacción que atiende a su programación biológica-emocional.

VIII. ***deseos***: fuerzas que motivan al Ser a reaccionar hacia alguna dirección.

IX. ***deseos emocionales***: fuerzas que motivan al Ser a actuar en sincronía con las reacciones programadas biológicamente a estímulos exteriores e interiores diseñadas para aumentar las probabilidades de La Vida por resistir y prevalecer.

X. ***Mecánica de los Afectos***: modelo lógico de los sentimientos.

XI. ***sentimientos primarios***: sentimientos que preceden a otros sentimientos, y que tienen una cualidad específica y no una gama. Por ejemplo: 1) sentimiento de subjetividad, 2) alegrías, 3) tristezas.

XII. ***alegrías***: sentimientos que producen una sensación positiva en la mente.

XIII. ***tristezas***: sentimientos que producen una sensación negativa en la mente.

XIV. ***sentimientos secundarios o estados de ánimo***: gama de sentimientos derivados de los sentimientos primarios.

XV. ***sentimientos de fondo***: sentimientos que operan de forma encubierta o que trascienden en el tiempo.

XVI. ***sentimientos sociales***: sentimientos que se definen en conjunto con interacciones sociales y códigos culturales.

XVII. ***potencia***: percepción de poder del Ser.

XVIII. ***autocontrol***: capacidad de controlar los efectos de los deseos.

XIX. ***programación biológica-emocional***: instructivo modelado genéticamente en sincronía con el Propósito de La Vida y que define la especificidad reactiva de los organismos frente a distintos estímulos.

AXIOMAS

I. Los sentimientos y las emociones atienden al Propósito de La Vida para aumentar sus posibilidades de resistir y prevalecer.

II. La Dimensión Espiritual, Instintiva, Emocional, Sintiente y Creativa del Ser tienen diferentes Propósitos que se alinean al Propósito de La Vida y de la Metacausa-germinal.

III. Los sentimientos y las emociones surgieron para regular el comportamiento de sus organismos en línea con el Propósito de La Vida y de cada Dimensión del Ser que ha evolucionado durante más de tres mil millones de años.

IV. Los organismos reaccionan fisiológicamente por programación biológica-emocional a los estímulos (EEC) exteriores e interiores (pensamientos) provocando estados corporales diversos (emociones).

V. Las emociones representan marcos somáticos (estados corporales).

VI. Los sentimientos son interpretaciones mentales conscientes de los estados corporales (emociones).

VII. Los sentimientos representan un modo que comunica el funcionamiento de un organismo (interocepción) en línea con su programación biológica, instintiva y espiritual que atiende a los Propósitos de cada una de las Dimensiones del Ser.

VIII. Los sentimientos tienen valencia, positiva cuando se alinean a los Propósitos de cada Dimensión del Ser y negativa cuando se alejan de ellos.

IX. Los sentimientos primarios que representan una valencia positiva son alegrías.

X. Los sentimientos primarios que representan una valencia negativa son tristezas.

XI. De las alegrías y las tristezas se derivan una gama amplia y matizada de sentimientos.

XII. Sentimientos positivos y negativos se pueden dar al mismo tiempo en los organismos sintientes.

XIII. Los sentimientos son pensamientos homeostáticos incuantificables.

PROPOSICIONES

I. ¿QUÉ SON LAS EMOCIONES Y LOS SENTIMIENTOS?

Los organismos reaccionan fisiológicamente por programación biológica a los estímulos (EEC) exteriores e interiores (pensamientos) provocando estados corporales diversos (emociones) los cuales se hacen conscientes en la mente a través de los sentimientos.

Demostración:

Los sentimientos (por el Axioma VI de la Geometría de los Sentimientos) son interpretaciones mentales de las emociones que (por el Axioma V de la Geometría de los Sentimientos) son estados corporales que (por el Axioma IV de la Geometría de los Sentimientos) son adquiridos por reacciones a estímulos (EEC) que atienden a la programación biológica-emocional del organismo que (por los Axiomas I y II de la Geometría de los Sentimientos) busca proteger los Propósitos de La Vida y las Dimensiones del Ser. Q.E.D.

Escolio:

Las emociones son estados corporales y los sentimientos son estados mentales.

Con esta idea desgarramos gran parte del velo de misterio que ha cubierto el sentimentalismo durante milenios. La facultad sintiente obedece a un proceso identificable.

La marcha comienza con un *estímulo emocionalmente competente (EEC)*, aquél proveniente del exterior (a través de los sentidos) o del interior (con los pensamientos), capaz de detonar una serie de reacciones sistematizadas a *priori* por nuestra *programación biológica-emocional.*

Dichas reacciones generan emociones (estados corporales) provocando condiciones fisiológicas específicas, como por ejemplo: la frecuencia cardiaca se acelera, los músculos se tensan, el flujo de sangre se acumula en diferentes sistemas, etc.

Entonces, en este punto, el cuerpo envía señales de vuelta al cerebro para informar sobre su funcionamiento. La mente recibe este comunicado y lo interpreta en forma de sentimientos, mismos que pueden ser positivos o negativos según su alineación con el algoritmo biológico que protege las probabilidades de resistencia y prevalencia.

Los sentimientos que experimentamos son mapas neurales que reflejan a los estados del cuerpo.

En otras palabras, la operación interior se comunica con la mente; los marcos somáticos se hacen conscientes.

¡Qué posibilidad tan afortunada! El bienestar adquiere valencia y surge un lenguaje universal vital que nos interconecta con todas las manifestaciones de La Vida, del presente y el pasado; los sentimientos son un colosal y esplendoroso aliado de la evolución, y cuando se funden con el ejercicio creativo resulta en la máxima potencia conocida sobre la existencia.

II. FUNCIÓN PRINCIPAL DE LOS SENTIMIENTOS

Los sentimientos canalizan energía y regulan el comportamiento de sus organismos alineados al Propósito de La Vida por resistir y prevalecer.

Demostración:

Los organismos sintientes procuran situaciones que les provocan sentimientos positivos y evitan aquellas que les causan sentimientos negativos. Los sentimientos canalizan energía, regulan el comportamiento y (por las Proposiciones XI, XXI y XXXIII de la Geometría del Ser y los Deseos) están sistematizados por la programación biológica-emocional y los genes que (por las Proposiciones XVI y XXVIII de la Geometría del Ser y los Deseos) atienden al Propósito de La Vida (por la Proposición V de la Geometría del Ser y los Deseos) por resistir y prevalecer. Q.E.D.

Escolio:

Guiar los comportamientos de sus organismos y canalizar su energía; esa, es la función principal de los sentimientos.

¿Pero hacia dónde nos dirige? Hacia un balance estratégico que se ha definido durante miles de millones de años y que representa las máximas probabilidades de resistencia y prevalencia para La Vida.

Los seres vivientes nos encontramos en una suerte de equilibrio constante también conocida como alostasis; nos balanceamos en una cuerda floja y es necesario ajustar los puntos de estabilidad constantemente. ¿Cómo sabemos en qué dirección ajustar? Gracias a los sentimientos.

La homeostasis, ese balance estratégico del que estamos hablando, en que nos atestamos con torrentes de bienestar, es la tierra prometida para los sentimientos.

Pero ese objetivo no es estático. La marca en que encuentran armonía para favorecer en sus mejores términos al resistir y prevalecer vital, tanto el cuerpo de cada organismo, los elementos que lo conforman y las posiciones exteriores en el ecosistema completo, es un estado dinámico. Perpetuamente se redefine el encuentro homeostático ideal con base en la información que adquirimos todos los seres vivientes por nuestra experiencia. Por eso, la experiencia individual es tan valiosa; cada instante vivido, consciente o no, aporta al aprendizaje universal y al cálculo para dirigir los comportamientos futuros a través de los sentimientos que generan los deseos cumplidos o no cumplidos.

Los sentimientos son un elemento indispensable del engranaje que permite la evolución de La Vida en el universo. Gracias a ellos, a pesar de nuestra ilusoria individualidad, podemos sincronizarnos con todo el sistema vital y actuar como equipo.

Finalmente, con base en el instructivo sintiente, nuestra capacidad creativa puede generar energéticas ideas que canalicen acciones individuales y colectivas. La creatividad obtiene gran parte de su potencial activo de los sentimientos con los que conecta en los seres vivientes.

III. SISTEMA DE RECOMPENSAS SINTIENTE

Los sentimientos representan un sistema de recompensas del organismo.

Demostración:

Los sentimientos (por la Proposición XXXIX de la Geometría del Ser y los Deseos) tienen valencia positiva o negativa que actúa como recompensa o castigo, y con ello (por la Proposición II de la Geometría de los Sentimientos) regulan el comportamiento de sus organismos. Q.E.D.

Escolio:

¿Cómo es que los sentimientos regulan el comportamiento de sus organismos? En síntesis, dota de valencia a los estados mentales que llamamos sentimientos con lo que yuxtapone recompensas o castigos: si un estímulo (EEC) causa alineación hacia el equilibrio homeostático determinado por nuestra programación biológica-emocional, entonces, resulta en una sensación neural positiva, y viceversa.

La facultad sintiente se trata de un complejo sistema de recompensas algorítmico. Si pasa x, entonces la reacción es y; donde "x" atiende a un estímulo exterior o interior y "y" atiende a sentimientos positivos o negativos con distintas intensidades y matices. Entonces, el organismo rectifica su comportamiento buscando recompensas y evitando castigos. Así se crea un robusto árbol de decisión con base en un gran número de posibilidades.

Lo anterior, corresponde a un enfoque racional, pero quizás, dada la naturaleza del tema, ayudaría describir el fenómeno con una intención más artística.

Los sentimientos son una inmensa fuente de esperanza que obsequia a los seres vivientes el máximo privilegio de la consciencia, una sublime gratificación que empapa cada fibra del Ser con un sentido de bienestar suprainstintivo. Nos hemos convertido en seres poseedores de uno de los tesoros más extraordinarios del universo: la inspiración profunda que llega con el sentimiento oceánico una vez que entendemos la posibilidad de contemplar la existencia, La Vida, el sí mismo y su grandeza. Cada pensamiento y cada acción nos acerca o nos aleja del punto armónico en que la fecundidad y el orden reinan, y en cada paso, nos acompaña un brillante aliado que nos guía a través de nuestro don de sentir.

Los sentimientos representan la suprema recompensa o el más terrible castigo que nuestra imaginación puede contemplar; estas posibilidades motivan en masa y desde lo más recóndito; junto con la creatividad, representan la llave hacia cautivadores elíseos.

IV. ORÍGEN DE LOS SENTIMIENTOS

Los sentimientos son señales que comunican a sus organismos sobre el correcto o incorrecto funcionamiento de su interior (interocepción) en línea con su programación biológica-emocional (Dimensión Emocional), instintiva (Dimensión Instintiva) y espiritual (Dimensión Espiritual).

Demostración:

Los sentimientos (por la Proposición III de la Geometría de los Sentimientos) representan señales de recompensa y castigo que reflejan el nivel de bienestar (por la Proposición XXXIV de la Geometría del Ser y los Sentimientos) desde el interior del organismo (interocepción) y (por las Proposiciones XI, XXI y XXXIII de la Geometría del Ser y los Deseos) están sistematizados por la programación biológica-emocional y los genes que (por las Proposiciones XVI y XXVIII de la Geometría del Ser y los Deseos) atienden al Propósito de La Vida (por la Proposición V de la Geometría del Ser y los Deseos) por resistir y prevalecer. Q.E.D.

Escolio:

Los sentimientos son señales que provienen del interior del organismo y que comunican a la mente sobre el funcionamiento del mismo.

Si algo anda mal, de inmediato nuestra habilidad interoceptiva enviará a un séquito de emisarios a través del sistema nervioso central y el torrente sanguíneo para informar al centro de mando consciente.

Por el contrario, si todo marcha bien, las buenas noticias no tardarán en llegar a la mente en forma de sentimientos atractivos.

Pero en este punto nos encontramos con una difícil encrucijada, ¿cómo juzga la operación neural entre lo bueno y lo malo? La clave para resolver este acertijo está en identificar que el bien y el mal lo define la proximidad o lejanía al punto de balance objetivo en diferentes niveles del Ser.

Es decir, no hay absolutos, somos un multiser en el que, por ejemplo, el bien para los instintos puede ser el mal para la razón. Este fenómeno explica la inmensa cantidad de matices que presenta nuestra facultad sintiente. Además, esto se complementa con una amplia variedad de jerarquías e intensidades.

Entonces, no hay una respuesta sencilla, sin embargo, en resumen, podemos considerar que los sentimientos positivos o negativos se dan con base en el correcto equilibrio que procuran: 1) el espíritu en conexión con la fuerza vital, 2) los instintos instruidos por los genes y 3) la programación biológica-emocional. También, encontramos que gratifican la identificación de causas en el ejercicio racional, y el modelado de nuevas ideas en el ejercicio creativo.

La interocepción en los organismos sintientes significó un inmenso avance evolutivo. De pronto, el Ser logró comunicarse consigo mismo y ser consciente de su bienestar. Esta oportunidad representó un apoyo fastuosamente sabio para tomar decisiones inteligentes. Pero también, significó algo mucho más trascendente, ni más ni menos que el fondo de la esencia humana: la consciencia de La Vida misma y su esplendor. Los sentimientos no solo exhiben el bienestar individual, ¡sino también el universal! Lo cual, aunado a todo esto, nos permite saber en qué dirección debemos dirigir nuestros esfuerzos creativos al tomar el volante del destino.

V. INTERCONEXIÓN SINTIENTE

Los sentimientos crean un puente entre el organismo y el aprendizaje obtenido durante más de tres mil millones de años de evolución.

Demostración:

Los sentimientos (por la Proposición III de la Geometría de los Sentimientos) operan como sistema de recompensas, que (por la Proposición VII de la Geometría de los Sentimientos) atienden a los Propósitos de las Dimensiones del Ser, que se han formado durante miles de millones de años. Por lo tanto, dichas comunicaciones sintientes corresponden al contacto de la mente presente con el pasado evolutivo. Q.E.D.

Escolio:

Uno de los más grandes sueños de la humanidad es el viaje en el tiempo, pero ¿será posible?

Desde la *Teoría de la Relatividad* de Einstein la respuesta es un concluyente sí. Sin embargo, no tenemos que adentrarnos en la complejidad de la relatividad para comprobar la interconexión temporal. A través de los sentimientos, tenemos la capacidad de comunicación presente con el pasado y el futuro.

El pasado nos forma, nosotros formamos el futuro y los sentimientos representan el punto de encuentro consciente.

Más de tres mil millones de años han tenido que transcurrir para esculpir el código genético y la programación biológica-emocional que influye, a través de los sentimientos, en nuestros comportamientos para dotarnos con mayores probabilidades de supervivencia. El pasado cruza el umbral del tiempo hacia la consciencia y el presente a través de la capacidad sintiente.

Y, este mismo proceso se replica hacia el futuro. Nuestros aprendizajes conscientes e inconscientes se transmitirán por medio de los sentimientos de los seres vivientes en el porvenir.

Pasado, presente y futuro montando una orquesta en sincronía. En el caso de La Vida, coordinación espacio-temporal procurando una armonía ordenada, resistente y prevalente.

Por estas razones, y más, la intuición que se manifiesta en la mente con sentimientos, es tan importante para el quehacer creativo; sin ella nuestro impacto en el futuro sería muy pobre, perderíamos la vía de comunicación principal y lenguaje en común con la consciencia de los seres vivientes venideros.

Por otro lado, es sumamente interesante observar lo significante que es para el *Sapiens* la posibilidad de injerir en el destino, ¿serán los deseos creativos, a través de los sentimientos, la vía de contacto del futuro con el pasado? No nos conformamos con la experiencia presente *per se*, la gran mayoría buscamos certeza sobre el impacto de nuestras acciones en la realidad de mañana. Por ello, es que siempre será preferible, para la profundidad del espíritu humano, vivir en un entorno "real" que en uno simulado. ¿Acaso no el héroe siempre opta por perseguir La Verdad y por compartirla con los demás para impactar en la posteridad? La Voluntad está impregnada con ímpetu creativo, y eso, es el fuego que encenderá la tenacidad y valentía del Ser mientras exista La Vida.

VI. AUTOCONTROL

Entender las causas de los sentimientos permite a al Ser autocontrol para dirigir la energía que encauzan hacia propósitos definidos.

Demostración:

Los sentimientos (por la Proposición II de la Geometría de los Sentimientos) canalizan energía y regulan el comportamiento de sus organismos (por la Proposición IV de la Geometría de los Sentimientos) instruidos por la programación espiritual, instintiva y emocional. Los organismos inteligentes, a través del procesado de información (entendimiento), (por la Proposición LVII de la Geometría del Ser y los Deseos) son capaces de tomar decisiones diferentes a las impulsadas por el instinto y las emociones, por lo tanto, pueden controlar la energía que encauzan los sentimientos provenientes de otras fuentes. Q.E.D.

Escolio:

Dirigir la energía que los sentimientos encauzan, esa es la intención correcta; si intentamos eliminarla, nuestro esfuerzo será inútil y posiblemente contraproducente, simplemente se canalizará sin control. La energía es indestructible.

El autocontrol nunca había sido tan importante en la historia de la evolución. Los organismos inteligentes y creativos tenemos ahora la batuta para dirigir la sinfónica, y si no tenemos cuidado, el resultado puede ser desastroso.

Con el fin de protegerse a sí misma enfrentando contextos cambiantes, La Vida nos ha dotado con la posibilidad de interpretar, procesar y retener información sobre nuestro interior y entorno para tomar decisiones propias y adecuadas. Los humanos somos la especie que ha llevado esta facultad racional más lejos, lo cual, nos ha permitido tener mucho poder de influencia. La razón surgió como ventaja de supervivencia, pero ahora, frecuentemente se torna autodestructiva; el dominio y egoísmo del *Sapiens* están provocando una devastación planetaria y humana. Llegó el momento de controlar nuestra potencia.

Una de las principales razones por las que se ha dado este cambio de dirección, es que estamos usando nuestra fuerza para privilegiar al estímulo placentero inmediato que ofrece la satisfacción de deseos emocionales e instintivos sobre los estímulos profundos del bienestar a largo plazo que ofrecen la satisfacción de deseos espirituales, racionales y creativos.

La mayoría del tiempo, la cantidad está venciendo a la calidad; los sentimientos pequeños e inmediatos someten a los sentimientos profundos y magnánimos; los instintos tiranizan al espíritu, a la razón y a la creatividad.

Pero, ni los instintos son el enemigo, ni todo está perdido. Ese egoísmo indulgente es necesario como motivador para la evolución. El problema es la proporción, la clave se encuentra en el balance. Y para que el equilibrio homeostático impere, es vital el autocontrol: canalizar la energía que representan los deseos instintivos y emocionales hacia propósitos trascendentes.

Y, para lograr el autocontrol debemos echar mano de todo nuestro arsenal humano: mucha recopilación de información inteligente, abundante procesamiento en forma de comprensión y entendimiento, caudaloso talento creativo, y, especialmente, penetrante visión espiritual que nos permita colaborar en equipo gracias a la omnipotente empatía que forjará un futuro brillante para La Vida y todas sus manifestaciones.

El autocontrol comienza desde lo individual, con la reflexión y entendimiento de cada uno de nosotros que permite encauzar la energía de los sentimientos hacia lugares sustanciales; se transfiere a través de la creatividad y se multiplica exponencialmente en el colectivo con ayuda de la empatía.

VII. LOS SENTIMIENTOS COMO HERRAMIENTAS

Los sentimientos operan como herramientas de las Dimensiones del Ser para recompensar o castigar pensamientos y comportamientos que se alinean o no a sus Propósitos.

Demostración:

Los organismos sintientes, (por la Proposición XXXIII de la Geometría del Ser y los Deseos) son modos derivados de: 1) la fuerza vital representada por las partículas subatómicas de La Vida (Dimensión Espiritual), 2) los genes (Dimensión Instintiva) y 3) su programación biológica-emocional (Dimensión Emocional) y por lo tanto, (por el Axioma III de la Geometría del Ser y los Deseos) procuran los Propósitos de cada una de sus metacausas. Q.E.D.

Escolio:

El objetivo de los sentimientos es guiar a sus organismos para proteger los Propósitos de las fuerzas que integran al Ser:

Primero, proteger la resistencia y prevalencia de La Vida entera; objetivo germinal y en común de todos los modos vitales. Aquello que promueva las posibilidades de La Vida para florecer, será generosamente recompensado por los sentimientos. Por ejemplo, así sucede cuando defendemos el bienestar del Planeta o cuando ayudamos a un ser viviente necesitado.

Segundo, apoyar en la lucha egoísta por sobrevivir y reproducirse de los genes que construyen al organismo. El genoma define ciertas tendencias de comportamiento que han representado una ventaja de supervivencia y las impulsa a través de los sentimientos. Por ejemplo, cuando consumimos alimentos con una alta carga de calorías o bien nos consideramos aceptados por un grupo, entonces obtenemos un sentimiento positivo; estos impulsos son instruidos desde la genética.

Tercero, reforzar las indicaciones reactivas emocionales que programa nuestra biología. Las reacciones de los organismos frente a diferentes estímulos se han sistematizado biológicamente durante miles de millones de años para resguardar su integridad y bienestar; mismas que tienen valencia positiva o negativa y que a su vez encausan sentimientos. Por ejemplo, cuando visualizamos un peligro, nuestro cuerpo se ajusta en estado de "enfrentar o huir" con todas las implicaciones fisiológicas que eso conlleva; este marco somático nos generará en la mente el sentimiento que conocemos como miedo, el cual fortificará la indicación corporal para motivar comportamientos.

Cuarto, estimular la identificación racional de causas. Cuando formamos un argumento lógico y detectamos causas y efectos, o, dicho de otra forma, cuando entendemos, entonces la mente nos recompensa con un sentimiento positivo. Por el contrario, la incomprensión o la impotencia puede derivar en ansiedad y demás manifestaciones sintientes negativas.

Y quinto, impulsar el modelado del futuro frente a un contexto cambiante. El ejercicio creativo es sumamente gratificante; los sentimientos fomentan nuestra capacidad de imaginar mundos para impactar en el porvenir dentro y fuera de la mente.

Los humanos somos organismos vivientes, diseñados genéticamente, con emociones, inteligentes y creativos con una capacidad muy especial que apoya a todas estas facultades: la fuerza sintiente.

VIII. SUPERPOSICIÓN SINTIENTE

Sentimientos positivos y negativos se pueden dar al mismo tiempo en los organismos atendiendo a diferentes Propósitos de las Dimensiones del Ser.

Demostración:

Los sentimientos (por la Proposición III de la Geometría de los Sentimientos) operan como sistema de recompensas que (por la Proposición VII de la Geometría de los Sentimientos) atienden a los Propósitos de las Dimensiones del Ser. Además, los organismos sintientes (con validación empírica y testimonial) son capaces de experimentar sentimientos encontrados distintos y simultáneos, por lo tanto, puede recibir diferentes recompensas o castigos sincrónicamente. Q.E.D.

Escolio:

Un claro ejemplo de sentimientos encontrados se da con los comúnmente conocidos como agridulces.

Pero ¿cómo es posible que un organismo perciba diferentes afectos simultáneamente? Nuestra consciencia parece permitirnos foco sobre una sola idea a la vez, la misma observación nos muestra que dos cosas no pueden estar en el mismo lugar al mismo tiempo. Entonces, ¿cómo es que los sentimientos logran una existencia sincrónica?

Considero que la clave está en entender la cualidad intangible y no cuantificable de los sentimientos, esto permite la superposición. O, dicho de otra forma, permite la presencia simultánea e incluso la fusión inmediata de varias percepciones a la vez. A través de nuestra habilidad sintiente, realmente podemos advertir una inmensa magnitud de pensamientos concurrentes.

Se dice que una imagen habla más que mil palabras. Esto sucede porque, por diseño neurobiológico, somos capaces de absorber más información por segundo en un formato visual o kinésico, pero también, porque dichos canales pueden transmitir una muy alta intensidad y diversidad sentimental en nanosegundos.

Para vislumbrar la inmensa magnitud informativa que puede superponerse en un sentimiento, solo hace falta pensar en el *sentimiento oceánico* que describía Freud, aquel momento en que entendemos la sublimidad de la existencia: nuestra mente, un ínfimo punto en el tiempo y espacio, siendo consciente de su participación en algo mucho más grande de lo que puede entender.

Dicho esto, ahora es más fácil identificar que podemos experimentar sentimientos positivos y negativos al mismo tiempo. Las diferentes fuerzas que actúan en la Voluntad se hacen presentes gratificando o castigando estímulos al unísono. Por ejemplo, por medio de los sentimientos, el instinto podría recompensar una situación particular, pero el espíritu y la razón rechazarla: superposición sintiente.

Otro factor, que puede ser muy relevante para explicar dicha situación, es la superposición cuántica. En la Física moderna, particularmente en el área de la mecánica cuántica, hemos logrado identificar partículas que "existen" y "no existen" a la vez en un mismo punto del espacio-tiempo, incluso, algunas semejan aparecer "de la nada". Aún nos falta mucho para comprender bien a bien estos fenómenos, sin embargo, nos da la pauta para suponer que pueden ser parte de la superposición sintiente: piezas perceptivas diversas e incluso posiblemente contradictorias presentes simultáneamente en nuestra mente.

Y finalmente, cuando estimamos la cualidad sintiente como fuente de información, percepción y aprehensión para cincelar el ejercicio creativo, entonces, podemos caer en cuenta que la creatividad es muy cercana a ser infinita. O, con una analogía más sencilla, los sentimientos, por su potencia para procesar información, son la base de datos más titánica y majestuosa con la que cuenta nuestra mente y que podemos utilizar ágilmente para cambiar el futuro.

IX. SENTIMIENTOS POSITIVOS PRIMARIOS

Los sentimientos positivos que producen experiencias mentales placenteras para regular pensamientos y comportamientos son alegrías.

Demostración:

Los sentimientos, (por la Proposición III de la Geometría de los Sentimientos) operan como sistema de recompensas; aquellos que gratifican, en un esfuerzo por clasificarlos, son sentimientos positivos primarios con matices que derivan en sentimientos secundarios. Q.E.D.

Escolio:

Los organismos sintientes nos encontramos en una búsqueda constante e insaciable por sentimientos positivos.

Pero ¿qué hace a un sentimiento positivo? Básicamente, la sensación agradable que produce en la mente y que incentiva la repetición del estímulo en el organismo.

Dado su carácter incuantificable, es difícil establecer parámetros racionales exactos que definen a un sentimiento positivo, sin embargo, cualquier organismo sintiente puede entender el concepto fácilmente.

La Neurobiología moderna ha hecho un buen trabajo identificando la causalidad molecular y categorizando los espectros sintientes con estados corporales, pero aún se ha quedado muy lejos de lograr una conclusión estricta sobre el problema difícil de la consciencia. Por ejemplo, no podemos explicar realmente la sensación que nos producen en la mente el amor, el odio o la esperanza con un listado de neurotransmisores o reacciones fisiológicas.

Hasta ahora, los sentimientos solo los conocemos íntimamente los organismos sintientes; incluso, parece que son rigurosamente personales, dependen del contexto espacio-tiempo-organismo y no existe uno idéntico a otro; son contingentes.

Por todo esto, los sentimientos representan un fenómeno sumamente complejo, aunque, paradójicamente, son simples, contundentes y claros en la mente de los seres que podemos experimentarlos: los sentimientos positivos son evidentemente positivos y viceversa.

De dichos sentimientos positivos, referidos en el modelo *Inteligencia Creativa* como alegrías, se deriva una inmensa gama de matices que da lugar a diversos sentimientos que animan el espíritu humano en cada acción y pensamiento. Por lo tanto, en la Geometría de los Sentimientos, asignamos a las alegrías una cualidad primaria.

Otro aspecto sumamente relevante es que dichas alegrías tienen una relación causal directa con los deseos y las tristezas:

Las alegrías se dan cuando se cumplen los deseos; las tristezas se dan cuando no se cumplen los deseos; las alegrías se dan cuando se evitan las tristezas y las tristezas se dan cuando se evitan las alegrías. Así se cierra el silogismo exhibiendo un balance trifásico.

Cuando entendemos esta geometría, entonces el esfuerzo creativo se torna mucho más impactante, ya que nos devela la clave para comunicarnos con lo recóndito de la esencia humana, con aquello que realmente nos motiva y nos inspira: los sentimientos positivos.

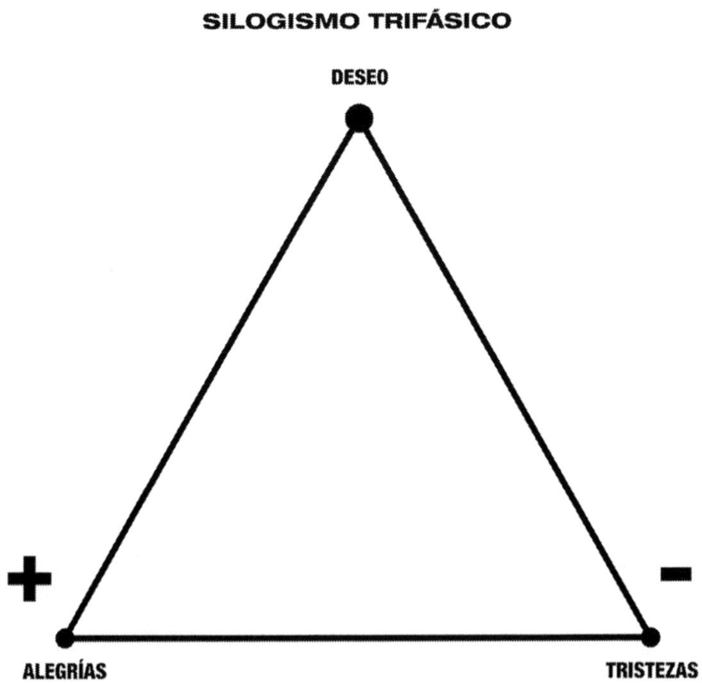

X. SENTIMIENTOS NEGATIVOS PRIMARIOS

Los sentimientos negativos que producen experiencias mentales dolorosas para regular pensamientos y comportamientos son tristezas.

Demostración:

Los sentimientos, (por la Proposición III de la Geometría de los Sentimientos) operan como sistema de recompensas; aquellos que castigan, en un esfuerzo por clasificarlos, son sentimientos negativos primarios con matices que derivan en sentimientos secundarios. Q.E.D.

Escolio:

Los sentimientos negativos representan castigos diseñados para regular acciones o pensamientos de sus organismos. Si los englobamos, encontramos una gama muy diversa de tristezas que se dan por no deseos obtenidos.

Los deseos significan el catalizador que derivará en alegrías (si se cumplen) o tristezas (si no se cumplen).

Entonces, en nuestro modelo, los sentimientos negativos primarios los referimos como tristezas.

Ahora, es importante aclarar que las tristezas no son lo contrario a los deseos; son, más bien, los castigos en la mente, que se imparten frente a la posibilidad de no cumplirse los deseos. En cambio, sí son el opuesto a las alegrías: recompensas y castigos que guían comportamientos. Hago esta nota porque es muy relevante identificar que los sentimientos negativos son parte esencial del sistema energético que utiliza la Voluntad, son aliados (y no enemigos) de La Vida misma: encauzan energía para motivar o mitigar. Por lo tanto, el enemigo vital no son las tristezas, sino la muerte, el desorden y la pérdida de energía.

Es contraintuitivo considerar que la sintiencia negativa es un partidario de La Vida, pero así es; esto explica, en parte, la belleza que podemos encontrar, por ejemplo, en la melancolía o la nostalgia: sentimientos negativos con destellos positivos. Considero que cuando caemos en cuenta de la magnanimidad de todos los tipos de sentimientos, y su función en la evolución, entonces podemos apreciar su extraordinario carácter, incluso en el caso de las tristezas.

En la creatividad, la integración de los sentimientos negativos es clave, ya sea como elementos a evitar, o bien como puntos de conflicto que resuelven en un desenlace esperanzador y balanceado; justamente, la música reproduce esta última posibilidad majestuosamente: notas que danzan libremente alejándose y acercándose a la marca prometida que establece el tono original. Las formas musicales son una afortunada alegoría de nuestra búsqueda por resolver sentimientos negativos hacia un final armonioso plagado de alegrías.

XI. SENTIMIENTOS SECUNDARIOS

De las alegrías y las tristezas como sentimientos primarios se derivan una amplia gama de sentimientos secundarios con variedad de texturas y detalles.

Demostración:

Los organismos sintientes experimentan una gama muy amplia de sentimientos diversos que (por la Proposición III de la Geometría de los Sentimientos) operan como sistema de recompensas y que (por las Proposiciones IX y X de la Geometría de los Sentimientos) son derivados de dos categorías primarias (sentimientos positivos y negativos) que premian o castigan con experiencias mentales placenteras o dolorosas. Por ende, todos los sentimientos no primarios tienen un carácter secundario y son formas distintas de alegrías y tristezas. Q.E.D.

Escolio:

Todos los nombres que asignamos a las distintas representaciones mentales que referimos como sentimientos, tienen la función de regular comportamientos a través de experiencias neurales placenteras o dolorosas para procurar o mitigar tendencias de comportamiento, repetición de estímulos y/o estructuración de pensamientos.

Cuando se trata de la gama de matices sintientes que utilizan estímulos mentales placenteros, entonces representan sentimientos positivos o alegrías. Entre sus distintas formas se encuentran: amor, esperanza, empatía, entusiasmo, compasión, generosidad, dadivosidad, alabanza, gloria, ánimo, agradecimiento, clemencia, perdón, asombro, sorpresa, veneración, atracción, devoción, empoderamiento, amor propio, soberbia, satisfacción, aprobación, sobrestimación, gozo y piedad.

Por el contrario, cuando la percepción sintiente está sistematizada con estímulos mentales dolorosos, entonces, representan sentimientos negativos o tristezas. Por ejemplo: miedo, dolor, sufrimiento, odio, temor, egoísmo, maldad, envidia, celos, vituperio, frustración, consternación, crueldad, ira, inhumanidad, terror, espanto, aversión, asco, aborrecimiento, horror, impotencia, humildad, abyección, desesperación, insatisfacción, arrepentimiento, indignación, menosprecio y martirio.

Lo más excepcional es la inmensa gama de posibilidades sintientes. En nuestro modelo *Inteligencia Creativa* analizamos algunos sentimientos secundarios, sin embargo, de ninguna manera son los únicos; incluso, podríamos derivarlos en terciarios, cuaternarios y así sucesivamente.

Recordemos que los sentimientos son una interpretación mental de los estados del cuerpo, por lo tanto, habrá tantos sentimientos como hay posibilidades de combinaciones entre los marcos de todos los elementos corporales: un número amplísimo.

En la práctica creativa, esta cualidad de los sentimientos es muy valiosa, representa un arsenal casi infinito para modelar la realidad subjetiva e intersubjetiva.

Como nota, con el fin de mantener la simplicidad y beneficiar la comprensión, en las proposiciones siguientes solo nos enfocaremos a revisar algunos sentimientos secundarios frecuentes y comúnmente conocidos.

XII. SENTIMIENTOS SIN IDENTIFICAR

Existe un número muy grande de sentimientos sin vocablo que se dan con la combinación de varios sentimientos.

Demostración:

Los sentimientos, (por la Proposición XXXIV de la Geometría del Ser y los Deseos) corresponden a interpretaciones mentales de los marcos somáticos, por lo tanto, existen tantos sentimientos como existen combinaciones de todos los posibles estados corporales considerando cada elemento que integra al cuerpo. El número que corresponde a estas posibilidades es muchísimo más alto que el número de sentimientos conceptualizados en la historia de la humanidad, por lo tanto, existe una cantidad muy grande de sentimientos sin identificar. Q.E.D.

Escolio:

¿Cuántos sentimientos nos faltan por conocer? La respuesta es sorprendentemente incalculable.

Lo más magnánimo, lo hallamos cuando caemos en cuenta que no hay un sentimiento idéntico a otro. Las posibilidades son casi infinitas.

Pero para no perdernos en la inmensidad de la abundancia sintiente, los *Sapiens* hemos asignado palabras a ciertas tendencias constantes y en común que experimentamos con relación a los sentimientos. Por ejemplo, todos tenemos una idea parecida, aunque no idéntica, sobre cómo se siente el amor.

Sin embargo, ¿qué sucede cuando ese amor se mezcla con esperanza, odio, tranquilidad y devoción en un mismo instante?, ¿cómo llamamos a ese sentimiento? Incluso, dada la particularidad subjetiva en cada mente, esa experiencia perceptiva es única e irreplicable; sería básicamente imposible clasificar cada sentimiento específico.

Con lo anterior, exponemos el problema que implica la categorización racional sintiente; empero, sí podemos diseñar modelos que nos apoyen a entenderlos desde una perspectiva espaciosa e inteligente.

Ya lo hemos comentado, el potencial casi infinito que posee la creatividad, se da en gran parte, por las amplísimas posibilidades que representan los sentimientos como uno de los elementos que la integran.

Hay tantas oportunidades creativas, como hay sentimientos; hay tantos sentimientos como hay estados corporales (emociones) derivados de las reacciones a los estímulos externos e internos en los organismos. Por lo tanto, los alcances de la creatividad son directamente proporcionales al número de experiencias posibles de los seres vivientes; un número inestimable. Este fenómeno nos muestra el poderío que se encuentra dentro de la mente de cada uno de nosotros, ¡es vital utilizarlo con inteligencia y colaboración empática en equipo!

XIII. MECÁNICA DE LOS AFECTOS

La Mecánica de los Afectos categoriza lógicamente la estructura de los sentimientos y representa una interpretación racional del fenómeno sintiente.

Demostración:

Los sentimientos, (por el Axioma XIII de la Geometría de los Sentimientos) son incuantificables, por lo tanto, su conceptualización atiende únicamente a una interpretación y no a la experiencia en sí. La Mecánica de los Afectos representa un juicio reflexivo y no determinante que aporta un modelo para facilitar el entendimiento de los sentimientos con argumentos racionales. Q.E.D.

Escolio:

Es cierto, nos encontramos frente a una antinomia. Los sentimientos, por naturaleza, son incuantificables, y por lo tanto es imposible entenderlos únicamente con la razón. Sin embargo, los organismos sintientes tenemos un privilegio muy especial: la posibilidad de razonar sobre nuestras intuiciones. Por lo tanto, entre los seres vivientes con esta habilidad, podemos compartir modelos que nos ayuden a comprender mejor la fenomenología que experimentamos.

Justamente, de eso se trata la *Mecánica de los Afectos*, de ofrecer un camino simple hacia entender mejor los sentimientos; cuando los analizamos desde una perspectiva amplia, su funcionamiento se torna evidente.

El *problema difícil de la consciencia* presenta aún una solución muy lejana, es decir, no hemos logrado descifrar plenamente cómo es que sucede la experiencia dentro de la mente, incluidos por supuesto los sentimientos. Sin embargo, en el plano mecánico hemos tenido grandes avances; la neurobiología moderna ha sido capaz de identificar la operación cartográfica neural de manera muy sofisticada.

Planteo las reflexiones anteriores para lograr ubicar nuestra posición dentro del contexto cognitivo humano actual. La Mecánica de los Afectos en el modelo *Inteligencia Creativa*, no pretende ofrecer una solución terminante, propone únicamente una herramienta para encontrar congruencia en los procesos sintientes. Sorprendentemente, cuando se conecta dicho proceso con un esfuerzo de entendimiento geométrico sobre el Ser y La Vida, entonces, los marcos sintientes se develan, eliminamos gran parte de su carácter desconocido.

Y, lo más importante sobre el tema, es preguntarnos: ¿para qué nos sirve esta herramienta? Su potencial es amplísimo, desde fortalecer la facultad creativa, hasta obtener recursos para tomar decisiones mucho más inteligentes. Entender mejor los sentimientos es, ni más ni menos, que un brío que nos hará libres.

XIV. ALEGRÍAS

Una Alegría se da cuando se satisface un deseo.

<u>Demostración:</u>

Los sentimientos (por la Proposición III de la Geometría de los Sentimientos) operan como sistema de recompensas; en los organismos sintientes, los atributos de la Voluntad que referimos como deseos, corresponden a su tendencia a procurar recompensas (sentimientos positivos o alegrías) y evitar castigos (sentimientos negativos o tristezas). Por lo tanto, las alegrías se dan cuando se satisfacen los deseos. Q.E.D.

<u>Escolio:</u>

Toda acción y pensamiento se deriva de deseos. No existe un solo comportamiento o idea que no sea influenciado por un deseo detrás. Este concepto es clave para entender la psique.

Muchas veces, los subestimamos, y otras, los confundimos con caprichos, pero los deseos son un protagonista necesario para la vida de los seres conscientes. Sin ellos, nos encontraríamos en mar abierto, sin un mapa y sin razón de seguir. Los deseos motivan, dotan de dirección y movimiento al Ser y permiten el dinamismo mecánico-energético que referimos como alma [en su sentido estricto, con base en su etimología —del latín *anima* que significa aire o aliento—].

¿La promesa por procurar a los deseos? Recibir alegrías; ni más ni menos, que la máxima gratificación que puede obtener un organismo sintiente.

Y, por supuesto, hay niveles, existen alegrías pequeñas y pasajeras, pero también alegrías colosales y trascendentes; dependerá del impacto que se haya logrado en pro de la resistencia y prevalencia de La Vida entera.

Entonces, "el arma secreta" de la naturaleza es su oferta clara y contundente: ayuda a La Vida a resistir y prevalecer, y obtén los tesoros más preciados para la consciencia; las profunda e inmensamente anheladas alegrías.

Como cuestión complementaria, en la creatividad, ¿qué papel juegan las alegrías? Sin duda, presentan una posición principal y privilegiada. Significan cimientos fundamentales para el modelado del destino, porque, en sentido figurado, dotan de potencia magnética (o de atracción) a los pensamientos. Un constructo creativo cargado con el augurio de ofrecer grandes alegrías, contagian al espíritu de esperanza y pueden animar a individuos, civilizaciones, especies y planetas enteros.

XV. TRISTEZAS

Una Tristeza se da cuando no se cumple o se pierde un deseo.

Demostración:

Los sentimientos (por la Proposición III de la Geometría de los Sentimientos) operan como sistema de recompensas; en los organismos sintientes, los atributos de la Voluntad que referimos como deseos, corresponden a su tendencia a procurar recompensas (sentimientos positivos o alegrías) y evitar castigos (sentimientos negativos o tristezas). Por lo tanto, las tristezas se dan cuando no se satisfacen los deseos. Q.E.D.

Escolio:

Los incentivos son muy eficientes para regular comportamientos, pero los castigos también lo son.

La naturaleza, desde un punto de vista mecánico, ha sido magistralmente capaz de dirigir a sus seres conscientes: no solo nos ofrece recompensas, si no que ella misma nos ha hecho valorarlas. En otras palabras, crea la demanda de lo que ofrece; una estrategia sumamente productiva, sin duda. Y, para reforzar estas tácticas, también sanciona. No solo promete estímulos positivos cuando se cumplen los objetivos predefinidos, sino que aplica penas cuando esto no sucede.

Tener una mente nos ha dotado con la ilusión de "poder elegir", sin embargo, solo si nos decidimos por la opción correcta recibimos beneficios, si no, recibimos aflicciones.

Todo esto puede parecer un maquiavélico plan sistematizado con dolo; sin embargo, en realidad solo se trata de otras importantes partes de nuestro Ser y de La Vida misma comunicándose de la forma más clara y contundente posible con nuestra consciencia. Esto último es sumamente necesario para resistir y prevalecer.

Ahora, para que el ímpetu por proteger La Vida prevalezca, no es suficiente obsequiar premiaciones, sino, igualmente, es necesario integrar penalizaciones; esto motiva a encontrar lo positivo a través de evitar lo negativo también.

Los sentimientos negativos son un mal necesario que representan un medio hacia fines mucho más trascendentes; de ahí su grandeza y aquel halo de nostalgia esperanzador que los recubre. No todo es malo con respecto a las tristezas, su fin es glorioso.

Sin sufrimiento, no habría felicidad. Se trata de un delicado balance que permite lo más extraordinario de la experiencia vital. Dicho de otra forma, sin tristezas, no hay alegrías y nos perderíamos de lo más excelso de La Vida.

Entonces, recordemos la relación trifásica: los sentimientos negativos son consecuencia de deseos no cumplidos u alegrías no obtenidas o perdidas. Por lo que, desde una óptica psicológica, lo que tendríamos que hacer para evitar sufrir, es identificar el deseo no cumplido o perdido que lo provoca, de esta forma, mitigamos su influencia. He ahí una cualidad privilegiada que tenemos los Sapiens, experimentamos tristezas inevitablemente, pero, podemos aspirar a controlar sus efectos, e incluso, dirigir la energía que encauzan hacia grandes propósitos.

Por último, esta búsqueda perpetua e insaciable por satisfacer deseos evitando las tristezas, también, representa una fuente energética titánica para el actuar humano y sintiente. Justamente por esta razón, el proceso creativo necesita de estos estímulos negativos para modelar la arquitectura del porvenir. Las tristezas no son el enemigo por vencer, son un importante aliado que asegura el funcionamiento correcto del mecanismo vital entero.

De las tristezas se desprende una gama diversísima de sentimientos únicos e irrepetibles que revisaremos a continuación.

XVI. LOS DESEOS

Los deseos pueden ser conscientes o inconscientes y provienen de las diferentes Dimensiones del Ser en línea con el Propósito de La Vida. Encontramos deseos espirituales, instintivos, emocionales, sintientes, racionales y creativos.

Demostración:

Los deseos (por las Proposiciones XV y XIV de la Geometría de los Sentimientos) corresponden a los objetivos por cumplir para obtener sentimientos positivos o negativos que (por la Proposición III de la Geometría de los Sentimientos) son parte de un sistema de recompensas que (por las Proposiciones XI, XXI y XXXIII de la Geometría del Ser y los Deseos) está diseñado por la programación biológica-emocional y los genes que (por las Proposiciones XVI y XXVIII de la Geometría del Ser y los Deseos) atienden al Propósito de La Vida (por la Proposición V de la Geometría del Ser y los Deseos) por resistir y prevalecer. Dichos comportamientos regulatorios (por las Proposiciones III, IV y V de la Geometría de la Consciencia) actúan en la proto consciencia (nivel inconsciente), consciencia central (nivel propiamente consciente) y consciencia autobiográfica (nivel propiamente consciente). Por lo tanto, los deseos pueden ser conscientes o inconscientes y provienen de las diferentes Dimensiones del Ser en línea con el Propósito de La Vida. Q.E.D.

Escolio:

Los deseos son los encargados de mover a la humanidad y a todos los seres vivientes. De ese tamaño es su importancia. Y para ello, necesita herramientas muy poderosas que le permitan cumplir su misión, entre las cuales, se encuentran los sentimientos.

Si establecemos que los deseos son las fuerzas que motivan al Ser a reaccionar hacia alguna dirección, entonces, encontramos una gran variedad de ellos. Los deseos representan una guía trazada por distintas capas de nuestra existencia como la conexión con La Vida misma, la programación genética, la programación biológica-emocional, las cualidades sintientes, la razón y la creatividad.

En todos los casos, al cumplirse un deseo se desata un sentimiento positivo como recompensa, y, al no cumplirse, o perder un deseo, se desata un sentimiento negativo como castigo.

En otras palabras, los deseos son los caminos (llenos de incentivos sintientes) que trazan el espíritu, los genes, las emociones, los sentimientos mismos, la razón y la creatividad.

En el pasado se esbozan las rutas. En el presente se calibra la dirección minuciosamente y se muestra el sentido con premios o castigos sintientes. Y, en el futuro, se presenta la posibilidad de nuevas gratificaciones a través de los deseos.

Los *deseos espirituales* nos llevan hacia una dirección muy evidente: todo aquello que protege la resistencia y prevalencia de La Vida.

Los *deseos instintivos*, programados genéticamente, nos empujan hacia todo aquello que resguarda la supervivencia y reproducción del gen.

Los *deseos emocionales* nos muestran el camino hacia respetar nuestra sistematización biológica reactiva frente a distintos estímulos.

Los *deseos sintientes* nos motivan a buscar sentimientos positivos por sí mismos.

Los *deseos racionales* nos incitan a identificar causas con argumentación lógica. También, representan las fuerzas que nos alientan a crear y proteger la moral y la cultura que significan sistemas sociales racionales. **Como aclaración importante, la razón solo tiene injerencia sobre estos deseos racionales; no puede establecer, eliminar o modificar ningún otro tipo de deseos. Por eso, se dice que los seres humanos podemos elegir con base en nuestros deseos, pero no podemos elegir qué deseamos.*

Y, finalmente, los *deseos creativos* nos impulsan a originar nuevos pensamientos de pensamientos capaces de ayudarnos a adaptarnos y volvernos el cambio constante para moldear el futuro.

Tanto los deseos espirituales como los instintivos y emocionales, surgen desde sistemas inconscientes y se manifiestan en la consciencia a través de los sentimientos. En cambio, los deseos sintientes, racionales y creativos, por definición, necesitan de una consciencia central y autobiográfica para existir.

A este conjunto íntegro de deseos o fuerzas que motivan al Ser lo referimos como Voluntad en el modelo *Inteligencia Creativa.*

Por otra parte, comparto una nota muy relevante. Nadie sabemos de dónde surge realmente la Voluntad más allá de la visión mecánica identificable. Muy posiblemente, no seamos capaces de entenderlo con nuestras capacidades cognitivas humanas. La fuente original de los deseos parece pertenecer a un substrato suprasensible que los *Homo sapiens* no podemos entender. Sin embargo, sí podemos, y lo hemos hecho con este modelo, acercarnos a comprender mucho mejor la fenomenología observable con relación a la etiología (origen), la teleología (propósitos) y las funciones manifiestas de la Voluntad y los deseos. Nuestros comportamientos como seres vivientes poseen la clave para estas respuestas. Incluso, de este esfuerzo depende el que podamos llevar nuestra habilidad creativa hasta lugares inimaginables.

XVII. DESEOS SINTIENTES

Los deseos sintientes corresponden a una alegría que se presenta frente a la posibilidad de obtener o mantener alegrías y evitar o perder tristezas.

Demostración:

Los deseos sintientes representan la fuerza que nos mueve hacia procurar el Propósito de los organismos sintientes que (por la Proposición XXXV de la Geometría del Ser y los deseos) es obtener sentimientos positivos. Cuando se cumple el Propósito (obtener sentimientos positivos), entonces, (por la Proposición III de la Geometría de los Sentimientos) se premia con un sentimiento positivo. Por ende, los deseos sintientes buscan sentimientos positivos por y para sí mismos. Q.E.D.

Escolio:

El hedonismo es el cáncer de las civilizaciones. La búsqueda insaciable de placer por placer acerca peligrosamente a la humanidad a su autodestrucción. El fin último de los deseos sintientes es únicamente obtener placer; un objetivo paupérrimo.

El placer tiene funciones importantes, pero cuando lo privamos de propósito, entonces, simplemente se torna en un estímulo inmediato sin valor trascendente: un sinsentido que nunca termina y que nos condena a una existencia vacía.

Por eso es tan importante entender mejor el fenómeno sintiente. Es fácil (y conveniente) asumir que la vida se trata de acumular la mayor cantidad y frecuencia de placer, incluso, los genes y las emociones nos impulsan hacia ello; sin embargo, aquí es donde una visión penetrante en conexión con La Vida entera se vuelve esencial para nuestra prevalencia y bienestar.

Buscar sentimientos pequeños, inmediatos y sin propósito nos otorgará recompensas igualmente pobres y nos llevará hacia un destino inerte. En cambio, procurar sentimientos profundos y llenos de propósito, nos cargará con gratificaciones inmensas, y, lo más importante, nos permitirá resistir y prevalecer.

Los deseos sintientes son una consecuencia del sistema biológico en su totalidad, simplemente, por fines instintivos, la naturaleza debe dotarnos con un ímpetu incesante para encontrar placer y evitar el dolor. El problema, en el caso de los seres humanos, es que el don de la razón y la creatividad que hemos obtenido nos ha dotado de un poder sin precedentes que combinado con el egoísmo instintivo produce un efecto autodevastador. Por este motivo, ahora más que nunca, la razón y la creatividad deben cumplir su función de controlar la inercia emocional e instintiva en pro de tomar decisiones mucho más inteligentes en sincronía con La Vida entera: utilizando los deseos sintientes, instintivos y emocionales para aprovechar la energía que encauzan y privilegiar los deseos racionales, espirituales y creativos para formar un futuro brillante.

De nuevo, los deseos sintientes, representando aquella búsqueda perpetua por alegrías, no son el enemigo, son un importantísimo aliado para resistir y prevalecer que debemos entender como un medio y no como un fin.

XVIII. ESPERANZA

La esperanza es una alegría por pensar posible el obtener deseos o perder miedos en el futuro.

Demostración:

Cuando sentimos esperanza se produce una experiencia mental positiva producto de la posibilidad de una recompensa futura. Q.E.D.

Escolio:

La esperanza es el eje central de la creatividad, la dota de potencia más que cualquier otro sentimiento. Se trata de una idea colosal: de la posibilidad de un futuro mejor, lleno de alegrías y libre de tristezas.

No por nada, este sentimiento ha sido utilizado como bandera de los movimientos sociales más masivos; se encuentra íntimamente conectado con todas las esferas del Ser, desde lo más superficial hasta lo más profundo.

Es el elemento con mayor valor estratégico que tiene el *Homo sapiens*. Gracias a la esperanza implantada en la mente de miles, cientos de civilizaciones han podido colaborar en equipo; es aquello que nos ha convertido en la especie dominante del Planeta.

En el ejercicio creativo, cuando se mezcla este ingrediente, entonces, su potencial se multiplica.

XIX. MIEDO

El miedo corresponde a una tristeza que se presenta frente a la posibilidad de obtener o mantener tristezas y evitar o perder alegrías.

Demostración:

Cuando sentimos miedo se produce una experiencia mental negativa producto de la posibilidad de un castigo futuro. Q.E.D.

Escolio:

En contraparte a la esperanza, el miedo nos muestra la posibilidad futura de no obtener, o de perder, aquello que queremos.

El miedo siempre lleva detrás un deseo no cumplido o perdido; identificar esta constante es sumamente útil, ya que nos permite mitigar sus efectos adversos. Es decir, cuando encontramos la causa que provoca este sentimiento negativo, entonces, podemos derribar las barreras psicológicas que produce.

No le tenemos miedo a alguna idea, persona o cosa *per se*, sino a la posibilidad que representa de arrebatarnos lo querido; por lo tanto, cada vez que experimentamos miedo, vale la pena buscar el deseo que está en peligro para controlar su impacto involuntario.

En el ejercicio creativo, vencer el miedo es esencial, no existe la creatividad si permitimos que éste se apodere de nosotros; obstruye el proceso y limita nuestro potencial. Entonces, la clave para enfrentarlo: comprender sus orígenes y procurar la reflexión inteligente.

XX. INDIFERENCIA

La indiferencia corresponde a la inexistencia de alegrías o tristezas.

Demostración:

Cuando sentimos indiferencia no se producen experiencias mentales ni positivas ni negativas. Q.E.D.

Escolio:

La indiferencia es análoga a la muerte en vida. Por eso, que una persona querida nos odie es doloroso, pero que le seamos indiferente puede ser aún peor, nos reduce a la no existencia.

Pero ¿podemos ser realmente indiferentes? En sentido estricto, considero que se trata de un sentimiento teórico y no empírico, ilustra una intención utópica ya que su significado es paradójico. ¿Cómo podría no afectarnos un afecto?, ¿cómo podría existir algo que no existe?, todo pensamiento consciente produce un efecto racional y sentimental, por lo tanto, el simple hecho de pensar algo que nos es "indiferente" contradice su significado.

Hecha esta aclaración, podemos considerar a la indiferencia, no como una total falta de afecto, sino, como un afecto muy pequeño frente a algo; tan pequeño que no incita a ninguna reacción relevante.

Con respecto a la creatividad, la indiferencia sería su antídoto, su némesis. Modelar el futuro requiere de pensamientos cargados de potencia sintiente e inteligencia racional, no de indiferencia pasiva que nos condena al vacío.

XXI. PLACER

El placer corresponde a una alegría parcial, en una parte específica del Ser.

Demostración:

Cuando sentimos placer se produce una experiencia mental positiva específica. Q.E.D.

Escolio:

Sentir placer es muy necesario para tener una guía clara sobre las instrucciones impartidas por los genes y las emociones. Es un imperativo para la supervivencia.

En el caso de la comunicación de nuestras emociones (estados corporales) con nuestra mente, el placer nos informa que alguna parte de nuestro cuerpo está bien o recibiendo un estímulo benéfico.

En el caso de los genes, el placer expone que se ha cumplido un deseo instintivo. Por ejemplo, deseos de dominación, pertenencia, placer sensorial, control, descubrimiento, protección de la familia, aprendizaje, poder, altruismo cooperativo, ser escuchado, trascendencia y reconocimiento.

La clave para entender este sentimiento es identificar su cualidad parcial: se refiere a un efecto inmediato y específico que nos produce una sensación positiva.

El problema con el placer se da cuando privilegiamos este efecto localizado y exprés sobre otros beneficios mucho más amplios y trascendentes a mediano o largo plazo. Cuando el placer es nuestra prioridad, entonces caemos en el cruel abismo del hedonismo y nos condenamos a perseguir recompensas pequeñas ciegamente solo para sufrir de una insaciabilidad despiadada.

En cambio, si solo consideramos al placer como un afortunado complemento de propósitos mucho más grandes y como un deleitoso acompañamiento del ejercicio creativo, entonces, también favoreceremos nuestro acercamiento a la ansiada Libertad.

Una categorización muy ilustrativa, considerando ideas kantianas sobre la manifestación del placer, se logra diferenciando entre lo bueno, lo bello y lo sublime:

Sobre lo bueno, se da cuando se cumple un deseo racional, cuando el placer se detona por un esquema lógico.

Sobre lo bello, no es una noción racional cuantificable y atiende al placer que se genera frente a un deseo emocional o sintiente cumplido. Se piensa que lo que uno estima bello, también debe ser considerado así por los demás; esa ilusión es relativamente cierta ya que nuestra programación genética y biológica-emocional es 99.9% idéntica en todos los Sapiens, y por lo tanto, ciertos estímulos detonarán sentimientos placenteros muy parecidos en todos nosotros. Cuando ese placer intuitivo se considera únicamente personal (subjetivo) y no universal, entonces, propiamente dicho, será algo agradable y no bello.

Y, sobre lo sublime, se trata de un sentimiento de placer más grande de lo que incluso es posible imaginar con nuestras capacidades humanas, de ahí su cualidad magnánima. Significa un efecto originado gracias a deseos espirituales conquistados en contacto con lo más profundo del Ser, con el puente que nos une a El Todo y a La Vida misma. Por estas razones, lo sublime implica algo más grande que nosotros mismos.

XXII. DOLOR

El dolor corresponde a una tristeza parcial, en una parte específica del Ser.

Demostración:

Cuando sentimos dolor se produce una experiencia mental negativa específica. Q.E.D.

Escolio:

El placer y el dolor son alegrías y tristezas parciales correspondientemente.

El dolor, nos informa notoriamente que 1) alguna parte de nuestro cuerpo tiene un problema, y 2) que no se ha cumplido o se ha perdido un deseo instintivo.

Con respecto a este último, realmente duele perder un anhelo instintivo. Por ejemplo, detonará este afecto negativo el considerarnos menos, rechazados, inciertos, esclavos, impotentes, maliciosos, no escuchados, insignificantes o no reconocidos. Todos los anteriores, son antónimos de algunos deseos promovidos desde nuestra genética.

De nuevo, el quid se encuentra en comprender que el dolor representa un efecto parcial que proviene de una causa específica. Por lo tanto, suele ser pasajero e intrascendente.

Por otro lado, la belleza del dolor la podemos percibir cuando vislumbramos que es una guía hacia lo positivo, es una señal aliada que procura nuestro bienestar y que hace posible otras alegrías.

Cuando somos diestros en integrar notas dolorosas al quehacer creativo y hacemos énfasis en el efecto positivo que se da cuando las conquistamos, entonces le asignamos una profundidad especial que logra tocar el espíritu de forma contundente. Toda narrativa trascendente, todo héroe épico, debe vencer al dolor en forma de conflicto para retornar al ombligo del mundo con conocimientos privilegiados que permiten cruzar nuevos horizontes.

XXIII. EUDEMONÍA

La eudemonía corresponde a una alegría integral en la gran mayoría de todo lo que compone al Ser.

Demostración:

Cuando sentimos eudemonía (o felicidad plena, o dicha) se produce una experiencia mental positiva integral. Q.E.D.

Escolio:

Por su etimología, en griego antiguo, la eudemonía significa "espíritu bueno". Comúnmente se traduce como "felicidad", bienestar, dicha o vida buena.

Desde una perspectiva aristotélica, la eudemonía se logra a través de las virtudes.

En nuestro modelo *Inteligencia Creativa*, a diferencia del placer, la eudemonía corresponde a una alegría integral (no parcial) que se extiende en los diversos estratos del Ser e incluso más allá.

Se trata del sentimiento más grandioso, del estado mental sintiente culminante que refleja bienestar en todos los niveles: cuerpo, mente y espíritu en armonía con la existencia.

Kant lo referiría como algo sublime; aquello que es tan grande que supera la cognición humana. Por esta razón, la eudemonía la hallamos cuando conectamos con nuestra *Dimensión Espiritual* que significa el puente con todo más allá de nuestra individualidad. Hacer una aportación trascendente a la lucha de La Vida por resistir y prevalecer desembocará en un sentimiento eudemónico.

¿Qué puede detonar este sentimiento? Por ejemplo, proteger al Planeta y a todos sus seres vivientes e impulsar la evolución. También, procurar nuestra propia salud mental y física a largo plazo privilegiando nuestra fortaleza para sumar a La Vida.

Por todas estas razones y mucho más, la eudemonía es el fenómeno sintiente que nos acercará de la manera más contundente a la Libertad pura; un atributo consciente lleno de plenitud y grandes Propósitos.

XXIV. SUFRIMIENTO

El sufrimiento corresponde a una tristeza integral en la gran mayoría de todo lo que compone al Ser.

Demostración:

Cuando sentimos sufrimiento se produce una experiencia mental negativa integral. Q.E.D.

Escolio:

Si la eudemonía es una alegría integral que permea en todos los niveles del Ser, entonces el sufrimiento hace lo propio, pero en negativo.

Por ello, se trata de un sentimiento mucho más trágico que el dolor, el cual representa una tristeza parcial. En cambio, el sufrimiento se extiende en espacio y tiempo.

La némesis de La Vida suele atribuirse al sufrimiento, esto sucede porque se trata de aquello que los seres vivientes buscamos evitar a toda costa. Sin embargo, hay que ser muy inteligentes en cuanto a las cualidades de los sentimientos, recordemos que lo positivo necesita de lo negativo para existir. En otras palabras, sin sufrimiento no hay dicha.

En los organismos sintientes, el sufrimiento es inevitable, solo la muerte podría desaparecerlo por completo. Pero aquí es donde nuestra inteligencia se torna esencial: primero, para entender que el sufrimiento está de nuestro lado y nos muestra el camino hacia la prevalencia de La Vida; y segundo, para identificar que los sentimientos más majestuosos se presentan frente a la posibilidad de mitigar el sufrimiento.

Gracias a esta tristeza profunda los deseos adquieren la potencia suficiente para motivarnos hacia destinos fecundos y excelsos.

Es cierto, no podemos cancelar este estado mental negativo por completo, pero sin duda podemos llevarlo a un nivel mínimo que solo sirva para recordarnos sobre la belleza sublime de estar vivos. Para ello, es esencial el autocontrol y la empatía; dos cualidades que forjan a los espíritus más resilientes, creativos y virtuosos (fuertes). Lidiar con el sufrimiento implica comprender su función, poseer una visión penetrante y saber valorar la inmensa fortuna que significa ser conscientes y estar vivos.

Como humanidad, es momento de hacer las paces con el sufrimiento. Es momento de aceptar a esta imponente tristeza como una energía necesaria que nos reafirma que existimos, que nos permite ser creativos y que nos concede la posibilidad de un porvenir plagado de alegrías magnánimamente positivas.

XXV. AMOR

El amor es una alegría relacionada a una causa.

Demostración:

Cuando sentimos amor se produce una experiencia mental positiva frente a algo que nos produce alegrías. Q.E.D.

Escolio:

¿Acaso no es así de simple, pero a la vez tan inmenso? El amor lo sentimos cuando algo nos provoca alegrías. Ese algo puede ser persona, cosa, idea o incluso el sí mismo.

Desde una perspectiva neurobiológica, el elemento amado lo representamos con ciertos mapas neurales en nuestra mente que detonan reacciones fisiológicas (corporales) específicas que regresan al cerebro como señales positivas que interpretamos como alegrías. Cuando esta respuesta se convierte en una constante, entonces consideraremos que amamos tanto el pensamiento como aquello fuera de nuestra mente que lo produce.

En síntesis, amamos a aquello que nos ocasiona alegrías frecuentes y haremos un gran esfuerzo por conservarlo y procurarlo.

El amor es el sentimiento responsable de las obras artísticas más esplendorosas y de las historias más épicas jamás contadas; es el fuego que prende nuestro espíritu y que nos dota de la energía necesaria para conquistar mundos.

Me atrevería a decir, que el amor es la energía que ha movido a la humanidad de la forma más colosal.

Cuando el proceso creativo se colma con amores, tanto desde el ejercicio de su creación, como en su esencia misma, entonces desemboca en las manifestaciones más trascendentes. Gracias a el amor existen la creatividad, el arte y las civilizaciones; es una suma de alegrías con la que encontramos la fuerza para seguir adelante y modelar nuevos mundos.

XXVI. ODIO

El odio es una tristeza relacionada a una causa.

Demostración:

Cuando sentimos odio se produce una experiencia mental negativa frente a algo que nos produce tristezas. Q.E.D.

Escolio:

Odiamos a los villanos porque nos causan dolor. El odio no es más que el sentimiento que nos genera aquello que nos provoca tristezas.

Este afecto pareciera actuar como una barrera que nos marca límites, sin embargo, es todo lo contrario, potencia nuestra velocidad y capacidad de acción, nos motiva intensamente para evitar sus efectos.

Si aquello que amamos es lo que nos produce alegrías y quisiéramos que prevalezca; entonces, aquello que odiamos es lo que nos produce tristezas y quisiéramos que desaparezca.

A nivel instintivo y emocional, el odio es muy necesario para la supervivencia ya que nos opone a aquello que nos hace daño. Pero a nivel racional y creativo se torna autodestructivo y nos corroe por dentro.

Controlar el odio es una virtud privilegiada, no se logra fácilmente porque es contraintuitivo, pero hacerlo es vital para cohabitar en sociedad y para encontrar un estado mental armónico que nos permita alcanzar nuestro máximo bienestar y potencial creativo.

La intención correcta es menos foco en el odio y más en el amor; solo así podemos favorecer el sentirnos seguros, y por lo tanto, procurar el bienestar mental y físico. En una mente donde el amor prevalece sobre el odio, entonces, la salud, la felicidad, la resistencia vital y la capacidad creativa se llevan a sus máximos niveles.

XXVII. CONFIANZA

La confianza es una alegría frente a algo específico que se piensa capaz de causar alegrías e incapaz de causar tristezas.

Demostración:

Cuando sentimos confianza se produce una experiencia mental positiva frente a algo específico que podría producir alegrías e incapaz de generar tristezas. Q.E.D.

Escolio:

Para que los sistemas biológicos del ser humano operen de forma óptima, el cuerpo debe encontrarse en un estado de relajación. En ese punto, libre de miedos, es dónde encontramos el máximo potencial creativo y de bienestar.

Este proceso lo documenta muy bien Stephen Porges en su *Teoría Polivagal.*

Por ello, la confianza es un necesario para operar normalmente; este sentimiento positivo nos informa que no tenemos de qué temer en un contexto determinado. Podemos sentir confianza hacia personas, cosas, situaciones, etc. Cuando así sucede aquello se piensa capaz de procurarnos alegrías e incapaz de procurarnos tristezas.

En las relaciones humanas, todo empieza con este importante afecto. Confiar en alguien es el punto de partida para la colaboración; confiar en un grupo es clave para sumar fortalezas. Esta posibilidad de cooperación simbiótica en masa que tenemos los Sapiens representa una potencia descomunal, pero para ello, se requiere confianza mutua entre líderes y participantes.

Entretejer civilizaciones inteligentes y realmente evolucionadas requiere que cada parte se gane la confianza del otro. Desafortunadamente, en la sociedad actual, los líderes políticos buscan obtener esta confianza por medio de mentiras y polarización; sobra decir que a largo plazo esa estrategia resulta autodestructiva. En cambio, cuando los líderes se conviertan únicamente en los moderadores de una sociedad que confía en sí misma gracias a su actuar en sincronía con una visión adecuada, entonces, la humanidad encontrará una potencia creativa y cooperativa inimaginable.

XXVIII. TEMOR

El temor es una tristeza frente a algo específico que podría causar una tristeza.

Demostración:

Cuando sentimos temor se produce una experiencia mental negativa frente a algo específico que podría producir tristezas o cancelar alegrías. Q.E.D.

Escolio:

El enemigo de la confianza es el temor. Se da cuando pensamos o intuimos que algo nos podría producir tristezas. Recordemos que las tristezas se dan cuando no cumplimos o perdemos lo querido.

Instintiva y emocionalmente, lo que sucede es que estamos programados para adquirir un estado corporal de alerta adecuado para enfrentar o huir una vez que detectamos algo peligroso. Por ejemplo, cuando nuestros antepasados escuchaban el sonido de un animal grande aproximándose, entonces, ese estímulo auditivo detonaría un proceso fisiológico para prepararnos: en este estado corporal la sangre se dirige al sistema músculoesquelético, la frecuencia cardiaca se acelera, nuestros músculos se tensan y en general nuestra composición somática se adapta para enfrentar una amenaza de la mejor forma posible. Esa reacción del cuerpo corresponde a las emociones que la mente interpreta como un sentimiento negativo: temor frente a algo específico que podría producir tristezas o cancelar alegrías.

Como cualquier otro atributo sintiente, es imposible cancelar por completo este afecto negativo, sin embargo, una vez que entendemos el proceso biológico al que atiende, así como la causa que lo origina, entonces, podremos controlar sus efectos. ¿Qué y por qué te produce temor? es una pregunta sumamente útil para liberarnos del llamado “estrés” que no es más que consecuencia de un estado de alerta constante frente a posibles peligros. Cabe aclarar que la mayoría de las veces estos "peligros" están sobreestimados, o bien, no existen. El temor es necesario para la supervivencia, en particular para enfrentar correctamente peligros eventuales, pero esta condición, por diseño, debería ser esporádica, no permanente, ya que entonces causa graves daños a la salud debido a que no permite el flujo de recursos y energético adecuado para otros sistemas del organismo.

Por todo esto y más, un ejercicio primario para la creatividad es controlar los efectos de los temores, comprendiendo su funcionamiento e identificando sus causas. De lo contrario se convertirán en una barrera infranqueable hacia lo positivo; derríbala con información inteligente, creatividad y empatía.

XXIX. EMPATÍA

La empatía es una alegría hacia la alegría de otros y tristeza hacia la tristeza de otros.

Demostración:

Cuando sentimos empatía se produce una experiencia mental positiva frente a la alegría de otros y una experiencia mental negativa frente a la tristeza de otros. Q.E.D.

Escolio:

La fuerza de uno no se compara con la fuerza de muchos. Esto lo entiende muy bien La Vida y fomenta la colaboración de muchísimas maneras.

Empezando por lo que conforma a un ser viviente: equipos de partículas subatómicas, genes, células, tejidos y órganos que colaboran entre sí. Seguido por el altruismo cooperativo de los ecosistemas en donde cada organismo “individual” aporta para la supervivencia colectiva.

Los himenópteros, como las abejas, hormigas y termitas, han llevado este esfuerzo de trabajo en grupo a niveles asombrosos. Pero también los seres humanos; nuestro esfuerzo en conjunto nos ha permitido, para bien o para mal, convertirnos en la especie dominante del Planeta.

Pero ¿cómo es que nuestra biología fomenta la coparticipación entre individuos? En dos palabras: con empatía.

Este sublime sentimiento es responsable de los logros más colosales de la naturaleza.

Neurobiológicamente hablando, es creado (en parte) por las llamadas neuronas espejo. En resumen, desde las esferas emocional y sintiente del Ser, las *neuronas espejo* nos dotan de percepciones mentales que nos permiten ponernos en el lugar de otros (simular sus posiciones, emociones y sentimientos), y así, entre otras funciones, poder aprender del comportamiento de los demás. Esta función es sumamente importante para la supervivencia de las especies sociales.

Por otro lado, desde el estrato espiritual del Ser, la Voluntad nos impulsa penetrantemente a proteger La Vida en todas sus manifestaciones, y así, apoyarle a resistir y prevalecer; una imponente fuerza promovida a través de la empatía.

Además, desde la dimensión instintiva del Ser, los genes nos instruyen tendencias de comportamiento que promueven el altruismo cooperativo y los esfuerzos simbióticos naturales que apoyan la supervivencia individual.

Tanto la fuerza espiritual que nos interconecta con todos los seres vivientes, como los instintos, como las emociones, privilegian a la empatía. Pero también, la razón nos demuestra la conveniencia lógica de la cooperación. Y, la creatividad, nos exige de simpatía para conectar con otras mentes para modelar el futuro. Por lo tanto, todos los niveles del Ser están diseñados como una fuente de empatía que multiplica su potencia.

Por todo esto y más, este sentimiento positivo que se manifiesta como una alegría hacia la alegría de otros y tristeza hacia la tristeza de otros, es protagonista en la narrativa evolutiva. Celebremos, procuremos y nutramos la empatía para desembarcar en un destino inteligente y extraordinario.

XXX. EGOÍSMO

El egoísmo es la indiferencia frente a la alegría o tristeza de otros.

Demostración:

Cuando somos egoístas no se produce ninguna experiencia mental, ni positiva, ni negativa frente a la alegría o tristeza de otros Q.E.D.

Escolio:

Es cierto, el egoísmo es necesario para la supervivencia. Sin embargo, cuando prevalece sobre la empatía, se torna autodestructivo.

Por esta razón, la determinación correcta debería procurar un balance. Sin un espíritu competitivo que nos motivara a ser más fuertes individualmente, no podríamos prevalecer. Pero, sin trabajo en equipo esa fortaleza no serviría de nada.

En su inmensa sabiduría, la naturaleza ha implementado una paradoja que suele ser un motivo de confusión frecuente: el ser humano, por diseño, es egoísta y compasivo a la vez. Comprender esta superposición sintiente nos ayuda mucho a obtener congruencia sobre las fuerzas que nos motivan y por qué lo hacen.

Irónicamente, el fenómeno sintiente del egoísmo se trata de la falta de sentimiento. Es decir, se da cuando somos indiferentes frente a la alegría o tristeza de otros, y por lo tanto pone en el foco únicamente la experiencia propia. Esta capacidad de aislamiento es imperativa para sumar desde lo individual a El Todo: si me procuro a mí mismo, entonces, puedo ser más capaz de apoyar a los demás.

Por lo tanto, el egoísmo no es ningún enemigo, es de hecho el instrumento preferido por los genes para obtener ventajas de reproducción y supervivencia. El peligro se presenta cuando no existen contrapesos que nos recuerden que nada existe por sí mismo y que el individuo necesita de El Todo para ser: todo es uno y uno es todo; la gran paradoja de la existencia que ha cargado de perplejidad a nuestra mente y espíritu durante millones de años.

Entonces, un equilibrio entre 1) egoísmo que nos dota de poder individual y 2) empatía que nos llena de potencia colectiva, es vital para nuestra creatividad, bienestar y resistencia.

XXXI. MALDAD

La maldad es una tristeza hacia la alegría de otros y alegría hacia la tristeza de otros.

Demostración:

Cuando sentimos maldad se produce una experiencia mental negativa frente a la alegría de otros y una experiencia mental positiva frente a la tristeza de otros. Q.E.D.

Escolio:

El verdadero enemigo de la evolución es la maldad; un atributo que los seres humanos vituperamos pues se da cuando nos alegra la tristeza de los demás, o bien, nos entristece su alegría.

Es difícil pensar en una función productiva de este afecto negativo, sin embargo, en situaciones muy inmediatas y a nivel instintivo, es necesario para combatirse a sí mismo: maldad para acabar con la maldad de otro organismo que nos pone en peligro. Vale la pena asentar claramente que dicho desafortunado esfuerzo se tornará autodestructivo si prevalece a mediano o largo plazo y si no se limita exclusivamente a situaciones de vida o muerte. La maldad presente constantemente en la mente de una persona termina por retornarle lo mismo. Se trata de física y estadística pura: si una persona siembra agradecimiento a través de la empatía, entonces, cosecha alegrías; en cambio, si siembra rencores a través de la maldad, cosecha tristezas para sí.

No podemos eliminar ningún sentimiento, sin embargo, sí podemos elegir aquellos que queremos más presentes en nuestra vida. Permitir que la maldad sea una constante, no solo puede destruir individuos, sino también sociedades y civilizaciones enteras. Las guerras son prueba fehaciente de ello.

Considero realmente, que la potencia que hemos logrado obtener como especie gracias al camino evolutivo, ahora requiere categóricamente, para nuestra prevalencia, evitar la maldad y procurar la empatía con ayuda de nuestros dotes racionales y creativos. De lo contrario, estaremos condenados a desapareceremos a nosotros mismos.

XXXII. GENEROSIDAD

La generosidad es una alegría por la alegría de otros y que uno no tiene.

Demostración:

Cuando sentimos generosidad se produce una experiencia mental positiva frente a la alegría de otros y que uno cede o no tiene. Q.E.D.

Escolio:

Da, sé compasivo y ten autocontrol. Lo anterior se trata de uno de los tesoros de sabiduría más valiosos que ha comprendido la humanidad; se encuentra bien documentado en el *Brihadarananyaka Upanishad* como parte de una serie de textos orientales que nos han obsequiado un sin fin de ideas trascendentes.

La potencia de dar es colosal e incuestionable, por eso, un espíritu generoso está destinado para recibir las recompensas sintientes más codiciadas.

Por ejemplo, el impacto que ha tenido Jesús en el mundo occidental se debe, en gran parte, a su inmensa generosidad: dio su propia vida por la humanidad. El amor que este hecho ha desatado hacia él y su acción es incalculable.

El sentimiento de generosidad se da cuando sentimos una alegría frente a la alegría de otros y que uno cede o no tiene. Es decir, procurar el bienestar de los demás sobre el propio.

Si el ser humano rechaza la envidia, entonces la generosidad la glorifica; el héroe épico que refleja los miedos y deseos de nuestra psique colectiva es siempre sumamente generoso, conquista peligrosas pruebas (arriesgándose a sí mismo) para obsequiarnos un bien mayor a todos los demás.

Cuando pensamos en un brío creativo, vamos a encontrar una fuente de vigorosa energía si nos enfocamos en dar. Si nuestra aportación para modelar el futuro considera el bienestar de los demás, entonces, multiplicamos su efecto. La Vida está sistematizada para fortalecerse con la cooperación: dar, tener empatía y procurar el autocontrol sobre los deseos egoístas, nos llevará al punto de resistencia y prevalencia más alto.

XXXIII. ENVIDIA

La envidia es una tristeza hacia la alegría de otros y que uno no tiene.

Demostración:

Cuando sentimos envidia se produce una experiencia mental negativa frente a la alegría de otros y que uno no tiene. Q.E.D.

Escolio:

Motivar la fortaleza y bienestar individual sobre todas las cosas, esa es la función biológica de la envidia. Pero ¿acaso no es algo detestable un acto envidioso? Como seres sociales, estamos programados para rechazar en los demás aquellos actos no generosos. Por eso, para resistir y prevalecer, debemos ser muy inteligentes con respecto a este sentimiento negativo: debemos permitir que nuestro más avanzado *ser creativo* domine a nuestro egoísta *ser instintivo*.

En el caso de la envidia, se trata de un sentimiento negativo que se da frente a la alegría de otros y que uno no tiene. En otras palabras, alegrías que no tenemos y que deseamos solo para nosotros.

Con respecto a este afecto negativo nos encontramos frente a un caso en que el primitivo instinto ha perdido su vigencia; es verdad, en algún punto del tiempo significó una ventaja de supervivencia, pero ahora, se torna autodestructivo en un contexto social, inteligente y creativo. La transición del predominio instintivo hacia el control creativo es vital para nuestra supervivencia colectiva.

Considero que la clave está en entender que aportar a La Vida es ayudarnos a nosotros mismos como parte de ella; entonces, esta verdad derivará en alegrarnos por las alegrías de los demás, aunque nosotros mismos, directamente, no las tengamos.

Contrarrestar la envidia con generosidad y empatía llevará nuestro potencial humano a territorios fascinantes hasta ahora inexplorados.

XXXIV. DADIVOSIDAD

La dadivosidad es una alegría por compartir una alegría.

Demostración:

Cuando sentimos dadivosidad se produce una experiencia mental positiva frente a compartir una alegría. Q.E.D.

Escolio:

Cuando compartimos, y nos da gusto, entonces somos dadivosos. Se trata de un venturoso afecto que promueve la cooperación y el sentido de justicia social.

Por ejemplo, en los pueblos escandinavos el ser equitativos ha sido un factor indispensable para la supervivencia; racionar dadivosamente los limitados recursos en los inviernos significaba la vida o la muerte del grupo.

Dar es un acto que suscita consecuencias, particularmente una muy especial: dar implica que otros deseen dar de vuelta también. Por eso resulta en un impulso sintiente que conlleva abundantes beneficios individuales y colectivos.

—Alegrarnos por compartir una alegría— así podemos representar racionalmente la dadivosidad. Interesantemente, es un fundamento clave del acto creativo: aportar nuestro potencial imaginativo que desagua en un mundo mejor para todos.

Por todo esto, y mucho más, La dadivosidad desinteresada es un acto que nos hará más fuertes, libres y prevalentes.

XXXV. CELOS

Los celos son una tristeza por compartir una alegría.

Demostración:

Cuando sentimos celos se produce una experiencia mental negativa frente a compartir una alegría. Q.E.D.

Escolio:

¿Será que la función de los celos es motivarnos a proteger lo propio? En un contexto donde el impulso instintivo prevalece sin duda son necesarios. ¿Pero tienen lugar en un universo inteligente y creativo?

Es muy fácil comprender el objetivo biológico de este sentimiento negativo; sin embargo, también es evidente la problemática que desata.

Los celos representan una tristeza por compartir una alegría.

Por ejemplo, este fenómeno sintiente se presenta cuando un niño no quiere compartir sus juguetes, lo dota de energía para defender lo que considera “suyo” y así procura su bienestar individual. ¿Pero qué sucede cuando se da cuenta que si no comparte tampoco le comparten de vuelta? En una sociedad inteligente debemos entender que el trabajo en equipo, que significa nuestra máxima fortaleza, depende de compartir. Así, los celos se convierten en un impulso primitivo que ya no representa una ventaja de supervivencia en el contexto actual.

Las cualidades creativas humanas dependen del altruismo cooperativo, las ideas de ideas que impactan dentro y fuera de la mente requieren de otros cuerpos y mentes para trascender.

XXXVI. ALABANZA

La alabanza es una alegría por la alegría que nos causa la acción de otros.

Demostración:

Cuando sentimos alabanza se produce una experiencia mental positiva frente a una alegría que nos causa la acción de otros. Q.E.D.

Escolio:

Las acciones de otros que nos producen alegrías, las alabamos. En este sentimiento en particular estamos celebrando, y por lo tanto promoviendo, la actividad de los demás.

Echando mano de conceptos kantianos, cuando alguien realiza un acto que etiquetamos como bueno, agradable, bello, o sublime, entonces, experimentaremos un impulso por aprobarlo y fomentarlo. En un ecosistema social, este afecto es necesario para moderar el comportamiento, incluso, significa una gran fortaleza de los sistemas democráticos.

Sobre aquellas útiles etiquetas, describo brevemente sus diferencias. Primero, lo bueno corresponderá a aquello que intuimos como positivo y que podemos comprender racionalmente. Segundo, lo bello lo intuiremos como positivo, pero no será posible racionalizarlo y lo consideraremos (paradójicamente) un valor universal. Tercero, lo agradable es igual a lo bello, pero no lo consideraremos universal, sino individual. Y cuarto, lo sublime lo intuiremos como positivo y lo consideraremos tan grande y complejo que supera nuestra cognición y condición humana.

Con relación a nuestra facultad creativa, estas conceptualizaciones kantianas también resultan provechosas. Biológicamente estaremos motivados a confeccionar futuros cargados de bondad, belleza, agrado y carácter sublime ya que detonará sentimientos positivos en nuestra psique, entre otras causas, por la alabanza de los demás. Desde lo emocional, estamos sistematizados para alabar y buscar ser alabados, lo cual, impacta directamente en la formación de las culturas. Por eso, celebramos con tanto brío las grandes obras artísticas que estimamos bellas; y no se diga de aquellas que reputamos sublimes. Así, la maquinaria creativa, social, cultural y biológica se nutren mutuamente con un objetivo en común: promover la resistencia y prevalencia de La Vida.

XXXVII. VITUPERIO

El vituperio es una tristeza por la tristeza que nos causa la acción de otros.

Demostración:

Cuando sentimos vituperio se produce una experiencia mental negativa frente a una tristeza que nos causa la acción de otros. Q.E.D.

Escolio:

Si el papel biológico, cultural, social y creativo de la alabanza es promover actos de otros; entonces, el vituperio tiene el objetivo de rechazarlos.

Con base en la terminología kantiana que utilizamos para complementar la alabanza, en el caso del vituperio, en contraparte, condenaremos aquellos actos que consideramos desagradables, malos, feos y miserables.

Este sentimiento negativo también es parte fundamental de las fuerzas que promueven un balance en el comportamiento humano como ser social. Por ejemplo, un contrapeso esencial que detiene a una persona a hacer un mal común es el vituperio de los demás.

De nuevo, en el camino hacia la resistencia y prevalencia, todos los afectos tienen funciones importantes, tanto los positivos como los negativos.

Por otro lado, retomando la idea de la democracia, esta representa un sistema sociopolítico muy útil ya que se alinea con nuestra programación sintiente y biológica, la cual está diseñada estratégicamente para procurar el bienestar de La Vida entera. Aquello que la mayoría alaba o vitupera, representa normalmente el bien común. Sin embargo, el inmenso problema contemporáneo se da frente a un escenario con sesgos de información; teóricamente, para que una democracia funcione correctamente, requiere de fuentes informativas libres y plurales. Y, el otro gran problema, es que esos sentimientos de vituperio y alabanza no crucen por nuestros filtros racionales y creativos; cuando el sentimiento colectivo opera principalmente desde el instinto o las emociones, entonces, la evolución presenta un retroceso. Por ello, el posiblemente utópico escenario esperanzador se dará cuando el sistema social y cultural actúe y se modere a sí mismo como un todo, pero no solo desde el instinto y las emociones, sino fundamentalmente desde la inteligencia racional y creativa.

XXXVIII. GLORIA

La gloria es una alegría por una acción nuestra alabada por los demás.

Demostración:

Cuando sentimos gloria se produce una experiencia mental positiva frente a una acción nuestra alabada por los demás. Q.E.D.

Escolio:

Llegó el turno de uno de los sentimientos más enaltecidos en la historia humana. La gloria es un tesoro codiciado por lo más profundo de nuestra esencia.

Se trata de la experiencia mental que se da cuando una acción nuestra es alabada por los demás. Una gran celebración desatada por haber sido capaces de entregar alegrías a otros.

Su función evolutiva es clara: motivar a hacer el bien común.

Recordemos que estos fenómenos sintientes operan a nivel instintivo y emocional para procurar el bienestar individual; pero cuando se interconectan con nuestra esfera racional a través de la socialización y formación de culturas, entonces se convierten en un termostato colectivo. Y, avanzando un paso más, cuando se ensamblan con nuestro estrato creativo, entonces nos permiten claridad sobre el rumbo más inteligente para proteger a La Vida en el futuro.

La gloria es una de las grandes recompensas del héroe, aunque cabe aclarar que el héroe más venerado es aquél que no actúa principalmente por reconocimiento sino por el bien universal.

También, vale la pena notar que existen distintas intensidades de actos que desembocan en gloria, aquellos titánicos que han marcado un hito en la historia de las civilizaciones, pero también aquellos que día a día, de forma más modesta, obsequian una alegría a los demás.

Cuando integramos la promesa de este sentimiento al ejercicio creativo, entonces lo dotamos con una influyentísima fuerza germinal que motivará a cada ser sintiente a procurar el bienestar de La Vida entera.

Por todo esto y más, celebremos la gloria con gloria, reconozcamos su participación en la creación de las obras más sublimes que la humanidad ha producido y abracemos con inteligencia todo su impacto.

XXXIX. VERGÜENZA

La vergüenza es una tristeza por una acción nuestra vituperada por los demás.

Demostración:

Cuando sentimos vergüenza se produce una experiencia mental negativa frente a una acción nuestra vituperada por los demás. Q.E.D.

Escolio:

¿Qué sería de la interacción humana si no sintiéramos vergüenza?

Hasta cierto punto, en el mundo de la neurobiología tenemos esa respuesta y se ilustra notoriamente en el famoso caso de Phineas Gage.

En resumen, Gage, un hábil capataz dedicado a liderar equipos para abrir caminos férreos, un día sufrió un terrible accidente. Una varilla metálica habría perforado su cerebro tras una explosión de dinamita. Se ha vuelto un caso resonado porque su recuperación fue extraordinaria, en un principio no presentaba consecuencias evidentes, sin embargo, con el tiempo se dieron efectos muy peculiares. Su comportamiento se habría tornado grosero, irracional y autodestructivo. ¿Qué pasó con el cerebro de Gage? Básicamente, la neurociencia ha sugerido que la zona neural que opera como puente que conecta las emociones con la razón, habría sido comprometida. En otras palabras, sus emociones y sentimientos habrían dejado de surtir efecto sobre sus decisiones racionales. Las revelaciones que nos permite este suceso son inmensamente relevantes: la influencia de los sentimientos (intuición) es vital para la toma de decisiones inteligente (racional). Phineas Gage, entre otros sentimientos, habría dejado de sentir vergüenza y el efecto fue su autodestrucción.

Así de importante es el papel de la fenomenología sintiente para la prevalencia de La Vida.

Particularmente, la vergüenza opera como una barrera de contención que delimita la dirección más conveniente para el sí mismo y los demás. Nos transmitirá un mensaje muy claro: no lo hagas.

La anhelada gloria, entonces contrasta con la temida vergüenza. Positivo y negativo en una relación simbiótica magistral que promueve nuestra prevalencia. Cuando entendemos y afiliamos estos dos sentimientos a nuestra inteligencia creativa, entonces la armamos con herramientas contundentes y de alto impacto.

XL. TRANQUILIDAD

La tranquilidad es una alegría por la presencia de lo que se ama.

Demostración:

Cuando sentimos tranquilidad se produce una experiencia mental positiva por la presencia de lo que se ama. Q.E.D.

Escolio:

Amamos a aquello que nos genera alegrías, y cuando percibimos que lo que amamos se encuentra seguro y accesible para nosotros, entonces nos sentimos tranquilos.

¡Que sofisticado sentimiento! Nos marca una meta hacia algo más grande que nosotros mismos, una alegoría de un punto mental álgido e iluminado que deseamos íntimamente.

La tranquilidad es un hermano del sentimiento de paz. ¿No es acaso un fin que representa una de las recompensas más valoradas? Todos los seres humanos luchamos intensamente por mantener a lo que amamos seguro y cerca de nosotros.

Cuando una solución creativa ofrece la promesa de obsequiar tranquilidad, entonces consuma su alianza con la Dimensión Sintiente y cumple su gran Propósito: aportar a la resistencia vital. Originar tranquilidad en la mente de los organismos creativos significa permitirles proteger aquello que aman, y por lo tanto, amparar sus alegrías y procurar la dirección que marcan todas las esferas del Ser hacia la resistencia y prevalencia de La Vida.

XLI. FRUSTRACIÓN

La frustración es una tristeza por la ausencia de lo que se ama.

Demostración:

Cuando sentimos frustración se produce una experiencia mental negativa por la ausencia de lo que se ama. Q.E.D.

Escolio:

Irónicamente, evitar la frustración es lo que nos mueve de manera más contundente para buscar tranquilidad.

El sentimiento de frustración se da cuando percibimos que aquello que amamos, y que por lo tanto nos produce alegrías, no está seguro o no es accesible para nosotros. Sin duda, uno de los afectos más devastadores para la psique de un organismo sintiente.

El miedo que desata esta tristeza es tal que moviliza cada célula de nuestro cuerpo. En muchas ocasiones desemboca en ira, pero en un manejo inteligente de este fenómeno podemos canalizar esa energía que genera hacia propósitos productivos y positivos. Así, encuentran su fuerza un sin fin de espíritus empeñados en proteger lo que aman o desean: usando la frustración para multiplicar su potencia y actuar de forma constructiva.

Ergo, este afecto negativo se convierte en un enérgico aliado de la creatividad; juntos colaborando para desembarcar en un puerto tranquilo y pacífico. Tensión que engendra relajación. Un ir y venir incesante que forma parte de las cualidades de

La Vida y que ha permitido nuestra grandeza individual y colectiva.

XLII. ÁNIMO

El ánimo es una alegría sobre saber cómo conseguir una alegría o evitar una tristeza.

Demostración:

Cuando sentimos ánimo se produce una experiencia mental positiva por saber cómo conseguir una alegría o evitar una tristeza. Q.E.D.

Escolio:

Después de mucho esperar, de pronto, ¡encontramos una idea o posibilidad que nos permitirá conseguir lo que deseamos! Ese pensamiento carga de tajante vigor cada acción por venir y pondremos manos a la obra. Así se siente el ánimo.

Un sentimiento positivo que se produce al saber cómo conseguir una alegría o evitar una tristeza. Como nota importante, recordemos que evitar una tristeza implica una alegría.

¿Qué sería de la humanidad sin el ánimo? ¿de dónde habrían obtenido brío las civilizaciones para construir ciudades e imperios?, ¿de dónde habría conseguido fuerza Homero para escribir sus heroicas épicas?, ¿de dónde habrían encontrado Aquiles, Héctor y Ulises el ímpetu para luchar tantas batallas?

El ánimo, por definición, nos motiva. Es uno de los energéticos psicoemocionales más potentes, literalmente nos carga de energía y fuerza vital.

Por otra parte, la creatividad por sí misma representa la posibilidad de encontrar aquello que nos permitirá conseguir alegrías, por eso desata tanto ánimo. El ejercicio creativo origina poderío para encontrar poderío. Partir con esta convicción resultará en un ejercicio determinante; con vigor por construir fuentes de ánimo para mantener la rueda de La Vida girando de forma implacable. Un sentimiento al servicio de la prevalencia vital que nos obsequia dominio mecánico para construir el futuro.

XLIII. CONSTERNACIÓN

La consternación es una tristeza sobre no saber cómo conseguir una alegría o evitar una tristeza.

Demostración:

Cuando sentimos consternación se produce una experiencia mental negativa por no saber cómo conseguir una alegría o evitar una tristeza. Q.E.D.

Escolio:

¿No encuentras la respuesta para conseguir, o no perder, aquello que quieres? Entonces, experimentas consternación.

Se trata de un sentimiento negativo que también es fuente primal de energía y que nos tiende a motivar a salir de dicho estado mental. Es decir, nos sentiremos propensos a hacer todo lo necesario para dejar de sufrir consternación.

De cierta forma, irónicamente, nos puede cargar con ánimo; ánimo por continuar buscando una solución para conseguir las anheladas alegrías o evitar las repudiadas tristezas.

Por esta razón, la consternación es parte importante del comité sintiente. Aporta un ingrediente clave en la mezcla vigorizante: presenta un cuadro mental no deseado que impulsará al organismo a encontrar salidas.

Así es como este fenómeno encuentra lugar en la marcha creativa. Por suponer un escenario; un toque de consternación, mezclado con ánimo, esperanza y amor, detonará una explosión imaginativa con grandes posibilidades.

Desafortunadamente, la consternación también puede consumirnos y lanzarnos a un vacío sin respuestas y sin escape, por eso es tan importante entenderla y canalizar su ímpetu a los lugares adecuados. Para ello, resultará esencial un ejercicio reflexivo con la información correcta y comprendiendo las causas y propósitos de dicho fenómeno.

XLIV. AGRADECIMIENTO

El agradecimiento es una alegría hacia la alegría de quien te ama y tristeza hacia la tristeza de quien te ama.

Demostración:

Cuando sentimos agradecimiento se produce una experiencia mental positiva por la alegría de quien te ama y una experiencia mental negativa por la tristeza de quien te ama. Q.E.D.

Escolio:

Amamos a quien nos brinda sentimientos positivos y le desearemos lo mismo de vuelta. De eso se trata el agradecimiento: nos alegrarán las alegrías de lo amado, y, por lo tanto, procuraremos que las obtenga.

Este magnánimo afecto es uno de los instrumentos generadores de abundancia más potentes que existen.

Entendámoslo desde una perspectiva mecánica y estadística. Si nosotros regalamos alegrías a cien mil mentes, entonces, tendremos cien mil ánimas agradecidas procurando nuestro bien. ¿Comprendes los beneficios que esto implica?

Por otro lado, abrazar el agradecimiento es igualmente constructivo. Cuidar a aquello que nos dota de alegrías es cuidarnos a nosotros mismos, y así, el ciclo se completa.

Por supuesto, sucede lo opuesto cuando vamos en sentido contrario. Negar el agradecimiento es un ejercicio autodestructivo.

Cuando un empeño creativo actúa en agradecimiento o lo procura, entonces multiplica exponencialmente su alcance e impacto; se alía con otras mentes y colaboran en armonía.

Si priorizamos este inmenso afecto, entonces podremos construir civilizaciones mucho más eficientes, potentadas e inteligentes.

XLV. CRUELDAD

La crueldad es una tristeza hacia la alegría de quien te ama y alegría hacia la tristeza de quien te ama.

<u>Demostración:</u>

Cuando sentimos crueldad se produce una experiencia mental negativa por la alegría de quien te ama y una experiencia mental positiva por la tristeza de quien te ama. Q.E.D.

Escolio:

Es difícil pensar en algo más injusto que la crueldad. Desafortunadamente sucede, y sucede comúnmente cuando gana el egoísmo y la ambición.

Este perturbador afecto se da cuando nos alegramos por las tristezas de quién nos ama.

¿Pero por qué alguien encontraría satisfacción en el sufrimiento de aquél que le ama? Lo que sucede es que ignorantemente preferimos otros deseos pasajeros sobre proteger a aquellos que procuran nuestro bienestar. Nuestra visión se nubla a largo plazo y solo buscamos saciar la sed emocional e instintiva inmediata.

Este infortunio nos pasa a todos, claro, en mayor o menor medida. ¿Cuántas veces no hemos hecho daño a quien nos ama?

Por eso es tan imperativo mantener este sentimiento negativo al margen y en la mira; para proteger el bienestar de aquellos que nos cuidan y, por lo tanto, el de nosotros mismos.

En situaciones extremas encontramos el malaventurado caso de un espíritu consumido por la crueldad. Ha sido tanto el daño que ha ocasionado, que solo aferrándose a la pobre recompensa de sentir un ápice de poder le mantendrá en pie. La nimiedad que produce el sentido de dominación al pisar a otros resulta sumamente contraproducente y a largo plazo solo cosechará infortunios.

Abramos entonces los ojos para detener el peligro de obtener alegrías a costa de las tristezas de otros, ¡especialmente de quién nos ama!

Decodificar este patrón abre la puerta hacia la compasión y la inteligencia creativa. Es momento de demostrar de lo que estamos realmente hechos los seres humanos y de desarmar de una vez por todas a la crueldad.

XLVI. CLEMENCIA

La clemencia es una alegría por la alegría de quien se odia.

Demostración:

Cuando sentimos clemencia se produce una experiencia mental positiva por la alegría de quien se odia. Q.E.D.

Escolio:

Es momento de comentar sobre un sentimiento que forja grandes virtudes. La clemencia se da cuando la empatía vence sobre el egoísmo; cuando nos alegran las alegrías de quien se odia.

Sin duda, la inteligencia espiritual que implica experimentar dicho estado mental es de admirar. No por nada ha representado un atributo compartido por los dioses históricos. La figura del ser todopoderoso constantemente es destacada por su cualidad misericordiosa.

Podríamos acertadamente describirlo como un afecto sublime.

Recordemos que se odia a aquél que nos produce tristezas, por lo tanto, en primera instancia no tendría sentido lógico procurar su bienestar. Sin embargo, la peripecia se da cuando entendemos que proteger al ser odiado significa dar vuelta a sus intenciones. Implica, no necesariamente pero sí muy probablemente, transformar una mente que nos desea el mal en una que nos desea el bien. Pero este fenómeno requiere de controlar los efectos inmediatos del odio y privilegiar una visión amplia; precisa una psique fuerte con inteligencia instintiva, emocional, racional, espiritual y creativa.

Por esta razón, la clemencia debe ser abundante en una sociedad avanzada. Cuando el perdón, la compasión y el trabajo en equipo son prevalentes, entonces la seguridad reina, los miedos se mitigan y, por lo tanto, la creatividad individual y colectiva alcanza su máximo potencial.

XLVII. IRA

La ira es una alegría por la tristeza de quien se odia.

Demostración:

Cuando sentimos ira se produce una experiencia mental positiva por la tristeza de quien se odia. Q.E.D.

Escolio:

En contraparte a la clemencia, la ira es un sentimiento que domina a las mentes débiles.

Este sentimiento negativo sucede cuando el impulso egoísta inmediato predomina sobre la inteligencia y la empatía.

En un principio, parece razonable sugerir que es un camino productivo, procurar el aniquilamiento de aquellos que nos provocan tristezas o nos privan de alegrías. Sin embargo, con un poco más de perspectiva, podemos darnos cuenta que promover el sufrimiento de otras mentes genera sufrimiento propio y significa un esfuerzo autodestructivo.

No hay duda, la ira ha representado un sentimiento necesario para la supervivencia en un contexto silvestre, pero ahora se ha convertido en un lastre emocional e instintivo que atenta contra el bienestar propio y común.

Será inevitable sentir ira, ese impulso por dañar a aquellos que nos hacen daño es parte de nuestra programación biológica. Empero, nuestra facultad racional y creativa, cumpliendo su función evolutiva, nos muestran que se trata de un empeño contraproducente en un contexto inteligente.

Ergo, no busquemos eliminar la ira, será un intento fútil, en cambio, entendámosla, controlemos sus efectos y transformémosla en energía disponible para conquistar el futuro con compasión y armonía.

XLVIII. PIEDAD

La piedad es una alegría por la alegría de quien sufre.

Demostración:

Cuando sentimos piedad se produce una experiencia mental positiva por la alegría de quien sufre. Q.E.D.

Escolio:

Históricamente, se ha considerado una cualidad humana el desear ayudar a aquellos que sufren. La piedad se trata de un sentimiento positivo que se presenta por la alegría de quienes padecen tristezas.

¿Acaso no es un portento magnético la atracción que sentimos por auxiliar a un alma en sufrimiento?

Este fenómeno se da, entre otras cosas, por la íntima conexión con nuestros deseos espirituales que nos motivan a defender La Vida en todas sus manifestaciones.

Además, por instinto, buscaremos brindar este apoyo porque estamos genéticamente diseñados para pertenecer y proteger al conjunto.

También, cuando ayudamos al necesitado, por programación biológica-emocional, se detonan marcos somáticos que convergen en sentimientos positivos.

De igual forma, nuestra capacidad racional nos revela que auxiliar a una mente que sobrelleva tristezas significa aumentar las posibilidades para recibir esa misma asistencia cuando nosotros lo necesitamos.

Y, finalmente, nuestra facultad creativa nos vocifera que en un futuro próspero el amparo colectivo nos hace mucho más fuertes.

Todos los seres humanos estamos inclinados hacia la camaradería entre familia, grupos, especie y seres vivientes.

La piedad la celebran nuestro espíritu, instintos, emociones, sentimientos, razón y creatividad. Por eso es un afecto tan admirable y humano.

XLIX. INHUMANIDAD

La inhumanidad es una alegría por la tristeza de quien sufre.

Demostración:

Cuando sentimos inhumanidad se produce una experiencia mental positiva por la tristeza de quien sufre. Q.E.D.

Escolio:

Así como a la piedad la alaban todas las Dimensiones de nuestro Ser, a la inhumanidad la vituperan.

Su mismo nombre nos devela su incompatibilidad con nuestra especie, la inhumanidad se da cuando nos alegran las tristezas de aquellos que sufren.

En este caso en particular, no deseamos el mal específicamente a quien nos ha hecho daño, sino simplemente a aquel que sufre. Increíblemente, y a pesar de la antinomia que implica, el ser humano experimenta este estado mental comúnmente.

Curiosamente, parece atender a un fenómeno principalmente psicológico y no emocional o instintivo. La Psicología moderna ha sido muy hábil en identificar que aquello que refleja nuestras propias fragilidades, suele desatar nuestra ira. Es decir, sucede frecuentemente que, si alguien se considera débil y odia verse en una posición de clemencia, entonces, reaccionará violentamente frente a otras personas que adoptan esa posición. Esto explica fielmente porqué alguien podría desearle el mal a otro que sufre sin ninguna razón aparente: se proyecta a sí mismo y actúa en consecuencia.

Siguiendo una hipótesis freudiana, bastará con identificar la causa para mitigar el comportamiento. Si comprendemos el origen de la inhumanidad cuando este afecto se presenta, tendremos muchas más probabilidades de erradicar esta aberración sintiente.

Nuestra profundidad creativa lo infiere muy bien, en un mundo floreciente no hay lugar para la inhumanidad.

L. PERDÓN

El perdón es una alegría por la alegría de quien nos hizo un daño.

Demostración:

Cuando sentimos perdón se produce una experiencia mental positiva por la alegría de quien nos hizo un daño. Q.E.D.

Escolio:

Llegó el turno de un fenómeno contraintuitivo, el perdón lo sentimos cuando nos alegra el bien de aquellos que nos hicieron daño.

Este afecto positivo nos devela el avance evolutivo de la especie humana. Por instinto y reactividad emocional, tendemos a desear castigar o eliminar a aquél que nos hace un daño, se trata de tácticas de supervivencia básicas para un entorno hostil. No obstante, nuestra facultad creativa, nuestra razón y aquello que nos interconecta con La Vida misma, nos demandan conciliar y perdonar; por eso deriva en un penetrante sentimiento positivo.

Desde una consideración racional, una vez finalizado el peligro inmediato, el perdón como hecho es muy eficaz, nos evitará pérdida de energía innecesaria. También, nuestro intelecto emocional lo agradecerá, ya que eludiremos el desgaste que los sentimientos de odio o ira producen. Incluso nuestros instintos estarán de acuerdo si anteponemos el deseo de pertenencia sobre el de dominación.

Abrazar el sentimiento de perdón denota sabiduría y paciencia, así como inteligencia espiritual, instintiva, emocional, sintiente y creativa. No es un atributo de debilidad, sino de gran fortaleza mental.

En resumidas cuentas, esta cualidad sintiente nos libera y nos muestra el camino hacia un real avance evolutivo.

LI. VENGANZA

La venganza es una alegría por la tristeza de quien nos hizo un daño.

Demostración:

Cuando sentimos venganza se produce una experiencia mental positiva por la tristeza de quien nos hizo un daño. Q.E.D.

Escolio:

Al encontrarnos en peligro inminente de cara a aquello que nos lastima, nuestro primer impulso será adoptar una posición de enfrentamiento o huida. Sin esta reacción preprogramada no hubiéramos podido trascender como especie. Cuando deseamos aniquilar a aquél que nos hizo un mal, estamos atendiendo a dicho marco psicofisiológico y es interpretado por la mente como un sentimiento de venganza.

Recordemos que los sentimientos significan paquetes de energía que impactan dentro y fuera de la mente; misma energía que necesitaremos en el caso de requerir afrontar a un adversario. La funcionalidad de la venganza es evidente.

Este nocivo afecto se da cuando experimentamos alegría por la tristeza de quien nos hizo un daño.

Ahora, fuera de la fase de riesgo terminante, si no se trata de un momento de vida o muerte, la venganza se torna contraproducente. Mantener largos periodos deseando el mal solo engendra tristezas propias.

La venganza nos priva de la posibilidad de experimentar y ofrecer perdón, y con ello, limita nuestra calidad personal, social y evolutiva.

Si en canje, utilizamos el ímpetu energético que este sentimiento genera para modelar el futuro de forma templada, compasiva, productiva e inteligente, entonces, estaremos tocando la cima de nuestro potencial creativo.

LII. ASOMBRO

El asombro es una alegría nueva, única y/o extrema.

Demostración:

Cuando sentimos asombro se produce una experiencia mental positiva única y/o extrema. Q.E.D.

Escolio:

Nunca perder nuestra capacidad de asombro.

La anterior es una nota muy importante que debemos recordarnos constantemente por dos razones fundamentales: 1) evolución y 2) Libertad.

Descuidar nuestro impulso por admirar la majestuosidad de la existencia y su carácter irrepetible en cada detalle, puede destruir nuestro espíritu y privarnos de cuantiosas alegrías.

Estamos diseñados, por instinto, para perseguir y descubrir nuevas oportunidades. Cuando lo encontrado resulta en una relevante ventaja percibida, entonces, recibiremos una recompensa en forma de sentimiento positivo que llamamos asombro.

Por lo anterior, este afecto es parte esencial de lo que nos motiva a buscar aquello que nos permita ser mejores, más resistentes y más prevalentes: a evolucionar.

Y, sobre la Libertad, si entendemos este complejo concepto como la posibilidad de acceder a nuestro máximo potencial para cumplir con los Propósitos de las causas que nos forman (para lo que estamos diseñados), entonces, el asombro también es vital para animarnos hacia ello. Cada vez que consumamos un deseo espiritual, instintivo, emocional, sintiente, racional y/o creativo, nuestro Ser nos lo agradece con un estado mental que nos permite asombrarnos de La Vida misma. En otras palabras, procuramos la Libertad porque nos llena y nos asombra.

Finalmente, sobre este afecto, cuando en una obra creativa logramos el asombro propio y el de otros, obtenemos el activo más capaz de impactar dentro y fuera de la mente: la inspiración.

LIII. TERROR

El terror es una tristeza nueva, única y/o extrema.

Demostración:

Cuando sentimos terror se produce una experiencia mental negativa única y/o extrema. Q.E.D.

Escolio:

Cuando atendiendo a nuestro ímpetu instintivo por explorar lo desconocido, se nos devela algo contraproducente, entonces sentimos terror.

Cabe aclarar que la forma e intensidad de la tristeza también puede representar algo nuevo y por lo tanto terrorífico. Es decir, sentir algo malo que nunca habíamos experimentado en calidad y magnitud nos causará este afecto.

El terror es necesario para dotar nuestro actuar con cautela y así evitar consecuencias fatales. Sin embargo, la valentía es clave para obtener retribuciones únicas; vencer el miedo de encontrar nuevas tristezas en pro de adquirir algo mucho más grande, es indispensable para el progreso. Por eso, un equilibrio entre prudencia y valentía es un camino muy gratificante. La recompensa requiere de la posibilidad del castigo, lo positivo necesita de lo negativo para existir, sin tristezas no hay alegrías, sin terror no hay asombro.

Siendo muy francos, es vital aceptar que el camino hacia encontrar nuevas posibilidades está plagado de peligros y detonará un sin fin de encuentros negativos que aterrarán nuestro andar. Pero, también acertaremos con fecundas alegrías.

Los tesoros creativos más extraordinarios requieren de sobrellevar y resistir los terrores más temidos, pero las recompensas serán inimaginables.

LIV. SORPRESA

La sorpresa es una alegría súbita.

Demostración:

Cuando sentimos sorpresa se produce una experiencia mental positiva súbita. Q.E.D.

Escolio:

Y de pronto, ¡una alegría nos inunda con tenacidad! A ese marco mental le llamamos sorpresa.

En este caso, sucede algo interesante. Aquellos con un robusto deseo instintivo de control, opacarán el efecto positivo de la sorpresa con la tristeza que les produce la incertidumbre. No a todos les gustan las sorpresas; esto no quiere decir que no representen un sentimiento positivo, simplemente, en ocasiones, se sincroniza otro más prevalente. Así, se ilustra un curioso ejemplo de superposición sintiente.

Con excepción de lo anterior, una alegría no anunciada es siempre bien recibida y su intensidad será proporcional a la expectativa de esta. Es decir, si esperábamos una gran tristeza, pero en cambio obtuvimos una gran alegría, entonces la sorpresa será magna.

Cuando hilamos nuevas ideas con ideas previas (cuando somos creativos) y con ellas logramos detonar profunda sorpresa en nuestra mente y la de otros, entonces, abrimos un portal que podría cambiar el rumbo de la historia y forjar hitos.

LV. ESPANTO

El espanto es una tristeza súbita.

Demostración:

Cuando sentimos espanto se produce una experiencia mental negativa súbita. Q.E.D.

Escolio:

Súbita e infortunada tristeza que nos devela los peligros de la existencia, el espanto arriba sin aviso y directo al centro emocional. De hecho, gracias a que la existencia es temible e incierta, también es fastuosa y excelsa.

Suponiendo que el destino estuviera determinado, y que pudiéramos conocerlo, entonces no existiría el espanto ni las desilusiones; sin embargo, tampoco existiría el asombro ni la sorpresa.

Este sentimiento negativo es en ocasiones una sutil, y en otras no tan sutil, forma de La Vida de recordarnos que no estamos en control y que nuestra prevalencia requiere de todo nuestro foco y esfuerzo.

A nadie le gusta experimentar una tristeza inesperada. Empero, desde un punto de vista neurofisiológico, la sensación que producen ciertos neurotransmisores como la noradrenalina y las endorfinas que se libran con el espanto, puede ser adictiva. Esto último explica el peculiar afecto que tienen muchos por las historias, narrativas, libros, cinematografías y más formas de expresión que producen ese impacto. Lo mismo sucede con los deportes extremos, la expectativa que genera la posibilidad de obtener sentimientos negativos súbitos puede resultar, paradójicamente, emocionalmente satisfactorio.

Con estas últimas ideas, podemos entrever que el espanto es un excepcional condimento para complementar la creatividad y conmover el espíritu.

LVI. VENERACIÓN

La veneración es una alegría por el asombro hacia un Ser.

Demostración:

Cuando sentimos veneración se produce una experiencia mental positiva por el asombro hacia un Ser. Q.E.D.

Escolio:

Cuando alguien nos ofrece una alegría nueva, única y/o extrema, entonces lo veneraremos.

Este hechizante sentimiento positivo se da por el asombro hacia un Ser; naturalmente buscaremos mantener o repetir el estímulo, por lo que puede ser adictivo y originar fanatismo. Dicho fenómeno nos demuestra didácticamente el impacto que puede tener el obsequiar alegrías novedosas a otros, su influencia puede ser masiva.

Si provocamos la veneración en otras mentes, entonces nos dotaremos de un grupo aliado y la posibilidad de cumplir nuestros objetivos se multiplicará exponencialmente.

Pero atención, la veneración es una herramienta que el Sapiens puede utilizar para bien, pero también para mal. Por esta razón, considero que este afecto es muy noble en intensidades moderadas, más puede ser contraproducente en rangos extremos cuando se convierte en devoción.

También, como nota cautelar, es importante comprender, individualmente, que la ciega veneración puede opacar nuestra capacidad crítica. Es decir, cuando encontramos reconfortantes y refrescantes alegrías en alguien, y en consecuencia lo veneramos, entonces se puede generar un patrón de dependencia hacia la idea de esa persona y tenderemos a justificarle todo, incluso irracionalmente.

Así, la veneración se convierte en un potente medio para aumentar la influencia de nuestras aportaciones creativas, representa una especie de catalizador de mentes replicadoras del mensaje.

LVII. AVERSIÓN

La aversión es una tristeza por el terror hacia un Ser.

Demostración:

Cuando sentimos aversión se produce una experiencia mental negativa por el terror hacia un Ser. Q.E.D.

Escolio:

Cuando en lugar de recibir una alegría, recibimos una tristeza nueva, única y/o extrema de alguien, entonces le tendremos aversión.

¿Te has preguntado qué puede motivar a una turba a un linchamiento? Cuando vemos representada una escena de un grupo apoyando pasionalmente la ejecución de otro ser viviente, evidenciamos lo cruel e irracional de dicha situación. ¿Pero entonces por qué sucede? La respuesta suele ser, por aversión.

Este sentimiento negativo se da cuando alguien nos causa una terrorífica tristeza. Por ejemplo, justamente hoy escuchaba la escalofriante noticia de un poblado tratando de ajusticiar a una persona que supuestamente habría violado a una niña de tres años. Naturalmente, nosotros mismos, sin mayor información de lo sucedido, muy probablemente sentiremos aversión por este sujeto y tenderemos a apoyar al grupo vengador. Sin embargo, si lo analizamos —no emocionalmente—, lo cual es muy difícil, podríamos develar un escenario más compasivo e incluso la posibilidad de la inocencia del inculpado.

Este afecto puede apoderarse repentinamente de nuestra mente, es vital entenderlo para no caer en juicios desproporcionados y destructivos. Por ejemplo, existe el frecuente caso de personas buscando generar aversión hacia sus enemigos con argumentos falaces; desafortunadamente es un caso común en la política.

En nuestro actuar creativo, entender la aversión para no ser víctima de sus efectos hipnóticos sin fundamentos, es importante para procurar una visión veraz y así modelar un futuro digno y compasivo. Y, por supuesto, ser conscientes de que utilizar la aversión con farsas y fines egoístas resultará en un desenlace autodestructivo para todos; el ser humano puede ser mucho más inteligente que eso.

LVIII. ATRACCIÓN

La atracción o inclinación es una alegría por el acercamiento hacia lo que se ama.

Demostración:

Cuando sentimos atracción o inclinación se produce una experiencia mental positiva por el acercamiento hacia lo que se ama. Q.E.D.

Escolio:

Amamos algo o a alguien porque es causa de alegrías en nuestra mente; y cuando nos acercamos a lo amado, se genera un sentimiento positivo que referimos como atracción o inclinación.

Este fenómeno mental actúa como un imán para mantenernos cerca o unidos con aquello que nutre nuestro bienestar. Es una fiel herramienta de supervivencia.

Recordemos que el amor refleja bienestar porque representa alegrías, las cuales, significan deseos cumplidos que buscan efectuar el Propósito de cada una de las partes que conforman y vitalizan a nuestro Ser. Las alegrías son guías que nos dirigen hacia los puntos que apoyan la resistencia y prevalencia de La Vida.

Dicho esto, demostramos que la atracción es una muy importante función vital. Cuando la atracción es principalmente hacia recompensas instintivas o emocionales, se puede convertir en un encuentro egoísta y adverso. Pero, cuando se alía con las esferas evolutivas más sofisticadas como la espiritual y creativa, entonces nos inclina hacia fines titánicos y trascendentes.

Ejemplo de ello, es aquel sentimiento que nos atrae hacia contemplar de cerca la inmensidad de un plácido mar azul, o bien, la vista de un armonioso bosque desde la cima de una montaña. ¿Y qué mejor que esa panorámica acompañada con las personas que más se aman? Así, en esta grandiosa experiencia imaginaria, se fusiona la conquista de deseos en múltiples niveles: *deseos espirituales* consumados con el sentimiento oceánico que nos reafirma nuestra participación en algo mucho más grande que nosotros mismos; *deseos instintivos* que nos animan a descubrir y a proteger a nuestra familia; *deseos emocionales* que se completan con la fascinante reacción fisiológica frente a un escenario así de estimulante; *deseos racionales* cubiertos al obtener una perspectiva que devela causas de nuestro entorno; y, finalmente, *deseos creativos* que nos vociferan que debemos convertirnos en valientes protectores de aquel momento para impactar en el porvenir.

LIX. ASCO

El asco o repulsión es una tristeza por el acercamiento hacia lo que se odia.

Demostración:

Cuando sentimos asco o repulsión se produce una experiencia mental negativa por el acercamiento hacia lo que se odia. Q.E.D.

Escolio:

Lo que se odia, es aquello que nos causa tristezas, por lo tanto, desearemos alejarnos de ello. El motor de este impulso es el sentimiento de asco.

El asco nos aparta de lo que amenaza nuestro bienestar y que imposibilita la conquista de nuestros deseos en todos los niveles.

Se trata de un afecto negativo con una competencia muy evidente, ahuyentarnos de los peligros que comprometen la prevalencia de La Vida.

Podemos sentir asco frente a algo, como podría ser un alimento que nuestro cuerpo sabe que será dañino. O bien, frente a una persona o situación que nuestra intuición y/o razón nos comunica que será nociva. El carácter benéfico o perjudicial lo define la mente con base en lo que nos piden espíritu, genes, emociones, sentimientos, razón y creatividad. El asco resuena como un efecto repudiable, sin embargo es un importante aliado que procura nuestro bienestar desde lo más profundo hasta lo más superficial de nuestro existir.

Con respecto a la creatividad, este sentimiento negativo nos animará a luchar por evitar un destino infortunado.

LX. DICHA

La dicha es una alegría superlativa.

Demostración:

Cuando sentimos dicha se produce una experiencia mental positiva superlativa. Q.E.D.

Escolio:

Los marcos emocionales más álgidos de la vida se dan cuando experimentamos dicha: una titánica alegría.

Este supremo afecto se da en periodos cortos de tiempo y se distingue por su alta intensidad.

La dicha se suele referir como un sinónimo de felicidad, pero ese comparativo es muy difuso. Es decir, la "felicidad" es un concepto muy poco entendido y hoy en día sus interpretaciones suelen abarcar diversos, amplios y contradictorios significados. Por estas razones, y en pro de alcanzar mayor claridad, en el modelo *Inteligencia Creativa* evito el uso de ese término.

Aclarado esto, la dicha adquiere un valor muy específico, se trata de estímulos mentales positivos, que en comparación con otros, presentan mayor vigor emocional.

Por ejemplo, ¿qué sentiste en tu primer beso?, ¿qué sentiste cuando te graduaste?, ¿qué sentiste cuando obtuviste ese merecido aumento?, ¿qué sentiste cuando tu primer hijo te dijo "mamá" (o "papá")?, ¿qué habrá sentido aquél al que le anunciaron que ganó la lotería?, ¿qué habrá sentido Neil Armstrong cuando puso el primer pie en la luna?

Seguramente, dicha profunda.

Como humanidad, no hay herramienta más potente que la creatividad para alcanzar este sentimiento. La ecuación es evidente, a mayor creatividad mayores posibilidades de dicha. ¿Qué mejor, que utilizar esta gran habilidad para producir altos emocionales propios y colectivos?; al mismo tiempo, estaremos protegiendo la resistencia y prevalencia de La Vida misma.

LXI. HORROR

El horror es una tristeza superlativa.

Demostración:

Cuando sentimos horror se produce una experiencia mental negativa superlativa. Q.E.D.

Escolio:

El horror es un fenómeno tan intenso que, a pesar de ser un afecto negativo, nos produce una atrayente fascinación que algunos llaman morbo.

Una tristeza nos marca aquello que nuestro aprendizaje evolutivo ha identificado como dañino para la resistencia vital. O, en otras palabras, cuando algo atenta contra nuestro bienestar, el cuerpo alza la voz fuerte claro y nos ordena rechazarlo.

Cuando esas tristezas se tornan extremas, entonces sentimos horror.

Por supuesto, nuestro curioso intelecto racional querrá conocer mejor a su acérrimo enemigo. Por eso, el horror nos atrae especialmente a observarlo desde la inofensiva y lejana perspectiva cuando lo experimentan otros y no uno mismo.

Este sentimiento negativo extremo se desata frente a la antítesis de nuestros deseos. Bien dice el popular refrán, "mantén a tus amigos cerca y a tus enemigos aún más"; identificar y entender lo que nos causa horror, significa dotarnos de mayor control para evitarlo. Al final de cuentas, el horror nos muestra un camino: la dirección contraria hacia la prevalencia vital.

En una tarea creativa, el horror figura una herramienta estelar, nos puede demostrar toda la gama de alegrías penetrantes presentándonos su contraparte. Recordemos que gracias a lo negativo existe lo positivo. Además, cuando vislumbramos su función vital, nos dota de autocontrol y la posibilidad de tomar decisiones mucho más inteligentes.

LXII. DEVOCIÓN

La devoción es una alegría superlativa hacia algo que se ama.

Demostración:

Cuando sentimos devoción se produce una experiencia mental positiva superlativa hacia algo que se ama. Q.E.D.

Escolio:

Claro, la devoción puede ser un potentísimo coligado para formar ejércitos, ¿pero lo es así a nivel individual o en todos los casos?

Como todo extremo, la devoción puede ser muy peligrosa. Este afecto positivo se convierte fácilmente en adicción emocional y psicológica. ¿Quién no desea encontrar en algo o alguien una fuente de alegrías intensas? En estos casos es que debemos ser muy cautelosos, es vital para el bienestar entender que las emociones que se interpretan mentalmente en sentimientos son un medio y no un fin. Si el origen de nuestra devoción procura un equilibrio espiritual, instintivo, emocional, racional y creativo, entonces será muy benéfico; pero, si solo privilegia fines egoístas puede ser muy destructivo.

Por eso, la devoción es un arma de doble filo; un instrumento que puede construir o destruir civilizaciones, ocasionar orden o caos, proteger a La Vida o aniquilarla.

A nivel individual, debemos ser muy críticos sobre la devoción que sentimos para evitar que se convierta en un elemento adverso: cuestionarla racional e intuitivamente, desafiar la conveniencia inmediata que genera y concluir si es realmente algo que nos libera o nos limita.

A nivel colectivo, conseguir que otros sientan devoción es un honor que también debe ser recibido con cautela: representará una gran responsabilidad social, creativa y evolutiva.

LXIII. ABORRECIMIENTO

El aborrecimiento es una tristeza superlativa hacia algo que se odia.

Demostración:

Cuando sentimos aborrecimiento se produce una experiencia mental negativa superlativa hacia algo que se odia. Q.E.D.

Escolio:

Cuando odiamos, inculpamos a algo o alguien como fuente de tristezas; cuando aborrecemos, lo odiado nos provoca un sentimiento negativo en extremo.

Analicemos brevemente por qué el aborrecimiento puede ser muy destructivo.

Por un lado, las emociones positivas se dan cuando nuestra reacción fisiológica frente a un estímulo permite el flujo energético correcto para alcanzar la homeostasis (balance biológico). En contraparte, las emociones negativas bloquean dicho flujo.

Por otro lado, recordemos que los sentimientos no son más que reflejos mentales de las emociones.

El aborrecimiento es un sentimiento negativo extremo, por lo tanto, exhibe un estado corporal que obstaculiza en exceso el mejor funcionamiento de nuestro Ser.

Este radical afecto puede consumir nuestro espíritu rápidamente.

En un contexto silvestre este fenómeno pudo haber sido útil para detectar peligros y aniquilarlos, pero en una sociedad civilizada solo representará graves problemas.

Por estas razones, nuestra potencia vital y creativa se verá beneficiada mientras más consigamos evitar y controlar el aborrecimiento. Recordemos que buscar un balance es parte de nuestro diseño. Evadir extremos, especialmente negativos, siempre será un esfuerzo inteligente.

LXIV. EMPODERAMIENTO

El empoderamiento es una alegría por tener la posibilidad de obtener una alegría o evitar una tristeza.

Demostración:

Cuando sentimos empoderamiento se produce una experiencia mental positiva por tener la posibilidad de obtener una alegría o evitar una tristeza. Q.E.D.

Escolio:

El ser humano busca constantemente obtener alegrías que se presentan al cumplir deseos en diferentes niveles; cuando consideramos tener fácil acceso a conseguirlas, entonces nos sentiremos empoderados.

Este fenómeno sintiente se da frente a la posibilidad de obtener alegrías, o lo que es lo mismo, evitar tristezas.

Satisfacer deseos no siempre es alcanzable para nosotros, pero mientras más percibamos que lo sea, entonces derivará en mayor intensidad de este afecto.

Por ejemplo, el dinero representa potencia cuantificada para conseguir objetivos, en consecuencia, detona empoderamiento; en altas cantidades, alta intensidad y viceversa.

A pesar de producir una experiencia mental positiva, este sentimiento se convierte en enemigo a vencer cuando desemboca en ambición desmedida. De nuevo, el equilibrio es clave. El empoderamiento puede ser un fiel motivador o una peligrosa influencia.

Sentirnos aptos para conseguir lo que anhelamos nos cargará con ímpetu creativo; para ello, ayudará entender que todo lo que somos capaces de imaginar se convierte en parte de nuestra realidad. Los límites son mucho más amplios de lo que normalmente creemos: los pensamientos impactan dentro y fuera de la mente con una fuerza imponente. ¡Permite que el saberte empoderado sea el punto de partida hacia un mundo incalculablemente más avanzado!

LXV. IMPOTENCIA

La impotencia es una tristeza por la imposibilidad de obtener una alegría o evitar una tristeza.

Demostración:

Cuando sentimos impotencia se produce una experiencia mental negativa por no tener la posibilidad de obtener una alegría o evitar una tristeza. Q.E.D.

Escolio:

Al final de cuentas, sentir que podemos o que no podemos, es una ilusión.

Todas las ideas son estructurables en la mente, es posible reconectar paradigmas, prejuicios, creencias e incluso nuestras certezas. Los sentimientos, al ser ideas, también son modelables. Por lo tanto, el sentimiento de impotencia no es un dictamen terminante, siempre es posible romper barreras y desafiar límites.

Sin perder la cualidad de humildad que el afecto de impotencia provoca, debemos creer en nosotros mismos para alcanzar nuestro mayor potencial creativo. Por eso, este afecto negativo que se presenta por la imposibilidad de obtener una alegría o evitar una tristeza, también funciona como catalizador de acción productiva. Es decir, nos llena de brío para convertir el "no puedo" en "puedo eso y más". Así, el espíritu humano ha logrado sus más valientes conquistas: venciendo a la impotencia y creyendo en su capacidad de cruzar horizontes que parecen impenetrables.

Por todo esto y más, transformemos la energía que genera este sentimiento en una llave maestra que desarme nuestras limitantes percibidas. Con inteligencia, autocontrol, creatividad y empatía, no existe lo imposible.

LXVI. AMOR PROPIO

El amor propio es una alegría por la aceptación de la potencia de sí.

Demostración:

Cuando sentimos amor propio se produce una experiencia mental positiva por la aceptación de la potencia de sí. Q.E.D.

Escolio:

Cuando percibimos que nosotros mismos tenemos la potencia de alcanzar las anheladas alegrías, se da el sentimiento de amor propio.

Deconstruyamos este afecto geométricamente: 1) las alegrías se dan al cumplir deseos, 2) el amor lo sentimos hacia algo cuando nos genera alegrías, 3) cuando ese "algo" somos nosotros mismos, entonces sentimos amor propio: nos percibimos con la potencia de satisfacer nuestros anhelos.

En otras palabras, el sí mismo se considera suficiente para cubrir sus deseos, lo cual, deriva en sentimientos positivos.

El amor propio en demasía desemboca en cualidades autodestructivas como el egoísmo y la soberbia. En moderación, en ímpetu vital que dirige al bienestar. En ausencia, en pasividad y degradación.

Este afecto ilustra claramente la importancia de proteger el equilibrio. Ni mucho, ni poco, un cantar característico de la sinfonía de La Vida. Para combatir el caos existencial, la armonía es imperativa e indispensable.

Sin amor propio no hay creatividad porque el ego se autolimita *a priori*. Para crear debemos creer primero. Los nuevos pensamientos que forjamos con el océano de ideas en la mente se alimentan con la energía que produce la fe en nosotros mismos para hilvanar nuevas realidades.

LXVII. HUMILDAD

La humildad es una tristeza por la percepción de la impotencia de sí.

Demostración:

Cuando sentimos humildad se produce una experiencia mental negativa por la percepción de la impotencia de sí. Q.E.D.

Escolio:

La humildad es un preciso ejemplo de que los afectos negativos son necesarios para el bienestar. Son parte fundamental para obtener el balance que requiere La Vida.

Cuando el narcisismo se apodera del espíritu de un ser humano, se desatan una serie de eventos que lo erosionan. El individuo se adjudica facultades excesivas que no posee y se tiende una trampa a sí mismo que produce tristezas por los deseos no cumplidos. Por lo tanto, otros lo percibirán como fuente de penas e incapaz de lo que promete y tenderán a vituperarlo. Así, provocaría el odio propio y colectivo que engendra ira y que deriva en un desequilibrio psicológico y fisiológico que bloquea el estado de bienestar. Esto último, por poner un ejemplo de los peligrosos efectos que puede detonar la falta de humildad.

Este sentimiento negativo es vital para marcar límites y regresar los pies a la tierra; especialmente, cuando el egoísmo domina nuestro andar. La humildad es un elemento muy efectivo para recordarnos que nada existe por sí mismo, que la empatía y la cooperación en equipo es esencial para la prevalencia y que los deseos son insaciables.

De nuevo, ni mucho, ni poco. Demasiada desconfianza en sí mismo, pasma y obstruye el proceso creativo; pero confianza en exceso nos desconecta de las posibilidades que realmente tenemos. Considero que la clave está en comprender que existe un amplio rango de potencia individual y colectiva inexplorada que podemos conquistar, pero: 1) paso a paso contemplando nuestras limitantes y 2) reconociendo que esas limitantes se expanden conforme avanzamos. Así, la humildad, que por definición ya marca un punto medio, opera como un termostato que nos indica que estamos sobrepasando un confín importante; escuchémosla con atención compasiva pero siempre con valentía y feroz prudencia para alcanzar lo inalcanzable.

LXVIII. SOBERBIA

La soberbia es una alegría por el amor propio en extremo.

Demostración:

Cuando sentimos soberbia se produce una experiencia mental positiva por el amor propio en extremo. Q.E.D.

Escolio:

Cuando el amor propio se lleva al extremo, entonces experimentamos soberbia, un sentimiento positivo autodestructivo.

Si no honramos la importancia del punto medio en los fenómenos sintientes el resultado puede ser fatal. Ya hemos establecido que el amor propio es necesario para el bienestar y la facultad creativa, sin embargo, presenta límites, que cuando se sobrepasan, lo convierte (por definición) en otro afecto que referimos como soberbia.

Pero ¿cómo podemos proteger ese balance en los sentimientos? Justamente, comenzando por explorar su esencia como hacemos en este libro: entenderlos para controlar sus efectos. Sigmund Freud documentó muy bien este fenómeno y siempre hizo especial énfasis en la importancia de identificar causas para mitigar efectos negativos en los procesos psicológicos. En otras palabras, es posible aminorar y transformar el sufrimiento si conocemos la raíz que lo ocasiona.

La soberbia, a pesar de ser una experiencia mental placentera (positiva), desemboca en sufrimiento por la imposibilidad de cumplir las expectativas que genera. Dicho de otra forma, cuando alguien se siente mucho más capaz de lo que realmente es, ganará una experiencia mental positiva pasajera, pero estará condenado a coleccionar tristezas por no lograr lo que desea.

Por eso, en el caso de este sentimiento, es especialmente vital la inteligencia emocional. Primero, debemos juzgar si la potencia que considero que poseo resulta en motivación constructiva o bien confusión destructiva. Segundo, si sugiere moderación o desmedida. Tercero, si reconocemos un carácter dañino, entonces identificar su origen ayudará a evitar secuelas contraproducentes. Así, obtendremos un excepcional aliado para la contienda creativa: una armadura contra la soberbia destructiva.

LXIX. ABYECCIÓN

La abyección es una tristeza por el odio propio en extremo.

Demostración:

Cuando sentimos abyección se produce una experiencia mental negativa por el odio propio en extremo. Q.E.D.

Escolio:

La humildad, así como el amor propio, presentan fronteras que marcan el punto en que se tornan contraproducentes y obtienen otro apelativo. El enalteciente amor propio, en exceso, se convierte en nociva soberbia. La benéfica humildad, en exceso, se convierte en corrosiva abyección.

Una cosa es aceptar nuestros límites con humildad, y otra, es declararnos incompetentes para alcanzar nuestros deseos con abyección.

Este afecto negativo puede lanzarnos a una espiral sin salida llena de mayores tristezas. Por eso, debemos blindarnos contra ello con fortaleza y confianza en el sí mismo. ¿Cómo? Con constancia y actividades que reafirman nuestra potencia mental y física, las cuales, nos llevarán al otro lado del rango sintiente colmado de amor propio. Si no nos probamos día a día que podemos más de lo que pensamos, entonces aumentarán las posibilidades de caer en la abyección.

Es cierto, querer es poder, pero también creer es poder y actuar es poder. Reflejemos ideas en audaces acciones que nos carguen de fuerza y certeza sobre nuestra propia potencia. La aptitud creativa conocerá nuevos límites si procuramos el bien sustentable con esfuerzo perpetuo que nos aleje de la abyección y el egoísta corto plazo.

LXX. SEGURIDAD

La seguridad es una alegría por la potencia sin duda.

Demostración:

Cuando sentimos seguridad se produce una experiencia mental positiva por la potencia sin duda. Q.E.D.

Escolio:

Cuando confiamos en nuestra capacidad de conquistar deseos, y, por lo tanto, de obtener alegrías y evitar tristezas, entonces, sentiremos seguridad.

La importancia de este estado mental es fuertemente subestimado por la humanidad contemporánea. En síntesis, nos permite alcanzar nuestro máximo nivel de bienestar fisiológico, psicológico y creativo. ¿Por qué? Parte importante de la respuesta se encuentra analizando la reactividad emocionalmente automatizada que se detona cuando tenemos miedo. Recordemos que el miedo es un afecto que se presenta por la posibilidad de perder algo que queremos; cuando esto sucede, el cuerpo adopta una necesaria posición evolutiva *ad hoc* para enfrentar o huir: el sistema músculoesquelético se tensa y obtiene energía que le quita al resto de los sistemas vitales. Cuando ese miedo se presenta constantemente, lo conocemos como "estrés". Esta reacción fisiológica, en periodos frecuentes, debilita el funcionamiento del sistema nervioso, digestivo, endocrino, linfático, entre otros. Por lo tanto, cuando no nos sentimos seguros (o tenemos miedo), se merma la potencia inmune, neural y creativa; entre otros problemas importantes.

En contraparte, cuando sentimos seguridad y nos encontramos libres de miedo, la energía fluye sin bloqueos, los sistemas del cuerpo operan idealmente y nos acercamos al balance homeostático vital que representa la máxima salud y bienestar. Con todos estos beneficios, nuestra facultad creativa multiplica su fuerza y adquirimos abundantes recursos para labrar nuevos pensamientos que impactan dentro y fuera de la mente.

Importantes científicos y pensadores actuales han hecho énfasis en la relevancia del sentirse seguro, entre ellos, y para mayor referencia, Stephen Porges con su *Teoría Polivagal.* El "estrés" y todos los desórdenes que ocasiona, representa uno de los más corrosivos padecimientos de las últimas décadas. Combatir el miedo y procurar el sentimiento de seguridad en la psique humana es un factor decisivo para el futuro de la humanidad.

LXXI. DESESPERACIÓN

La desesperación es una tristeza sobre la impotencia sin duda.

Demostración:

Cuando sentimos desesperación se produce una experiencia mental negativa por la impotencia sin duda. Q.E.D.

Escolio:

Cuando pensamos que no hay duda ni posibilidad de evitar una tristeza, sentiremos desesperación.

En ocasiones, este afecto se encuentra bien fundado, pero en otras, es solo una ilusión. Como todos los sentimientos, se trata de una necesaria herramienta de supervivencia que nos recuerda que nuestras capacidades humanas son limitadas.

Superar la desesperación implica un espíritu virtuoso, valiente y agradecido. Una vez más, podemos vislumbrar los efectos positivos e imperiosos de los sentimientos negativos. El sabernos impotentes nos motiva a luchar más fuerte y a adaptarnos a la realidad exterior que experimentamos. También, nos conmemora sobre la fragilidad de nuestra existencia, expone lo poco probable y sólida que es nuestra consciencia y en aquellas mentes ágiles acentúa el sentir de agradecimiento por la fortuna de estar vivos.

El sentimiento de desesperación marca límites en el quehacer creativo, pero también insinúa el reto de dominarlos. Aceptemos y entendamos a la desesperación como parte de la esencia humana y utilicemos la energía que gesta para crear nuevas realidades.

LXXII. SATISFACCIÓN

La satisfacción es una alegría por un hecho pretérito.

Demostración:

Cuando sentimos satisfacción se produce una experiencia mental positiva por un hecho pasado. Q.E.D.

Escolio:

En el caso de este sentimiento podemos encontrar un factor temporal preciso. La satisfacción se da por un hecho en el pasado que significó cumplir deseos que detonan alegrías. Así, el recuerdo de dicho suceso configura nuestra cartografía neural para obsequiarnos una experiencia placentera.

En el modelo *Inteligencia Creativa* no se debe confundir placer con satisfacción. El primero atiende a una alegría parcial y el segundo a una alegría por un hecho pretérito. Aunque, cabe aclarar, que lo más común es que ambos sentimientos se presenten al unísono.

¿Estás satisfecho con lo que has hecho de tu vida? ¡Qué gran pregunta! Responsable de movilizar nuestro espíritu con energía penetrante alimentada por la posibilidad de conseguir el sentimiento de satisfacción en un futuro. Así, encontramos una función mecánica evidente de este afecto: replica alegrías obtenidas para animarnos a continuar procurando las recompensas sintientes que nos dirigen hacia el bienestar.

Como nota sobresaliente, en este caso, cabe advertir que las satisfacciones más intensas son aquellas que provienen de deseos espirituales cumplidos; los más potentes. Cuando algún hecho, propio o ajeno, libera una alegría y defiende agudamente la prevalencia de La Vida, la gratificación duplicada al pensar en ello será mucho mayor. Por ejemplo, la llegada del hombre a la luna, que abrió la puerta para extender La Vida en el universo, generó una satisfacción colectiva imponente.

Finalmente, la creatividad, esa cualidad que nos empuja a configurar nuevas realidades, será mucho más productiva cuando es capaz de provocar satisfacciones, ya sea en sus creadores o en los demás. Consideremos sus efectos y echemos mano de esta fascinante herramienta que une el pasado con el futuro.

LXXIII. INSATISFACCIÓN

La insatisfacción es una tristeza por un hecho pretérito.

Demostración:

Cuando sentimos insatisfacción se produce una experiencia mental negativa por un hecho pasado. Q.E.D.

Escolio:

La insatisfacción duplica una tristeza que nuestra memoria no quiere que olvidemos.

Las tristezas tienen una función vital imperativa; nos muestran el camino incorrecto para el bienestar biológico. Por esta razón, la insatisfacción, aliada con nuestra capacidad de retención de información neural (memoria), se torna en un recordatorio estelar de lo que no aporta al bienestar individual o colectivo.

Es muy útil para el aprendizaje y la supervivencia, rememorar aquello que nos causó una tristeza, pero aún más eficiente, revivir aquél sentimiento obtenido.

La insatisfacción se da por acciones, hechos o pensamientos propios y ajenos; nuestro Ser no estará de acuerdo con algo que formó parte del pasado y se revelará una penalización sintiente. Así, el presente cuida el futuro considerando el pasado. Una danza cronológica que une magistralmente el tiempo-espacio.

El afecto de insatisfacción se convierte en un juez impío que observa el total y el parcial de los acontecimientos derivados de nuestra capacidad creativa humana. No tendrá reparo en repudiarnos que algo no sucedió como idealmente debería, considerando los deseos del Ser que protegen a La Vida misma. Escuchar atentos nos permitirá acercarnos a construir de forma excelsa. Abramos los oídos, la intuición y los sentidos para reconocer nuestro diseño y edifiquemos un futuro en línea con aquello para lo que estamos hechos.

LXXIV. ORGULLO

El orgullo es una alegría por algo que hicimos.

Demostración:

Cuando sentimos orgullo se produce una experiencia mental positiva por algo que hicimos. Q.E.D.

Escolio:

Mirar hacia atrás y sentir orgullo es una de las recompensas sintientes más sublimes del repertorio biológico. Se trata del último reconocimiento de La Vida por nuestras acciones.

¿Cuándo se da? En pocas palabras, cuando hicimos algo que benefició a la lucha de La Vida por resistir y prevalecer, y que, por lo tanto, consumó Propósitos de las distintas partes de nuestro Ser: cuando cumplimos con aquello para lo que estamos diseñados.

El orgullo puede darse a pesar de otros sentimientos negativos que precedieron a la acción. Por ejemplo, cuando controlar nuestros deseos instintivos egoístas implica sacrificar placeres inmediatos, pero en mediano o largo plazo libera un afecto positivo mucho más grande por haber aportado un bien mayor. Incluso, parece darse que, a mayor sacrificio superado, mayor intensidad sentimental.

Este fenómeno se da con acciones propias, pero también es posible obtenerlo a través de otros, especialmente cuando se trata de aquellos que se aman. Es decir, interpretamos como nuestro el actuar de los que apoyamos (porque los amamos), lo cual detona orgullo, o bien, también podría generar decepción.

Si nuestros logros creativos provocan orgullo, entonces habremos encontrado el ápice de la existencia vital y conectado con lo más profundo de nuestra esencia. Utilizar este afecto como un escudo contra las pequeñas gratificaciones inmediatas que autodestruyen, se convertirá en un impetuoso coligado.

LXXV. ARREPENTIMIENTO

El arrepentimiento es una tristeza por algo que hicimos.

Demostración:

Cuando sentimos arrepentimiento se produce una experiencia mental negativa por algo que hicimos. Q.E.D.

Escolio:

Te lo dije. Posiblemente así se escuche el sentimiento de arrepentimiento. Representa un aviso irrebatible sobre el actuar en dirección contraria a la prevalencia propia, colectiva y vital.

Sin este influyente afecto, nuestro comportamiento sería inestable y principalmente adverso; la supervivencia se encontraría seriamente comprometida.

Es interesante reconocer que los organismos inteligentes podemos anticipar este efecto en nuestro actuar. Es decir, sabemos que existe una gran posibilidad de sentir arrepentimiento previo a ejercer aquello que lo detonará. Por esta razón, adquiere una función dual: 1) nos comunica a *priori* que una acción tendrá una consecuencia sintiente desfavorable, y 2) nos recuerda a *posteriori* que aquello que hicimos no se encuentra alineado a nuestro diseño y compromete la homeostasis. Así, este sentimiento influye fuertemente en el actuar en sincronía con el pasado, presente y futuro.

Igualmente interesante es contemplar la inmensa gama de expresiones artísticas que este afecto ha impulsado. Representaciones llenas de sufrimiento humano que abarcan todos los sentidos, desde pinturas hasta sinfónicas que operan como un recordatorio de la obscuridad que puede detonar nuestro actuar. Así, la creatividad se funde con el arrepentimiento y figura como una experiencia sumamente humana.

LXXVI. APROBACIÓN

La aprobación es una alegría por alguien que brindó una alegría a otro.

Demostración:

Cuando sentimos aprobación se produce una experiencia mental positiva por alguien que brindó una alegría a otro(s). Q.E.D.

Escolio:

Una de las principales habilidades que ha permitido al *Homo sapiens* convertirse en la especie dominante del Planeta, ha sido su capacidad de organización en grandes grupos. La fenomenología de esta cualidad se encuentra muy estructurada: 1) una mente modela un pensamiento creativo que promete bienestar, 2) esta idea es comunicada claramente, se "viraliza" y consigue el apoyo colectivo, y 3) aquellos que apoyen dicha propuesta serán recompensados con una potente moneda social sintiente que procurará el rumbo en masa: la aprobación.

Este sentimiento positivo se da cuando consideramos que alguien brinda alegrías (bienestar) a otros. Cuando esos "otros" son aquellos que amamos, la intensidad del afecto se multiplica.

La aprobación es una representación neural que impacta especialmente fuera de la mente. Cuando se da en nosotros, se manifiesta a través de códigos de comunicación que reconocen a quien estamos respaldando.

Aquí, el diferenciador principal es que se trata de un efecto que se libera por el bienestar facilitado a otros, sin embargo, podemos intuir, que el bien de otros en una existencia tan íntimamente interconectada, es el propio también.

Cuando diseñamos un metapensamiento creativo que consigue generar el afecto de aprobación en los demás (por convertirse en fuente de alegrías), sus posibilidades de impactar masivamente se multiplican. La aprobación es un instrumento clave para la construcción de civilizaciones y modelado de futuros en grupo.

LXXVII. INDIGNACIÓN

La indignación es una tristeza por alguien que provocó una tristeza a otro.

Demostración:

Cuando sentimos indignación se produce una experiencia mental negativa por alguien que provocó una tristeza a otro(s). Q.E.D.

Escolio:

Con este sentir defendemos ferozmente a los demás. La indignación se desata cuando percibimos que alguien provocó una tristeza a otros. Así, un problema interpersonal se detecta y encuentra resistencia; se trata de un elemento clave para la homeostasis colectiva.

J. Maynard-Smith y G.R. Price (1973) hablan de la tendencia que tienen los genes y sus organismos a formar estrategias evolucionistas estables (ESS), las cuales se procuran a nivel biomolecular y ecosistémico. Es decir, los jugadores en un entorno se moderan entre sí, por programación a *priori*, para proteger el balance que representa las mayores posibilidades de resistencia y prevalencia de La Vida.

La indignación, es un ingrediente fundamental para procurar este equilibrio en las estructuras sociales de los organismos sintientes. En el caso de organismos inteligentes, también modera la construcción de culturas.

Recordemos que las culturas son códigos de comportamiento racionales que se transmiten de persona a persona y de generación a generación, y que, al igual que las cualidades filogenéticas, han representado una ventaja de supervivencia. Este instructivo social origina, a su vez, normas morales que nominan el "bien" y el "mal". En este caso, la aprobación y la indignación fungen como adhesivo para que estas convenciones se procuren.

También, se da la gran peripecia, cuando una mente experimenta indignación por las convenciones sociales establecidas. O, en otras palabras, un individuo reconoce que los estatutos de la comunidad o sociedad no protegen realmente al colectivo, marcando una chispa capaz de prender revoluciones. De esta forma, el ciclo del progreso se consuma, la tesis genera una antítesis, que deriva en síntesis, que se convierte en tesis, que vuelve a generar una antítesis, y así sucesivamente. Dialéctica hegeliana en acción. La indignación que antes protegía al *statu quo*, ahora lo destruye.

Finalmente, lo mismo sucede con la cimentación creativa, las ideas que antes eran aprobadas ahora son indignantes y requieren de una reestructuración creativa para funcionar en grupo. La indignación se torna en un efecto necesario para abrazar el cambio constante e infinito de nuestra existencia como seres organizados.

LXXVIII. SOBRESTIMACIÓN

La sobrestimación es una alegría hacia alguien o algo en extremo.

Demostración:

Cuando sentimos sobrestimación se produce una experiencia mental positiva hacia alguien o algo en extremo. Q.E.D.

Escolio:

Podemos sentir afecto hacia algo o alguien por muchas razones. Puede ser que lo consideremos fuente de alegrías para nosotros mismos, en ese caso, amaremos; puede ser que lo percibamos como fuente de alegrías para otros, entonces aprobaremos; o bien, entre otras posibilidades, puede ser que lo consideremos como fuente futura de alegrías. En cualquiera de los casos, cuando estas expectativas superan lo que realmente acontece, entonces habremos sobrestimado.

Como cualquier extremo, este afecto puede tornarse dañino. Sin embargo, la línea entre la esperanza constructiva que empuja límites y el autoengaño corrosivo es muy delgada.

A veces, necesitamos confiar y creer de más para conquistar horizontes, soñar para transformar realidades.

Vale la pena notar el potente impacto que puede tener este sentimiento en el actuar de aquél que sobrestimamos: trata a otros como quieras que sean. Si depositas titánica fe en alguien, estarás ayudándolo a empujar sus propios límites. Ese "alguien" bien podríamos ser nosotros mismos. Si no esperáramos un poco más de lo que la percepción nos presenta como posible, se apagaría nuestro espíritu humano que busca el infinito y asombroso descubrimiento; la creatividad se mermaría y no habríamos logrado mucho. Por eso, ¡cobijemos la sobrestimación! pero siempre con un crítico ojo atento a no llevarla tan lejos que nos haga caer en una existencia sin cimientos.

LXXIX. MENOSPRECIO

El menosprecio es una tristeza hacia algo o alguien en extremo.

Demostración:

Cuando sentimos menosprecio se produce una experiencia mental negativa hacia alguien o algo en extremo. Q.E.D.

Escolio:

Nos encontramos frente a un sentimiento que opera como estabilizador existencial. Nos marca límites que nuestra ilusoria mente crea. Al develar su carácter distorsionado, nos recuerda que no todo es tan malo como parece.

Cuando menospreciamos, nos empequeñecemos a nosotros mismos, sin embargo, en ocasiones eso es necesario. Recordemos que todos los afectos, por desagradables que sean, existen porque han representado, en ciertas circunstancias, una ventaja de supervivencia. Cuando creemos que no hay esperanza, una pequeña luz será suficiente para energizar nuestro ímpetu; este sentimiento nos muestra que algunas tristezas no estaban bien fundadas y no eran necesarias. En otras palabras, nuestra expectativa hacia algo o alguien resulta ser más baja de lo que realmente sucede.

Esto último, en los casos en que nos damos cuenta de su cualidad falaz. Empero, también podemos encontrar el patológico caso del menosprecio destructivo. La mente se impregna de pesimismo injustificado que extingue nuestra fuerza vital y nos lleva en sentido contrario del progreso. La presencia de otros afectos negativos en demasía, como el odio y la ira, puede llevarnos a la compulsión de este peligroso afecto.

Por lo tanto, abramos nuestra vigilante capacidad crítica, utilicemos la corticalización, aquella facultad neural de racionalidad que nos permite mitigar temporalmente patrones de comportamiento emocionales y protejamos nuestra esencia del menosprecio. En cambio, abre camino con empatía y sólida esperanza y procuremos juntos la prevalencia de La Vida entera.

LXXX. CONTENTO

El contento es una alegría por una alegría propia.

Demostración:

Cuando sentimos contento se produce una experiencia mental positiva por una alegría propia. Q.E.D.

Escolio:

El contento es una metalegría. Es decir, una alegría por una alegría.

Este sentimiento asemeja la perspectiva de un observador externo con cuadros sintientes metaconscientes, lo cual, nos revela una fascinante cualidad de la esencia humana: la posibilidad de reflexionar sobre nuestros propios pensamientos. Distinguimos nuestra capacidad propioceptiva, interoceptiva y exteroceptiva. O en otras palabras, tenemos la facultad de percibir que somos conscientes, que experimentamos sentimientos y que advertimos lo que acontece fuera de la mente a través de los sentidos.

Además, estos metapensamientos detonan fractalmente nuevos pensamientos y se forma un círculo que se retroalimenta. Por ejemplo, el contento, detonado por alegrías, genera nuevas alegrías y así sucesivamente. Por esta razón, todos debemos ofrecer alto respeto a nuestro “pepe grillo” interno que actúa como un magistrado omnipresente capaz de originar tristezas o alegrías. Se trata de nuestra psique moderándose a sí misma; un observador, juez y parte, del cual no podemos escapar.

El contento representa una herramienta culminante para la creatividad, nos permite contemplar la extraordinariedad de las alegrías que hemos logrado. Así, la motivación se factoriza exponencialmente, nuestras acciones y pensamientos no solo son capaces de conseguir afectos positivos, sino que, nuestra naturaleza sintiente nos recompensará de igual forma al meditar sobre ellos.

LXXXI. MASOQUISMO

El masoquismo es una alegría por una tristeza propia.

Demostración:

Cuando sentimos masoquismo se produce una experiencia mental positiva por una tristeza propia. Q.E.D.

Escolio:

Este fenómeno sintiente ha sido causa de un sin fin de reflexiones biológicas y filosóficas. ¿Por qué alguien querría sufrir o hacerse daño de manera voluntaria? Intuitivamente, contradice el estructurado sistema de recompensas mental que nos anima a conseguir alegrías y evitar tristezas.

En este caso la *Teoría del Multi-Ser* y el modelo *Círculo del Ser*, se tornan especialmente útiles para deconstruir el absurdo. Si tratamos de analizarlo linealmente, el masoquismo no tiene sentido existencial. Pero, si lo analizamos reconociendo el carácter superpuesto de las Dimensiones del Ser, obtenemos congruencia. Es decir, el dolor de una parte de nosotros es el placer de otra de forma simultánea y asíncrona también. Por ejemplo, una de las posibilidades más comunes, es que provoquemos sufrimiento en nosotros mismos para sentirnos en control del dolor. El deseo de control parece ser un motivador genético que compartimos todos como especie, por lo tanto, cuando lo satisfacemos, obtenemos un sentimiento positivo. Así, en síntesis, un sentimiento negativo emocional encauza uno positivo instintivo, y entonces, el masoquismo adquiere congruencia desde un punto de vista etológico.

También, en otros casos más extremos, motivados normalmente por deseos espirituales que buscan un bien mayor, atestiguamos acciones kamikaze donde el individuo sacrifica voluntariamente su propia vida en pro de aportar a una causa. Así, la conexión que tenemos los organismos con La Vida entera, como parte de un todo sincronizado, manifiesta su poderío e influencia. De nuevo, el objetivo de una parte de nosotros contradice a otra y establece su dominio: la prioridad de proteger a La Vida (deseos espirituales) predomina sobre la supervivencia egoísta (deseos instintivos o emocionales). Estos peculiares casos podrían tratarse de adoctrinamiento autodestructivo, pero también, en el otro polo, de un sublime desapego empático; la historia de Jesús de Nazaret y de otros grandes exploradores espirituales son un excelente ejemplo de esta última posibilidad. Entonces, se da un sufrimiento voluntario con un Propósito mucho más trascendente, capaz de colmar de alegrías y bienestar a cuantiosos más.

Con esto, podemos visualizar los peligros y las trampas ilusorias, pero también, la enorme aportación que el masoquismo es capaz de aportar en el plano creativo y en alianza con el cincelado del porvenir y la lucha de todos los seres vivientes por resistir y prevalecer.

LXXXII. GOZO

El gozo es una alegría intensa por una alegría propia.

<u>Demostración:</u>

Cuando sentimos gozo se produce una experiencia mental positiva intensa por una alegría propia. Q.E.D.

Escolio:

Cuando se intensifica una alegría que proviene por reflexionar sobre otra alegría, entonces gozamos.

Este metapensamiento representa una recompensa vital especialmente gratificante. A tal grado, que puede generar adicción y derivar en un peligroso estado mental hedonista en donde la psique interpreta la obtención de alegrías rápidas como su función última. Lo anterior es muy nocivo porque se priorizan los deseos egoístas inmediatos, los cuales, son infinitos e insaciables. Por lo tanto, esta condición solo derivará en sufrimiento. La mente se encontrará incapaz de colmar el apetito y necesitará cada vez mayor intensidad de estímulo para cumplir con sus expectativas sintientes. Como cualquier otro cuadro adictivo, básicamente, el hedonismo es un círculo vicioso incisivo y sin salida.

Si somos vigilantes de los efectos adversos que puede ocasionar el gozo, entonces seremos capaces de disfrutar su esplendor sin riesgos. Indudablemente, su cualidad positiva es dichosamente manifiesta, se trata de una retribución existencial majestuosa por el trabajo duro en protección de la prevalencia de La Vida. Cada vez que contemplamos aquellos difíciles logros que nos han permitido conquistar dignos deseos espirituales, instintivos, emocionales, racionales y creativos, nuestra mente liberará el gozo: habremos procurado los Propósitos de cada parte de nuestro Ser. Así, logramos entender que el gozo (como todos los sentimientos) es un medio y no un fin.

Por último, la propiedad "meta" de este fenómeno sintiente coloca a los organismos creativos en una posición privilegiada: como observadores de su propia vida, capaces de celebrar consigo mismos la maravilla de la creatividad y la existencia.

LXXXIII. MARTIRIO

El martirio es una tristeza intensa por una tristeza propia.

Demostración:

Cuando sentimos martirio se produce una experiencia mental negativa intensa por una tristeza propia. Q.E.D.

Escolio:

Si bien el martirio en ocasiones es necesario para la supervivencia, por compasión no deberíamos deseárselo a nadie.

Se trata de un sentimiento negativo a la segunda potencia, tristezas intensas de tristezas. En la fenomenología mental, difícilmente podríamos detectar algo menos preferible.

¿En qué casos podría representar una ventaja? En aquellos en que el castigo debe ser tan contundente, que su recuerdo logre permear a través de los filtros de la cartografía neural para llegar a la memoria de largo plazo. En términos neurobiológicos, la intensidad sintiente es uno de los dos factores principales que permiten la recordación a largo plazo; solo con sentimientos muy intensos, o bien recordatorios muy frecuentes, una idea logrará sobrepasar las zonas referidas como de convergencia y divergencia (*Antonio Damasio, 2010*) en el mapeo cerebral.

Entonces, nos encontramos frente a un importante aliado del aprendizaje. El problema es que el martirio puede convertirse en un estilo de vida despiadadamente hiriente que lleve a la psique a estados depresivos crónicos.

Ya lo han detectado grandes pensadores del pasado, las ideas forjan a la mente, al espíritu y a lo que le rodea. Si privilegiamos a los pensamientos negativos, entonces el efecto será destructivo. En cambio, si conscientemente procuramos pensar en aquello que nos hace sentir bien, entonces lograremos un estado de bienestar óptimo y lograremos impactar fuera de la mente con mucho mayor ahínco creativo. Por eso, debemos evitar alimentar al martirio.

Dicho sentimiento será productivo solo cuando opera en ocasiones especiales que lo ameritan, lo cual sucederá naturalmente. Pero, si permitimos que se convierta en una constante, puede aniquilar nuestra esencia.

Y, por último, también vale la pena considerar que podemos utilizar el miedo que provoca la posibilidad de experimentar martirio, como fuente de energía para defender el bienestar mental, espiritual y físico. De esta forma nos aproximaremos a la cúspide de nuestra influencia creativa.

LXXXIV. PIEDAD

La piedad es una alegría por evitar una tristeza de alguien.

Demostración:

Cuando sentimos piedad se produce una experiencia mental positiva por evitar una tristeza de alguien. Q.E.D.

Escolio:

La piedad demuestra un espíritu fuerte, sano y excelso. Solo podremos procurar este sentimiento con una visión penetrante y un ánimo empático.

No cualquiera, ni en cualquier momento, es capaz de experimentar una alegría por haberle sido evitada una tristeza a alguien más. Este sentimiento es digno de los dioses que tanto hemos soñado, por eso, su divina misericordia siempre es una constante.

La función biológica de este afecto positivo es fomentar la fortaleza en equipo, pero también, desde el nivel espiritual, proteger a todas las manifestaciones de La Vida. Recordemos que los seres vivientes compartimos un origen y un Propósito en común: resistir y prevalecer. La piedad defiende elegantemente este objetivo y nos muestra el camino hacia la verdadera evolución, con un futuro inteligente, iluminado y lleno de cooperación.

Este afecto, se torna aún más sublime cuando se fusiona con el perdón. Es decir, alegrarnos por haber sido mitigada una tristeza de aquellos que odiamos, requiere de un carácter tenaz, virtuoso y avanzado.

Sin colaboración no existiría nada como lo conocemos, incluidos nosotros mismos. Fomentar el apoyo entre partes es esencial para la prevalencia. Y me refiero con "partes" a la gama completa, desde las partículas subatómicas hasta los organismos y elementos "individuales" en un ecosistema local y cósmico.

La piedad es un síntoma manifiesto de dicho interauxilio universal. Por eso, para encontrarse, requiere de una visión amplia e independizada del ilusorio ego. Ya lo hemos comentado antes, la pugna egoísta entre genes y organismos ha sido necesaria para ganar fortalezas, pero al fin de cuentas, el objetivo mecánico de dicho esfuerzo es sumar ímpetu como un todo conectado para combatir al verdadero enemigo: la cruel entropía que todo lo enfría y desordena.

Estamos diseñados para ayudar a La Vida a resistir y prevalecer y solo en equipo podemos lograrlo.

La creatividad aliada con la piedad y el perdón se convierte en una combinación que se codea con todo aquello que supera nuestra cognición humana, revela un augusto puente con la armonía universal que tanto anhela lo más profundo de nosotros.

LXXXV. SADISMO

El sadismo es una alegría por causar una tristeza a alguien.

Demostración:

Cuando sentimos sadismo se produce una experiencia mental positiva por causar una tristeza a alguien. Q.E.D.

Escolio:

El sadismo se trata de un fenómeno patológico, derrama autodestrucción en todas sus manifestaciones. No tiene una función biológica evidente, parece tratarse de un fallo mecánico que desafortunadamente se presenta frecuentemente.

Alegrarse por el hecho de causar una tristeza a otro que nos ha hecho daño reflejaría odio. Pero en este caso, el sadismo se da por causar una tristeza per se, sin importar si el afectado nos ha perjudicado o no. Es un afecto que evidencia un espíritu pobre y afuncional. El gran peligro es que en ocasiones se confunde con fortaleza, e incluso, buscando protección, dotamos con poder a individuos sádicos; situación que resulta en destrucción e involución. Adolfo Hitler es un didáctico estandarte de esta última dañina posibilidad. Por eso, es vital ser críticos sobre este padecimiento en nosotros mismos y en nuestros representantes o líderes.

La creatividad, de la mano con información inteligente y empatía, es un formidable antídoto para el sadismo. Para cambiar el rumbo del destino hacia un puerto fulgurante y fecundo debemos procurar la compasión y la colaboración, protegiendo las alegrías, y no las tristezas, de todos nuestros coligados vivientes.

NOTAS SOBRE LAS VIRTUDES DEL ACTUAR EN RELACIÓN CON LOS SENTIMIENTOS Y LOS DESEOS.

I. PRUDENCIA

La prudencia es el control sobre los deseos para tomar decisiones benéficas.

Demostración:

El Propósito de La Vida (por la Proposición IV de la Geometría del Ser y los Deseos), en todas sus manifestaciones, es resistir y prevalecer. Para ello, (por la Proposición XX de la Geometría del Ser y los Deseos) dotó a los organismos con aprendizajes e impulsos innatos que se transmiten congénitamente y que (por la Proposición XIX de la Geometría de El Todo) se comunican con la consciencia por medio de la intuición. Dicha información genética (instintos) y neurofisiológica (emociones), requiere adaptaciones rápidas en un contexto cambiante, entonces, (por la Proposición LVII de la Geometría del Ser y los Deseos) surgió la razón, con la función de mitigar o modificar comportamientos instintivos y emocionales cuando fuera necesario. La prudencia en el actuar representa el control de los deseos instintivos y emocionales para tomar decisiones benéficas, por lo tanto, es una virtud que protege el bienestar vital. Q.E.D.

Escolio:

Discernir sobre lo "bueno" o lo "malo" para tomar decisiones benéficas implica comprender lo que conforma al Ser y su objetivo biológico. Nada es bueno o malo por sí mismo, se obtiene esa cualidad en función de algo; se trata de conceptos relativos. Si consideramos la fenomenología mecánica de nuestro diseño como seres vivientes, entonces lo benéfico será todo aquello que protege la prevalencia y resistencia de La Vida entera. Cuando esto último se cumple, incluso recibiremos recompensas sintientes que lo reafirman.

La cuestión con la prudencia es que no todas las gratificaciones sintientes resultan favorables a largo plazo. Esto sucede porque aquella sistematización instintiva o emocional que provoca sentimientos y que apoyó la supervivencia en un contexto determinado, se puede volver destructiva en otro. Precisamente, la función biológica de la corticalización, o mejor conocida como la razón, es mitigar temporalmente impulsos innatos que se tornan desfavorables en situaciones específicas. Así, podemos entretejer códigos racionales y culturales que aunque desafían a la programación genética, resultan favorables para la prevalencia vital.

Saber distinguir sobre aquello que nos ayudará en el futuro o como equipo más allá del foco individualista, a pesar de sacrificar recompensas emocionales inmediatas, implica un esfuerzo neural especial; cuando lo conseguimos habremos sido prudentes.

En el ejercicio creativo, la prudencia, al igual que todas las virtudes, significa un potentado compañero. Esta cualidad en el actuar refleja una visión privilegiada y una fortaleza mental superior que nos permitirá llevar el modelado del presente y el futuro a nuevos y asombrosos puertos.

II. JUSTICIA

La justicia es el control sobre los deseos procurando el bien común.

Demostración:

El Propósito de La Vida (por la Proposición IV de la Geometría del Ser y los Deseos), en todas sus manifestaciones, es resistir y prevalecer. Para ello, (por la Proposición XX de la Geometría del Ser y los Deseos) dotó a los organismos con aprendizajes e impulsos innatos que se transmiten congénitamente y que (por la Proposición XIX de la Geometría de El Todo) se comunican con la consciencia por medio de la intuición. Dicha información genética (instintos) y neurofisiológica (emociones), requiere adaptaciones rápidas en un contexto cambiante, entonces, (por la Proposición LVII de la Geometría del Ser y los Deseos) surgió la razón, con la función de mitigar o modificar comportamientos instintivos y emocionales cuando fuera necesario. La justicia en el actuar representa el control sobre los deseos instintivos y emocionales para procurar el bien común, por lo tanto, es una virtud que protege el bienestar vital. Q.E.D.

Escolio:

La justicia es un concepto magnánimo porque fusiona la esencia intercausal más profunda de La Vida con nuestra facultad racional. Es, ni más ni menos, que una cualidad del actuar que protege el bien común por encima del individual: potencia espiritual en su máxima expresión.

Para ello, debemos ser especialmente cautos con relación a los deseos egoístas que provienen principalmente del instinto y la programación biológica-emocional. La razón no solo surgió para proteger al organismo de impulsos innatos que, fuera de contexto, pudieran resultar contraproducentes, sino también, para proteger al colectivo.

El debate filosófico sobre esta virtud ha sido extenso e interminable. Considero que la confusión reina cuando perdemos de vista el Propósito biológico de todas las manifestaciones vivientes: resistir y prevalecer como equipo. Si tenemos esto en cuenta, entonces la justicia adquiere una tenaz razón de ser, "todos para uno y uno para todos", dirían los famosos tres mosqueteros. Movernos en grupo es nuestra más titánica fortaleza, por eso es vital procurarla.

Cabe aclarar que muchas veces los deseos que provienen de nuestra genética o neurofisiología ya protegen el bien común con su sistematización original. El problema se da cuando cambia el contexto para el cual fueron programados;

en ese caso, aunque liberen satisfacciones sintientes, frecuentemente resultan adversos para el organismo individual y para el conjunto. Se trata de un cortocircuito que debe ser reparado. En esas situaciones la mente racional y el modo intuitivo-espiritual de nuestro Ser necesitan actuar como feroces guardianes: por supervivencia y prevalencia.

Poseer esta virtud nos colmará de beneficios y satisfacciones en consecuencia, para uno y para todos, en forma de agradecimiento, fortaleza, sabiduría, resistencia y gratificaciones emocionales. Así, nuestro músculo creativo obtendrá un desarrollo privilegiado.

III. TEMPLANZA

La templanza es el control sobre los deseos buscando un punto medio.

Demostración:

El Propósito de La Vida (por la Proposición IV de la Geometría del Ser y los Deseos), en todas sus manifestaciones, es resistir y prevalecer. Para ello, (por la Proposición XX de la Geometría del Ser y los Deseos) dotó a los organismos con aprendizajes e impulsos innatos que se transmiten congénitamente y que (por la Proposición XIX de la Geometría de El Todo) se comunican con la consciencia por medio de la intuición. Dicha información genética (instintos) y neurofisiológica (emociones), requiere adaptaciones rápidas en un contexto cambiante, entonces, (por la Proposición LVII de la Geometría del Ser y los Deseos) surgió la razón, con la función de mitigar o modificar comportamientos instintivos y emocionales cuando fuera necesario. La templanza en el actuar representa el control sobre los deseos instintivos y emocionales para procurar un punto medio, por lo tanto, es una virtud que protege el bienestar vital. Q.E.D.

Escolio:

Todos los instintos, emociones y sentimientos tienen una razón de ser. Han representado una ventaja de supervivencia individual y han aportado a la resistencia y prevalencia vital colectiva. Esto se ha dado gracias a la cuidadosa *Selección Natural* que se ha perfeccionado durante más de tres mil millones de años. Una analogía muy adecuada sería un acto de equilibrismo, el objetivo final de la mecánica de La Vida es encontrar un balance idóneo conocido como homeostasis. En ese punto, las probabilidades de vencer al caos existencial son las más prominentes. Por esta razón, no es sorpresa, que lo más benéfico para La Vida se trata de puntos medios y que los extremos rompen con los objetivos vitales armónicos.

En culturas nórdicas existe un concepto muy interesante llamado "lagom" que ilustra muy bien la importancia de la moderación, básicamente se ha convertido en una bandera del actuar social. Lo que inteligentemente identifican, es la conveniencia del justo medio.

Una vez establecida la relevancia del ímpetu alostático que procura el equilibrio, entonces podemos comprender la indispensabilidad de la templanza. Si no controlamos nuestro actuar (y por lo tanto nuestros deseos) buscando un punto medio, entonces caeremos en el abismo del caos existencial que todo lo destruye.

Esta cualidad del actuar se convierte en un consejero estelar para dirigir nuestros esfuerzos creativos en la dirección correcta.

IV. FORTALEZA

La fortaleza es la potencia de controlar los deseos y los miedos.

Demostración:

El Propósito de La Vida (por la Proposición IV de la Geometría del Ser y los Deseos), en todas sus manifestaciones, es resistir y prevalecer. Para ello, (por la Proposición XX de la Geometría del Ser y los Deseos) dotó a los organismos con aprendizajes e impulsos innatos que se transmiten congénitamente y que (por la Proposición XIX de la Geometría de El Todo) se comunican con la consciencia por medio de la intuición. Dicha información genética (instintos) y neurofisiológica (emociones), requiere adaptaciones rápidas en un contexto cambiante, entonces, (por la Proposición LVII de la Geometría del Ser y los Deseos) surgió la razón, con la función de mitigar o modificar comportamientos instintivos y emocionales cuando fuera necesario. La fortaleza en el actuar representa la potencia de controlar los deseos instintivos y emocionales, por lo tanto, es una virtud que protege el bienestar vital. Q.E.D.

Escolio:

Como podemos notar, las llamadas virtudes cardinales son virtudes racionales. Todas ellas, consisten en ejercer eficientemente la función primordial de la razón: mitigar temporalmente patrones de comportamiento sistematizados *a priori* por nuestros genes; fenómeno biológico conocido como corticalización.

Dichos comportamientos programados se manifiestan en: 1) movimientos estandarizados conocidos como *Patrones Fijos de Acción*, 2) reacciones emocionales conocidas como *Mecanismos de Detonación Innatos*, 3) impulsos combinados con movimientos de orientación conocidos como *Actos Instintivos* y 4) instintos combinados con aprendizajes adquiridos, conocidos como Plantillas. Así, desde una perspectiva etológica, podemos visualizar el ímpetu que la genética instruye en nuestra conducta.

Estas tendencias han sido esquematizadas durante miles de millones de años para otorgarnos ventajas de supervivencia indispensables, gracias a ellas existimos como especie. El conflicto se da cuando dicha planeación opera en contextos nuevos, lo cual, requiere de ajustes rápidos para mantener la dirección hacia la prevalencia. Precisamente, ese es el encargo y motivo de la razón y las virtudes del actuar.

La prudencia connota control para tomar decisiones, la justicia para procurar el bien común, la templanza para proteger el justo medio y la fortaleza representa nuestra capacidad para ejercer ese control.

Para complementar nuestro rango de visión, también es muy útil comprender que ese control depende del dominio de los miedos y los deseos. Recordemos que sentimos miedo frente a la posibilidad de perder algo que queremos; por lo tanto, controlar nuestros impulsos significa entender y dominar a los deseos.

Con esto, se revela el cuadro completo: virtudes del actuar que por medio de la facultad racional desafían tendencias preordenadas de comportamiento emocionales e instintivas, protegiendo así, valores fundamentales que defienden la prevalencia y resistencia de La Vida.

La relación es matemáticamente manifiesta, a mayor fortaleza en el actuar, mayores posibilidades de supervivencia y de entretejer nuevas y fulminantes realidades creativas.

NOTAS SOBRE LOS PECADOS CAPITALES EN RELACIÓN CON LOS SENTIMIENTOS Y LOS DESEOS

I. GULA

La gula es un deseo que busca alegrías en exceso provenientes de placeres obtenidos a través del sentido del gusto.

Demostración:

El Propósito de La Vida (por la Proposición IV de la Geometría del Ser y los Deseos), en todas sus manifestaciones, es resistir y prevalecer. Para ello, (por la Proposición XX de la Geometría del Ser y los Deseos) dotó a los organismos con aprendizajes e impulsos innatos que se transmiten congénitamente y que (por la Proposición XIX de la Geometría de El Todo) se comunican con la consciencia por medio de la intuición. Dicha información genética (instintos) y neurofisiológica (emociones), requiere adaptaciones rápidas en un contexto cambiante, entonces, (por la Proposición LVII de la Geometría del Ser y los Deseos) surgió la razón, con la función de mitigar o modificar comportamientos instintivos y emocionales cuando fuera necesario; por ejemplo: la gula, manifiesta en el actuar, representa deseos instintivos y emocionales descontextualizados y autodestructivos que buscan alegrías en exceso provenientes de placeres obtenidos a través del sentido del gusto; por lo tanto, requieren de moderación consciente al ser adversos para el bienestar vital. Q.E.D.

Escolio:

Previamente hemos enfatizado la importancia del justo medio para la prevalencia de La Vida; la homeostasis determina el bienestar y propósito biológico de todos los seres.

También, hemos establecido que los deseos se pueden diferenciar por su etiología (origen) y teleología (objetivo), con base en esta distinción identificamos fuentes espirituales, instintivas, emocionales, sintientes, racionales y creativas.

Los conocidos como *pecados capitales*, son deseos (o fuerzas motivadoras) que se han tornado contraproducentes y que provienen principalmente de nuestra sistematización instintiva y emocional. En la mayoría de los casos, han adquirido un carácter adverso por presentarse en nuevos entornos sin los límites que previamente moderaban sus alcances. Dichos límites, los hemos logrado sobrepasar (para bien o para mal) gracias al poder que adquirimos con nuestras facultades racionales y creativas como especie. Esta nueva potencia para modificar el entorno requiere de mucha inteligencia y responsabilidad para mantenerla aliada a la resistencia vital.

La gula, se deriva de una necesaria instrucción genética para procurar que los seres vivientes estemos constantemente animados para ingerir alimentos que nos dotan de energía. Los genes lo fomentan sistematizando reacciones emocionales que provocan un sentimiento positivo de placer frente a ciertos estímulos que provienen del sentido del gusto. Sin este deseo la humanidad no existiría. Sin embargo, en un contexto contemporáneo, donde el acceso a alimentos con alta carga calórica es mucho más permisivo, nuestro impulso por consumirlos se extiende frecuentemente a niveles desequilibrados y autodestructivos. Las enfermedades más mortales de los siglos XX y XXI son causadas por una alimentación inadecuada y excesiva. En otras palabras, la gula está aniquilando a la humanidad.

¿Cómo evitarlo? Con inteligencia espiritual, racional y creativa; habilidades que tenemos todos los Sapiens pero que requieren un esfuerzo adicional, por eso, no son tan populares como caer en el abismo hedonista.

1) Inteligencia racional para encontrar respuestas congruentes sobre lo que realmente nos beneficia en la nutrición (la ciencia moderna sugiere que son alimentos crudos vivos), 2) espiritual, para multiplicar nuestra potencia en equipo y respetar a otras especies (incluso, se encuentra muy documentado que consumir carnes y lácteos es adverso para la salud humana), y 3) creativa, para comprender que intercambiar la gratificación ínfima e instantánea por la recompensa monumental a mediano y largo plazo es la mejor estrategia para resistir y prevalecer.

II. ENVIDIA

La envidia es un deseo que busca alegrías por obtener o impedir las alegrías de alguien más.

Demostración:

La envidia, manifiesta en el actuar, representa deseos instintivos y emocionales descontextualizados y autodestructivos que buscan alegrías por obtener o impedir las alegrías de alguien más; por lo tanto, requieren de moderación consciente al ser adversos para el bienestar vital. Q.E.D.

Escolio:

Desear que otros no obtengan alegrías es un muy buen ejemplo de involución; progreso en el sentido contrario. Desafortunadamente, el ser humano es víctima de este deseo constantemente. ¿Por qué? Desde un punto de vista funcional, para defender los recursos propios en un contexto cargado de egoísmo. Pero en un entorno inteligente y compasivo, pierde su utilidad y se torna adverso.

De nuevo, observamos un mandato instintivo que descontextualizado va en contra de su propio objetivo. Sin esa inercia por proteger lo propio y procurar alegrías solo para sí, la competencia individualista sería muy débil. La envidia, promueve la moción por mejorar: quiero lo que otros tienen, y por lo tanto, debo actuar. Sin duda, este deseo ha aportado a la fortaleza individual, y por ende, colectiva. El peligro se presenta cuando se canaliza hacia esfuerzos destructivos y no constructivos.

En el reino de la creatividad, la envidia puede representar un estímulo benéfico. Querer para sí las alegrías de otros, nos puede motivar a encontrar nuevas y fascinantes formas de obtenerlas también; pero igualmente, puede consumir nuestro espíritu y engendrar odio destructivo. Es en ese último caso, en que la prudencia y la fortaleza del ánimo se vuelven esenciales para la evolución.

Recordemos con contundente firmeza que el trabajo en equipo es lo que nos hace más fuertes y libres. Desear las alegrías de los demás nos puede motivar para bien cuando no implica impedirlas. Dentro del marco de la envidia, desear aniquilar las alegrías de los demás (porque yo no las tengo), es un contrasentido evolutivo.

III. PEREZA

La pereza es un deseo que busca alegrías excesivas por la gratificación sintiente al ahorrar energía y que tiende al desistimiento de la lucha por resistir y prevalecer.

Demostración:

La pereza, manifiesta en el actuar, representa deseos instintivos y emocionales descontextualizados y autodestructivos que buscan alegrías excesivas por la gratificación sintiente al ahorrar energía y que tiende al desistimiento de la lucha por resistir y prevalecer; por lo tanto, requieren de moderación consciente al ser adversos para el bienestar vital. Q.E.D.

Escolio:

Todos los seres humanos estamos programados para buscar atajos que nos permitan ahorrar energía. Se trata de patrones instintivos y emocionales con el mandato específico de mejorar la eficiencia en los procesos vitales.

Tanto el cuerpo, como la mente, requieren de la muy competida energía del entorno. Por esta razón, de manera perpetua y constante, optimizamos (consciente e inconscientemente) las técnicas necesarias para la supervivencia. Para resistir y prevalecer, necesitamos obtener energía, pero también ahorrarla.

La Vida, en todas sus manifestaciones, no existiría sin esta tendencia evolutiva. Empero, la línea que divide a la optimización inteligente de la desidiosa pereza autodestructiva es muy delgada.

Considerando el contexto dominante en el que se ha entretejido nuestra configuración genética, la pereza no era un peligro ya que la inacción podía llevarnos a perder la vida fácilmente. Sin embargo, en el mundo contemporáneo, donde nuestra seguridad frente a amenazas del exterior ha crecido exponencialmente, una persona puede caer en la pasividad destructiva sin riesgos graves de corto plazo. Por supuesto, esto último, a largo plazo y a nivel colectivo se convierte en un problema.

Para la creatividad, la pereza es un antónimo, creación contra consumo, construcción contra destrucción. Por eso, es muy importante para nuestra prevalencia, saber identificar el punto en el que descansar se torna adverso, y así, procurar el balance benéfico que escuda nuestra existencia. Estamos diseñados para trabajar duro, mental y físicamente; solo ese esfuerzo nos hará libres.

IV. LUJURIA

La lujuria es un deseo que busca alegrías en exceso provenientes de placeres sexuales.

Demostración:

La lujuria, manifiesta en el actuar, representa deseos instintivos y emocionales descontextualizados y autodestructivos que buscan alegrías excesivas provenientes de placeres sexuales; por lo tanto, requieren de moderación consciente al ser adversos para el bienestar vital. Q.E.D.

Escolio:

A mayor diversidad genética en una especie, mayores herramientas de supervivencia; por esta razón, surgió el modo de reproducción sexual, para combinar aprendizajes adquiridos de manera exponencial.

Los organismos que nos reproducimos sexualmente debemos poseer un implacable impulso innato por buscar pareja. De lo contrario, la especie no continuaría. No cabe duda de la función de este deseo emocional e instintivo que detona un sin fin de comportamientos directa e indirectamente relacionados.

La lujuria, representa a este último deseo cuando cruza el umbral del bienestar y se manifiesta en actos contraproducentes para el individuo y el colectivo. Nuevamente, el balance es imperativo para evitar la cualidad destructiva de los anhelos.

Debemos tener especial cuidado con respecto a esta dañina pauta de comportamiento, ya que se encuentra tan presente, que motiva acciones inconscientes e irracionales frecuentemente. Dicho fenómeno sucede cuando sublimamos en nuestra mente connotaciones sexuales a objetos y sujetos que deberían mantenerse al margen de este impulso. Por ejemplo, tomar decisiones relevantes para el desarrollo personal y profesional con base en la posibilidad de obtener una gratificación sexual pasajera, tenderá a la irracionalidad e inconveniencia. Sorprendentemente esta situación acontece en demasía en la sociedad moderna.

Con este ánimo, el instinto sexual constructivo se convierte en lujuria hipnótica que nubla el juicio inteligente. Incluso, en casos más extremos, puede derivar en violencia y destrucción masiva. ¿Cuántas guerras no fueron motivadas por la posibilidad de obtener mujeres? Ejércitos enteros con entumecimiento mental orientados por conseguir una satisfacción instantánea y efímera. Así de primitiva es esta característica al actuar.

Por todo esto, en una organización avanzada, la razón, la creatividad y la empatía debe reinar sobre la lujuria. El ímpetu sexual no es un enemigo, sino un aliado cuando se mantiene en rangos benéficos e inteligentes. El sueño por conquistar a Helena puede derivar en la construcción de civilizaciones avanzadas o en la aniquilación de ellas.

V. VANIDAD

La vanidad es un deseo que busca alegrías provenientes de la soberbia.

Demostración:

La vanidad, manifiesta en el actuar, representa deseos instintivos y emocionales descontextualizados y autodestructivos que buscan alegrías provenientes del sentimiento de soberbia; por lo tanto, requieren de moderación consciente al ser adversos para el bienestar vital. Q.E.D.

Escolio:

Conocido como el vicio maestro, este deseo coquetea con el delirante autoengaño, y cuando es revelado, regresa con impíos efectos devastadores.

La vanidad se presenta cuando el orgullo se torna hostil, para el individuo y para El Todo.

Desde una vista mecánica lo que sucede con este fenómeno es evidente: la mente gesta expectativas del sí mismo incompatibles con la realidad, al no poder cumplirse, desata consecuencias adversas en forma de sentimientos negativos y acciones nocivas.

En la *Geometría de los Sentimientos* encontramos a la soberbia, la representación neural germinal e impulsora de la vanidad. Se trata del sentimiento de amor propio llevado al extremo, una experiencia interoceptiva positiva en corto plazo, pero negativa a mediano y largo. En el modelo *Inteligencia Creativa*, la soberbia es un sentimiento y la vanidad un deseo. Recordemos la diferencia entre uno y otro. Los sentimientos, son interpretaciones mentales de nuestros estados corporales. Por otro lado, estos últimos provocan deseos motivadores de acciones que cuando aportan a la prevalencia vital referimos como virtudes, y cuando no, como pecados.

Entonces, el sentimiento de amor propio, en extremo, se vuelve soberbia que origina deseos precursores de cuadros conductuales vanidosos.

Históricamente, en un contexto teológico-político, la vanidad ha sido muy vituperada por connotar la presunción de supremacía sobre Dios mismo. Sin embargo, encontramos que este deseo manifiesto en la personalidad también provoca, en otros, reacciones de admiración como en el caso de los faraones. La realidad, es que la confianza en sí mismo es constructiva, alabada e incluso necesaria, pero cuando cruza la frontera hacia la vanidad, refleja un desequilibrio psicológico, fisiológico y sociológico negativo.

En la ejecución creativa, debemos ser muy cautos para procurar el balance correcto entre una intención valiente y otra presuntuosa; el justo medio es lo que nos llevará al culminante bienestar prevalente.

VI. IRA

La ira es un deseo que busca alegrías provenientes de la gratificación sintiente al crear tristezas o destruir a lo que se odia.

<u>Demostración:</u>

La ira, manifiesta en el actuar, representa deseos instintivos y emocionales descontextualizados y autodestructivos que buscan alegrías por la gratificación sintiente al crear tristezas o destruir a lo que se odia; por lo tanto, requieren de moderación consciente al ser adversos para el bienestar vital. Q.E.D.

Escolio:

En el modelo *Inteligencia Creativa* la ira es un sentimiento y también un deseo que se manifiesta en patrones de comportamiento.

Como sentimiento, corresponde a una alegría por causar una tristeza a quien se odia. Por otra parte, el odio es una tristeza relacionada a una causa; odiamos a aquello que consideramos que nos genera sentimientos negativos. Así, se cierra este nocivo ciclo sintiente: el odio engendra odio y provoca ira.

Como deseo, representa una ardiente motivación afectiva por causarle daño o aniquilar a aquello que se odia (que consideramos que nos causa tristezas y nos priva de alegrías). Este anhelo, cuando se manifiesta en el actuar, tiende a ser altamente destructivo, incluso para el individuo que lo experimenta.

No hay duda en que la ira, la mayoría de las veces, compromete el balance necesario para el bienestar. En un contexto rodeado de odio y egoísmo, es necesario para la supervivencia, sin embargo, en un entorno avanzado y empático resulta sumamente adverso. Considero, con base en esta idea, que los seres humanos tenemos una suma responsabilidad creativa entre manos: transformar nuestro derredor para liberarlo de la mezquina necesidad del odio y la ira. Pero esto, solo podremos lograrlo cuando seamos capaces de confiar realmente los unos en los otros, y para ello, cada individuo debe verdaderamente privilegiar el bien común sobre el propio. ¿Será ese punto evolutivo una utopía o una realidad plausible que multiplicará nuestra potencia exponencialmente? En el mundo contemporáneo vemos un poco de ambas posibilidades, sombras egoístas que nos obligan a aferrarnos a un nivel de consciencia primitivo y egocentrista, pero, por otro lado, destellos de luz que revelan espíritus compasivos, creativos y eminentes donde el instinto y las emociones se convierten en aliados y no enemigos. Desafortunadamente, la primera malsana y antes-necesaria tendencia individualista sigue siendo la prevalente al día de hoy.

Rememoremos la función biológica puntual de la creatividad: forjar ideas nuevas, que impactan dentro y fuera de la mente, para modelar un futuro apto para la prevalencia y resistencia de La Vida. Dicho esto, encontramos que la ira también tiene una utilidad particular: destruir para construir. Ahora, el titánico peligro se da cuando se construye solo para uno y no para todos, llámese todos, a La Vida entera.

Debemos ser muy inteligentes con respecto a nuestros deseos y sentimientos, son parte intrínseca de nosotros, por lo tanto, es esencial para nuestro bienestar entenderlos y canalizarlos hacia la dirección correcta.

VII. AVARICIA

La avaricia es un deseo que busca alegrías en exceso que provienen del empoderamiento.

Demostración:

La avaricia, manifiesta en el actuar, representa deseos instintivos y emocionales descontextualizados y autodestructivos que buscan alegrías excesivas provenientes del sentimiento de empoderamiento; por lo tanto, requieren de moderación consciente al ser adversos para el bienestar vital. Q.E.D.

Escolio:

El *deseo instintivo de poder* lo conocemos como avaricia cuando se torna adverso. Todos los Sapiens, por naturaleza, buscamos obtener potencia para un sin fin de objetivos, sin este mandato (en rangos equilibrados) la especie simplemente no existiría. Sin embargo, se vuelve patológico cuando traiciona a la homeostasis y se manifiesta en patrones autodestructivos.

Como adjetivo, una persona avara, es aquella que procura cualquier cosa que represente beneficios solo para sí; incluyendo bienes materiales, intangibles (como el dinero) o ideológicos.

Nos encontramos frente a un mecanismo de respuesta innato, que, en proporciones adecuadas, actúa como catalizador alostático ayudándonos a ganar fuerza y posibilidades de supervivencia. No obstante, en discordancia, referida como vanidad, se convierte en una tendencia conductual adictiva que aniquila lo más profundo del Ser y lo que le rodea. ¿Por qué sucede esto último? Básicamente, porque se elige: 1) el poder sobre el bienestar individual y colectivo y 2) la recompensa pequeña e inmediata sobre la gratificación mayor a largo plazo. Tal y como sucede con cualquier adicción.

En el territorio creativo, el deseo de poder moderado suma y la avaricia resta. Para evitar esta transmutación adversa, son especialmente útiles los sentimientos de empatía y eudemonía; priorizarlos significará un contrapeso y nos permitirá alcanzar armónicos que realmente aportan al futuro. Esto último, también sucederá al escuchar a las voces espirituales, racionales y creativas del Ser. Recordemos que todo es uno y uno es todo y ¡dejemos lo mejor de nosotros como un legado para la historia de La Vida entera!

NOTAS SOBRE LAS CUALIDADES EN LA PERSONALIDAD DEL SAPIENS.

I. VIRTUOSISMO

Alguien virtuoso es aquel que tiene la fortaleza mental y física para controlar sus deseos.

Demostración:

Los deseos manifiestos provocan patrones de comportamiento que representan cualidades del actuar, y cuando son frecuentes, cualidades de la personalidad. El virtuosismo significa una cualidad de la personalidad que demuestra fortaleza en el ánimo para controlar los efectos de los deseos en el actuar. Q.E.D.

Escolio:

La raíz etimológica de esta palabra es especialmente interesante, ya que *vir* en latín significa hombre. A partir de ello, deducimos una serie de notas que nos admitirán entender mejor el concepto:

Por un lado, "hombre" como "ser humano" connota dos características distintivas de la especie: 1) nuestra capacidad de inteligir para tomar decisiones distintas a las instruidas instintiva y emocionalmente (corticalización) y 2) la facultad de modelar ideas (creatividad) que nos permite movernos en grupos masivos e impactar conscientemente en el futuro. En este sentido, el virtuosismo integra el dominio de ambas habilidades.

Por otro lado, "hombre" como "adulto" (por oposición al niño), connota fortaleza física y mental. Atributos necesarios para la fortaleza del ánimo.

Así, el sustantivo *virtus* adquiere un significado que integra fuerza, creatividad e inteligencia.

En el contexto contemporáneo, podemos utilizar la palabra virtuoso para referirnos a alguien que hace algo (usualmente artístico) especialmente bien, o, asimismo, que su carácter integra valores destacados. Cualquiera de las dos intenciones, implica el manejo mental adecuado de los deseos.

En otro eje, el término "virtuosismo" considera la presencia de virtudes, específicamente, consideradas como las entendemos en el mundo occidental desde su origen cristiano. Como lo revisamos previamente, estas últimas dependen del control de los instintos y las emociones para actuar en sincronía con el bien común (justicia), con el justo medio (templanza), con el bien moral (prudencia) y con vigor mental (fortaleza). Estas cuatro propiedades, por definición, harían a una persona virtuosa.

En el modelo *Inteligencia Creativa*, unimos puntos y definimos el actuar (y pensar) virtuoso con base en su constante prevalente: la fortaleza en el ánimo para controlar los efectos de la Voluntad. —Entiéndase Voluntad como el conjunto de fuerzas conscientes, preconscientes e inconscientes que motivan—.

Quizá, sería redundante advertir sobre la importancia de esta cualidad en el territorio creativo, pero no dejaré pasar la oportunidad: el control sobre nuestros deseos, que impactan dentro y fuera de la mente, es la clave para alcanzar un estado evolutivo avanzado en el porvenir. *Virtus nos liberabit.*

II. SABIDURÍA

Alguien sabio es aquel que valora, procura y tiene acceso a una gran cantidad de información inteligente.

Demostración:

Los deseos manifiestos provocan patrones de comportamiento que representan cualidades del actuar, y cuando son frecuentes, cualidades de la personalidad. La sabiduría significa una cualidad de la personalidad que demuestra valorar, procurar y poseer una gran cantidad de información inteligente. Q.E.D.

Escolio:

De nada serviría una mente con una capacidad de procesamiento y retención privilegiada, si no tiene información que procesar. La sociedad humana moderna ya ha detectado la inmensa potencia de los datos, a tal grado, que se ha convertido en el bien más valorado del Planeta al día de hoy; las empresas más opulentas destinan abundantes recursos para obtenerla.

Ahora, la *información inteligente*, aquella que realmente nos permite tomar mejores decisiones, requiere de un curado grado de procesamiento. No solo la cantidad, sino también la calidad es una característica esencial para cosechar aprendizajes.

Técnicamente, la sabiduría connota una alta cantidad de experiencias exteroceptivas, interoceptivas y propioceptivas, que se retienen y procesan en mapas neurales y que resultan en pensamientos moldeables y útiles.

En otras palabras, alguien sabio ha percibido, comprendido y pensado mucho más que el promedio. Este punto álgido se encuentra procurando nuestro *deseo instintivo de aprendizaje*: todos los *Homo sapiens* estamos motivados a encontrar vivencias y pensamientos nuevos que nos permitan proteger el bienestar. Los aprendizajes obtenidos los compartimos: 1) consciente y racionalmente, cincelando culturas y 2) inconscientemente, optimizando nuestra genética y epigenética, afilando así nuestra intuición y sistematización biológica. ¿Para qué? Para aumentar nuestras posibilidades de resistir y prevalecer.

Por lo tanto, la sabiduría no es un lujo, sino un necesario para la creatividad y la evolución. Nuestra responsabilidad vital como individuos es cultivar la propia, y celebrar la de otros. Nos encontramos en un punto del tiempo en que esta cualidad es más importante que nunca: sabiduría que conecta con el espíritu, intuición, razón y creatividad para proteger La Vida.

III. AUTOCONTROL

Alguien autocontrolado es aquel que no permite que los miedos frente a las tristezas lo limiten, evita caer en deseos autodestructivos que ofrecen alegrías menores a cambio de alegrías mayores y que canaliza la energía de los deseos hacia sus Propósitos.

<u>Demostración:</u>

Los deseos manifiestos provocan patrones de comportamiento que representan cualidades del actuar, y cuando son frecuentes, cualidades de la personalidad. El autocontrol significa una cualidad de la personalidad que no permite que los miedos frente a las tristezas lo limiten, evita caer en deseos autodestructivos que ofrecen alegrías menores a cambio de alegrías mayores y que canaliza la energía de los deseos hacia sus Propósitos. Q.E.D.

Escolio:

El autocontrol es el reto más importante para una nueva y más próspera era en la humanidad. Su presencia puede mostrarnos inmensas recompensas, pero su ausencia escalofriantes consecuencias.

El deber lógico es muy claro: ser capaces de optar por el bien mayor sobre el bien menor. Desde una perspectiva amplia, esto último parece sencillo, sin embargo, en la práctica, posponer la gratificación sintiente inmediata ha demostrado ser una tarea sumamente difícil para el *Homo sapiens*. Además, el grado de dificultad aumenta proporcionalmente dependiendo del rango de tiempo en cuestión. Intercambiar un estímulo positivo actual por otro superior a minutos de distancia, será sencillo; a años de distancia, difícil; y a generaciones de separación, mucho más retador.

Por otro lado, de acuerdo con el silogismo trifásico que conecta deseos, alegrías y tristezas, el autocontrol representa una cualidad de la personalidad que permite el manejo adecuado de los tres conceptos en sincronía con el bienestar. Saber posponer alegrías, significa saber enfrentar el miedo por la posibilidad de experimentar tristezas y perder lo deseado.

Finalmente, es importante considerar, que las representaciones neurales que llamamos sentimientos encauzan energía. Por lo tanto, posponer alegrías y enfrentar tristezas nos permite canalizar dicha energía hacia direcciones premeditadas. Entonces, con esta intención, podemos diseñar estrategias neurobiológicas inteligentes: autocontrol para conquistar grandes Propósitos.

Al final de cuentas, posponer no significa perder, y en este caso, significa la posibilidad de ganar mucho más. El autocontrol es poder, y protagoniza el escenario de una sociedad creativa, avanzada y boyante.

IV. CREATIVIDAD

Alguien creativo es aquel capaz de adaptarse y fusionarse con el cambio.

Demostración:

Los deseos manifiestos provocan patrones de comportamiento que representan cualidades del actuar, y cuando son frecuentes, cualidades de la personalidad. Con base en la Proposición LX de la Geometría del Ser y los Deseos, la creatividad representa una cualidad de la personalidad que demuestra capacidad para adaptarse y fusionarse con el cambio. Q.E.D.

Escolio:

Todo cambia, todo el tiempo, nada puede escapar del penetrante *flux* que domina la existencia. Para enfrentarlo, la naturaleza nos dotó con la habilidad de anticiparlo, e incluso, modelarlo: nos regaló el don creativo.

¿Cómo ejercemos la creatividad? Combinando mapas neurales que corresponden a pensamientos lógicos e intuitivos para forjar ideas nuevas y útiles. Se trata de un proceso mental consciente e inconsciente, con valencia que representa su nivel de impacto. Si una idea es sumamente útil, entonces será muy creativa. ¿Útil para qué? Con base en nuestro objetivo biológico, para procurar el bienestar que refuerza las posibilidades de resistir y prevalecer de La Vida.

Por lo tanto, alguien creativo, es aquél con gran habilidad para labrar ideas nuevas que nos ayudan a cumplir objetivos. Es especialmente relevante, considerar que dichas ideas son metapensamientos producto de la fusión entre razón e intuición; en la Etología Humana se le aludiría como *lateralización*, haciendo referencia a la colaboración entre los hemisferios cerebrales.

Históricamente, la cualidad creativa ha sido muy celebrada porque representa potencia. Como seguramente ya lo habrás podido entrever, la creatividad no es un fin, sino un medio que puede ser utilizado para bien o para mal. Por esta razón, es vital utilizarla con una visión empática e inteligente. Estamos hablando del uberpoder del Sapiens, aquél que nos ha permitido dominar el reino terrenal.

Sin duda, existe un condicionamiento innato que determina el rango de habilidad creativa en cada individuo, sin embargo, todos como especie poseemos este talento. ¿Cómo podemos llevarlo al máximo de nuestras posibilidades genéticas? Ejercitando constante e intensamente el músculo creativo, practicando ejercicios que requieran unir pensamientos para encontrar soluciones. ¿Cómo cuáles? Escribir, leer, reflexionar, crear obras artísticas, etc.

En este momento, el futuro de la humanidad depende, literalmente, de nuestra facultad creativa. Procuremos su potencia, pero con suma inteligencia, comprendiendo que el bienestar colectivo es el activo más valioso que debemos proteger. Solo así, encontraremos la más pura Libertad.

V. EMPATÍA

Alguien empático es aquel capaz de coexistir en equipo valorando y entendiendo los pensamientos y sentimientos de otros.

Demostración:

El sentimiento de empatía (por la Proposición XXIX de la Geometría de los Sentimientos) es una alegría hacia la alegría de otros y tristeza hacia la tristeza de otros. Por lo tanto, la empatía como sentimiento, engendra el deseo de obtener dicha alegría, provocando patrones de comportamiento que representan cualidades del actuar, y cuando son frecuentes, cualidades de la personalidad. La empatía, entonces, también representa una cualidad de la personalidad que demuestra capacidad de coexistir en equipo valorando y entendiendo los pensamientos y sentimientos de otros. Q.E.D.

Escolio:

La empatía es tan sublime que conecta íntimamente a todas las manifestaciones de La Vida en tiempo y espacio.

Se trata de una fusión trascendental inexpugnable que ha permitido nuestra existencia. Sin colaboración en equipo no habría rastro vital, y sin empatía, los organismos sintientes se autodestruirían. Por eso, esta cualidad en la personalidad representa una mente avanzada.

Ya hemos puntualizado antes, que la pugna individualista que observamos entre genes y organismos, es necesaria para sobrevivir y obtener fortalezas. Sin embargo, recordemos que, con una visión amplia, encontramos que dichas fortalezas están realmente intencionadas para aportar al equipo entero. Aquí es donde la empatía se convierte en una máxima vital y necesario contrapeso para evitar la interdestrucción egoísta.

Como seres humanos, somos capaces de advertir esta amplia óptica, por lo tanto, también de privilegiar al ímpetu colaborativo sobre la marcha individualista cuando se torna adversa. En otras palabras, podemos aventajar a nuestra esencia espiritual que procura a —y nos conecta con— La Vida entera, sobre nuestro estrato instintivo que busca la supervivencia solo del gen. Tenemos la oportunidad de llevar a nuestra mente a la cima de la montaña, lejos de la confusa e impía sistematización primitiva. ¿Para qué? Para socorrer la prevalencia de La Vida, alcanzar nuevos y avanzados estados de consciencia, obtener recompensas sintientes majestuosas, agenciar nuestro objetivo biológico y acercarnos al estado de Libertad más excelso.

Nuestra competencia creativa se ve especialmente favorecida cuando es acompañada por un ánimo empático y compasivo: racionalmente, multiplica su potencia al fomentar la unidad con otras mentes; sentimentalmente, engendra gratificaciones intensas; espiritualmente, la alía con la titánica inercia de La Vida entera, en todo su esplendor y en todas sus manifestaciones existenciales.

Llegó el momento evolutivo de avanzar a la era de la empatía y la inteligencia.

VI. VALENTÍA

Alguien valiente es aquel que enfrenta a lo que yo temo.

Demostración:

Los deseos manifiestos provocan patrones de comportamiento que representan cualidades del actuar, y cuando son frecuentes, cualidades de la personalidad. La valentía representa una cualidad de la personalidad que demuestra enfrentar a lo que yo temo. Q.E.D.

Escolio:

Psicológicamente hablando, la valentía es relativa a la percepción de lo temido en la mente que lo juzga. Es decir, un acto valiente, lo será, en función de lo que teme quien lo considera así. Aquello que yo temo, requerirá de un valiente esfuerzo enfrentarlo, aquello que yo no temo, no.

Ahora, consideremos que existen temores colectivos, constructos intersubjetivos que compartimos muchas mentes; vencerlos, será considerado una victoria valiente por todas ellas. Precisamente, esto último es lo que caracterizará a alguien con dicha cualidad, y le asemejará al precepto del héroe que nuestra psique regula.

Esto último, representa un fenómeno muy interesante: el héroe debe ser valiente, por lo tanto, debe derrocar miedos colectivos que lo dotarán con nuevas posibilidades para compartir, y así, aumentar el bienestar general. El concepto del héroe refleja toda una sistematización alineada para procurar el mayor Propósito biológico: resistir y prevalecer.

La valentía beneficia a todos los estratos del Ser, cuánticos, genéticos, psicológicos, culturales y creativos.

En lo subatómico, encontramos que la energía vital presenta un patrón rítmico que Wilhelm Reich llama pulsación, mismo que desafía a la segunda ley de la termodinámica ya que estas funciones de expansión y contracción permiten que la energía fluya de sistemas con menor concentración a sistemas con mayor concentración; en síntesis, admite que los seres vivientes resistamos a la entropía. Con más especificidad, esta pauta consiste en un proceso vital de tensión - carga - descarga - relajación. ¿Y por qué es esto relevante con relación a la valentía? Porque alegoriza socioculturalmente el mismo curso: problema - miedo - conquista - aprendizaje. La Vida, en todos sus niveles, evoluciona con este ímpetu. Al final de cuentas, somos seres en movimiento constante que requerimos de adaptaciones perpetuas para no desaparecer.

Por todas estas razones, la valentía representa un inmenso valor en la personalidad, sin ella no existiría la evolución social. Los miedos nos recordarán que debemos ser cautos, pero un espíritu valiente liberará nuestro máximo potencial creativo y nos permitirá alcanzar nuevas y resplandecientes realidades.

VII. AUDACIA

Alguien audaz es aquel al que no lo limita en acción el temor que yo temo.

Demostración:

Los deseos manifiestos provocan patrones de comportamiento que representan cualidades del actuar, y cuando son frecuentes, cualidades de la personalidad. La audacia representa una cualidad de la personalidad que demuestra no tener límites en acción por el temor que yo temo. Q.E.D.

Escolio:

Alguien valiente enfrentará aquello que yo temo, aun sintiendo temor él mismo. Alguien audaz, parecerá no temer y así lo demostrará con sus acciones.

Esta cualidad de la personalidad también es relativa a los temores del observador u observadores.

¿Hasta qué punto la audacia podría ser una ventaja de supervivencia? En realidad, encontramos de nuevo, una suerte equilibrista; mucha audacia podría terminar en la autodestrucción, y muy poca, en una patológica fragilidad de carácter. Para el bienestar, es esencial una fina y paciente ecualización evolutiva con relación a lo que nuestra fisiología y psicología nos presenta como miedos. Además, recordemos que los miedos se originan por los deseos no cumplidos. Por lo tanto, la audacia es también condicional a los deseos: aquél que no desea, no teme.

La naturaleza debe ser muy cuidadosa con los deseos que programa en la Voluntad; mismos, que detonarán miedos, tristezas y alegrías, y que, a su vez, forjarán espíritus con cualidades aptas (o no) para la prevalencia.

En el mundo creativo, la audacia es muy bien recibida. Para encontrar nuevas ideas que transformen el destino, es imperativo vencer el miedo. Claro, siempre con vigía prudente para evitar efectos contrarios y contraproducentes. Los hitos más benéficos en la historia de la humanidad han desafiado el yugo del temor y la comodidad de lo establecido. Empezando por nosotros mismos, seamos audaces para: salir de la zona de confort, aceptar nuestros errores, confirmar nuestra ignorancia, afrontar los sacrificios, renovar lo construido, abrazar el ciclo de La Vida y recibir las tristezas necesarias para permitir las alegrías.

VIII. TIMIDEZ

Alguien tímido es aquel que teme a lo que yo no temo.

Demostración:

Los deseos manifiestos provocan patrones de comportamiento que representan cualidades del actuar, y cuando son frecuentes, cualidades de la personalidad.

La timidez representa una cualidad de la personalidad que demuestra temer a lo que yo no temo. Q.E.D.

Escolio:

El polo opuesto de la valentía, es la timidez: el temor a lo que yo no temo. Sin embargo, temer no significa no actuar, incluso, paradójicamente, un espíritu tímido será aún más valiente si logra conquistar sus miedos.

Alguien tímido difícilmente podrá gobernar su desconfianza, otras fuerzas no sintientes tendrán que motivarlo para revertir el ímpetu. Por ejemplo, un ardiente anhelo por convertir el futuro para proteger a su familia y a La Vida entera, podría ser una magna fuente de energía para derrocar el titubeo: deseos instintivos y espirituales en acción.

Lógicamente, la timidez tiende a ser rechazada social y culturalmente, es un antivalor del héroe. Sin embargo, es un fenómeno requerido para esbozar límites; todos los seres humanos somos tímidos en mayor o menor medida, el curso de la vida se encarga de mostrarnos que el miedo es parte de nuestra naturaleza. A veces, esa timidez nos empuja a ser más valientes, pero en otras ocasiones, derrota a nuestros deseos.

Desde una mira creativa, el tímido actuar será un obstáculo, pero entender dicha cualidad, representará una exclusiva fortaleza, especialmente, cuando se acompaña con aceptación y una mente abierta. Mira tus miedos a los ojos y vislumbrarás un inmenso destello de Libertad.

IX. COBARDÍA

Alguien pusilánime o cobarde es aquel que lo limita en acción el temor que yo no temo.

Demostración:

Los deseos manifiestos provocan patrones de comportamiento que representan cualidades del actuar, y cuando son frecuentes, cualidades de la personalidad. La cobardía representa una cualidad de la personalidad que demuestra tener límites en acción por el temor que yo no temo. Q.E.D.

Escolio:

Alguien cobarde o pusilánime no actúa porque lo pasma el miedo. En este tenor, podemos considerar un acto cobarde, o bien, una personalidad cobarde; esto, lo determinará la frecuencia. Pero, en cualquier caso, la raíz de dicha fenomenología es sintiente y directamente proporcional a los deseos. Es decir, el miedo es una representación neural que se da frente a la posibilidad de perder, o no obtener, algo que quiero. Por ejemplo, un peligro físico, me dará miedo porque compromete el bienestar que quiero para mí o para otros. El temor, no existe sin los deseos, y por lo tanto, la cobardía tampoco. Por esta, y muchas razones más, es tan relevante comprender los anhelos.

A diferencia de la timidez, la cobardía no solo presenta un cuadro sentimental negativo, sino también la falta de acción. En otras palabras, el tímido podrá experimentar miedo, pero existe la valiente posibilidad de vencerlo; el cobarde opta por no enfrentarlo.

Un espíritu cobarde, es vituperado porque desencadena una reacción inversa a la evolución y significa perder la batalla contra el caos de la existencia. Para vencer a la entropía que todo lo expande y enfría, es necesaria la acción, y no cualquier acción, sino aquella inteligente y creativa. Si no sobrepasamos la barrera del miedo, la creatividad no existiría, tampoco la evolución, y, por lo tanto, tampoco La Vida. Por eso, esta cualidad es tan impopular, estamos diseñados biológicamente para condenarla. Sin embargo, contemplemos que los afectos negativos también tienen una función importante para la supervivencia, en este caso, marca una delgada frontera con la prudencia. Entonces, con el ánimo de alcanzar una creatividad colectiva vigorosa, rompamos las cadenas de la cobardía, pero siempre con inteligente prudencia.

X. HONORABILIDAD

Alguien honroso es aquel que recibe reconocimiento por su ejemplo y capacidad de aportar hacia un Propósito.

Demostración:

Los deseos manifiestos provocan patrones de comportamiento que representan cualidades del actuar, y cuando son frecuentes, cualidades de la personalidad. El honor representa una cualidad de la personalidad que demuestra merecer el reconocimiento por su ejemplo y capacidad de aportar hacia un Propósito. Q.E.D.

Escolio:

Los deseos representan un puente entre la consciencia y la Voluntad con objetivos aparentes que, en el modelo *Inteligencia Creativa*, llamamos Propósitos; mismos, que biológicamente hablando, existen con un metaobjetivo en común: ayudar a La Vida a resistir y prevalecer.

Dicho esto, encontramos que el honor se lo gana aquella personalidad que, con acciones, demuestra aportar a la lucha de las capas del Ser para mejorar las posibilidades de cumplir sus Propósitos.

El reconocimiento honorífico, lo otorgamos las mentes conscientes con base en los objetivos de nuestra sistematización biológica.

Por supuesto, esta característica al actuar, está colmada de gratificaciones sintientes, entre ellas, la gloria y la alabanza.

Parte del mérito, se explica por el nivel de complejidad que tiene aportar a la lucha de La Vida en línea con sus metas y submetas. Por lo tanto, el honor posee valencia. Es decir, habrá actos y personalidades más, o menos honrosas que otras. Esto último será determinado proporcionalmente a su nivel de aportación y dificultad.

Con base en estas especificaciones, considero que debemos hacer una diferenciación entre las cualidades de la personalidad, o de los actos, que son positivas desde una óptica intuitiva, racional y creativa. Por ejemplo, y en específico, serán *intuitivamente honrosos* aquellos actos que protegen los Propósitos del espíritu y los instintos; *racionalmente honrosos*, aquellos que protegen a la lógica y a los valores culturales; y finalmente, *creativamente honrosos*, aquellos que sumen de mejor y mayor forma, a las posibilidades futuras de resistencia y prevalencia vital.

Por todo esto, el honor, será enaltecido por las mentes conscientes que dotamos de excelsos valores a este extraordinario fenómeno de la personalidad.

XI. DISCIPLINA

Alguien disciplinado es aquel que lucha sistemáticamente por mantener el orden para cumplir un Propósito.

Demostración:

Los deseos manifiestos provocan patrones de comportamiento que representan cualidades del actuar, y cuando son frecuentes, cualidades de la personalidad. La disciplina, representa una cualidad de la personalidad que demuestra luchar sistemáticamente por mantener el orden para cumplir un Propósito. Q.E.D.

Escolio:

El valor de la disciplina, como cualidad de la personalidad, depende del fin para el que es usada. Es decir, luchar sistemáticamente, no es un fin, es un medio que podemos utilizar para bien o para mal. ¿Qué determina lo bueno o lo malo? En resumen, se trata de un juicio reflexivo determinado por nuestros valores racionales; no hay una respuesta sencilla. Sin embargo, con una óptica mecánico-biológica, podemos considerar el bien como aquello que se alinea a nuestro diseño natural.

En el modelo *Inteligencia Creativa*, con el fin de identificar dicho diseño natural, y de obtener elementos lógicos que nos ayuden a encontrar congruencia sobre la existencia, categorizamos distintas capas (diferenciadas por su origen y Propósito) que conforman a un Ser viviente. Entonces, la buena disciplina, será aquel esfuerzo en el actuar constante, contundente y que aporta a un objetivo espiritual, instintivo, emocional, sintiente, racional o creativo.

La buena disciplina creativa, será aquella, que nos permita lograr un destino con abundancia vital, se trata, ni más ni menos, que de un excelso necesario que nos hará libres.

XII. RESILIENCIA

Alguien resiliente es aquel que resiste la adversidad.

Demostración:

Los deseos manifiestos provocan patrones de comportamiento que representan cualidades del actuar, y cuando son frecuentes, cualidades de la personalidad. La resiliencia, representa una cualidad de la personalidad que demuestra resistencia frente a la adversidad. Q.E.D.

Escolio:

La Vida entera comenzó con un esfuerzo de resistencia. Una peculiar biomolécula conocida como LUCA —*Last Universal Common Ancestor*—, hace más de tres mil millones de años, logró oponerse a la fuerza gélida y expansiva de la existencia: por primera vez, en el planeta Tierra, algo consiguió desafiar la entropía que todo lo desordena, autorreplicarse y conservar energía en lugar de perderla. ¡El primer y más grande acto de resiliencia vital!

No por nada, esta cualidad en la personalidad es sumamente necesaria, refleja la intención esencial de la naturaleza misma.

La resiliencia, es como la estrategia defensiva de La Vida, busca caminos que le permitan trascender al embate de la adversidad.

Entonces, alguien resiliente, será aquél que demuestra soportar altas cargas de fenómenos y sentimientos negativos. Para ello, requerirá de suma fuerza física y mental, por lo tanto, poseerá también fortaleza de cuerpo, psique y ánimo.

Posteriormente, como un eminente complemento, surgió la facultad creativa en los seres vivientes, y con ella, nació la estrategia ofensiva más contundente de la naturaleza. Ya no solo logramos resistir el impacto del cambio constante e infinito, sino también, logramos modelarlo.

La resiliencia es defensiva, y la creatividad ofensiva. Juntas, representan nuestra potencia más magna, aquella que nos acerca al futuro anhelado por la humanidad.

XIII. OPTIMISMO

Alguien optimista es aquel que se enfoca, en pensamiento y acción, en las alegrías y no en las tristezas.

Demostración:

Los deseos manifiestos provocan patrones de comportamiento que representan cualidades del actuar, y cuando son frecuentes, cualidades de la personalidad. El optimismo, representa una cualidad de la personalidad que demuestra foco, en pensamiento y acción, en las alegrías y no en las tristezas. Q.E.D.

Escolio:

Como ya hemos revisado profundamente, la fenomenología neural, manifiesta en el actuar, puede entenderse como un sistema de recompensas y castigos sintientes que atienden a deseos (preprogramados) cumplidos o incumplidos.

Los castigos, los referimos como tristezas o sentimientos negativos, y las recompensas, como alegrías o sentimientos positivos; uno requiere del otro para existir. Por lo tanto, es seguro, que los organismos sintientes experimentaremos ambas posibilidades constantemente en nuestro haber.

Por otro lado, a pesar de que no tenemos control sobre lo que deseamos, sí tenemos injerencia sobre lo que pensamos. Esta idea es un tesoro intelectual bien conocido desde hace milenios: somos lo que decidimos pensar. Recordemos que tanto los *pensamientos lógicos* como los *homeostáticos* (sentimientos) impactan dentro y fuera de la mente.

Dicho todo esto, entonces podemos entender mucho mejor la cualidad que estamos ahora analizando. En el caso de una personalidad optimista, la mente demuestra enfocarse, en pensamiento y acción, en las alegrías y no en las tristezas. Esto último es algo que realmente podemos hacer y que desatará un círculo ideológico virtuoso. En contraparte, el pensamiento prefactual y contrafactual (si hubiera… o qué tal si…) orientado hacia lo negativo, puede causar cuadros graves de depresión y autodestrucción compulsiva.

En el campo de la creatividad, el optimismo es necesario para generar las condiciones neurofisiológicas adecuadas que permitan nuestra máxima potencia para formar nuevas y benéficas ideas. En el otro confín, el pesimismo será útil, siempre y cuando se aborde con inteligencia emocional, una visión amplia y con el afán de comprender el espectro sintiente. Lo anterior, con mucho cuidado, para no caer en un abismo fatal irreversible.

¡Enaltezcamos nuestra mente con inteligencia y optimismo que nos permita conquistar el porvenir!

XIV. PACIENCIA

Alguien paciente es aquel que no pierde el autocontrol en ninguna circunstancia.

Demostración:

Los deseos manifiestos provocan patrones de comportamiento que representan cualidades del actuar, y cuando son frecuentes, cualidades de la personalidad. La paciencia, representa una cualidad de la personalidad que demuestra no perder el autocontrol en ninguna circunstancia. Q.E.D.

Escolio:

No existe estrategia más eficiente y contundente para tomar decisiones correctas e inteligentes que procurar la paciencia. Esta cualidad de la personalidad nos permite no ser víctimas de la ceguera que provoca el instinto y la emocionalidad desbocados.

Es más fácil decirlo que hacerlo, sin embargo, comentamos ahora sobre un elemento indispensable para la evolución. El ser humano contemporáneo, a nivel individual y colectivo, está perdiendo su capacidad de tener paciencia. Esto último, debido en gran parte, al abrumador flujo de estímulos vacíos presentados con el fin de provocar comportamientos masivos que alimentan la economía y no realmente el bienestar. En este punto, me gustaría ser muy claro: ni la publicidad ni el capitalismo son los enemigos, sino nosotros mismos. Si el consumidor demandara productos y servicios alineados a sus deseos espirituales, racionales y creativos, en lugar de alineados a los instintivos y emocionales descontextualizados que buscan recompensas fáciles e inmediatas, entonces el sistema económico sería virtuoso y no vicioso. El gran problema es de consciencia, no político ni sistemático. Con nuestra incapacidad, cada vez mayor, de ser pacientes y críticos, estamos involucionando.

El necesario punto de inflexión hacia una sociedad avanzada, solo podrá darse escudando el autocontrol, la información inteligente, la empatía y la creatividad; sin paciencia, nada de esto se daría.

Para merecer esta cualidad en la personalidad, nuestros actos deben demostrar una reiterada capacidad de autocontrol. Para ello, resultará muy provechoso ejercitar nuestro músculo creativo. Me explico mejor a continuación.

La creatividad representa nuestra capacidad de hilvanar pensamientos para concebir ideas nuevas. Este esfuerzo implica unir mapas neurales por medio de la paciente reflexión. Por ejemplo, con este fin, leer suma. Y, por otro lado, consumir estímulos express con ninguna relación entre sí, (como sucede con los microvideos en las redes sociales) resta. Por esta razón, para proteger la creatividad que permite la paciencia que permite el bienestar, debemos de procurar un estilo de vida colmado con actividades críticas como escribir, hacer arte, meditar etc.

Gozar de autocontrol es más importante que nunca, el porvenir nos necesita.

XV. LEALTAD

Alguien leal es aquel que demuestra congruencia entre su hablar, pensar y actuar en simbiosis con otros que son parte de la lucha por un Propósito en común.

Demostración:

Los deseos manifiestos provocan patrones de comportamiento que representan cualidades del actuar, y cuando son frecuentes, cualidades de la personalidad. La lealtad, representa una cualidad de la personalidad que demuestra congruencia entre su hablar, pensar y actuar en simbiosis con otros que son parte de la lucha por un Propósito en común. Q.E.D.

Escolio:

La lealtad es un valor, reflejado como cualidad de la personalidad, que permite multiplicar exponencialmente la fuerza de la colaboración en equipo.

Para entender este fenómeno, es necesario considerar algunas ideas esenciales.

Primero, desde una óptica neurobiológica, destacar la relación simbiótica y proporcional que tiene el sentirse seguro, con el potencial creativo. Es decir, a mayor confianza, mayor creatividad.

Segunda, notar que la fortaleza de los lazos que unen a las relaciones humanas, son también, relativas al grado de seguridad percibido.

Tercera, el sentir de seguridad (libre de miedos) se da frente a la probabilidad de recibir alegrías y evitar tristezas.

Cuarta, nuestros Propósitos significan una fuente de alegrías.

Quinta, la congruencia en el hablar, pensar y actuar en una persona con la que compartimos un Propósito en común, nos representará altas probabilidades para obtener alegrías, nos transmitirá seguridad y la estimaremos leal.

Entonces, en términos geométricos, la lealtad genera confianza que interconecta mentes, permite su cooperación y aumenta su capacidad creativa (individual y colectiva) en exponencial.

Así, podemos divisar la importancia que tiene esta cualidad tan primaria en un grupo, sociedad o civilización que pretenda prevalecer.

En este punto, me permito tomarme una licencia personal en memoria de Bacco; mi gran compañero durante doce años que acaba de fallecer esta semana. Los canes, son una especie muy singular. Entre otras cosas, nutren profundamente nuestro espíritu porque nos enseñan el poder de la lealtad. Espero de corazón que su recuerdo (y el de tantos más que con su ejemplo nos han demostrado la fuerza del amor incondicional), signifique una semilla que conceda una humanidad mucho más compasiva hacia otros animales. Esto último es una urgente necesidad ya que nuestro egoísmo, incongruencia y falta de empatía con otras especies nos está destruyendo. Que la luz de estas leales almas nos permita retomar el camino hacia el bienestar y la resistencia.

XVI. RESPETO

Alguien respetado es aquel que se ha ganado la lealtad de otros por su hablar, pensar y actuar.

Demostración:

Los deseos manifiestos provocan patrones de comportamiento que representan cualidades del actuar, y cuando son frecuentes, cualidades de la personalidad. El respeto, representa una cualidad de la personalidad que se ha ganado la lealtad de otros por su hablar, pensar y actuar. Q.E.D.

Escolio:

Cuando estimamos a alguien leal, significa que comparte un Propósito en común con nosotros, que ha demostrado congruencia en su hablar, pensar y actuar con relación a ello, y por lo tanto, nos representa una fuente confiable de alegrías.

Aquél que es considerado leal por los demás, se convierte en alguien respetado y será protegido por aquellos que lo aprecian como fuente de sentimientos positivos.

Considero que podemos identificar dos variables relevantes con relación al respeto. 1) El *respeto evocado por miedo* y 2) el *respeto evocado por amor.*

Sobre el primero, será respetada, aquella mente que consideramos como una posible fuente de tristezas, por lo tanto, procuraremos mantenernos alejados de ella o evitar provocar sus efectos adversos. Evitar tristezas es obtener alegrías.

Sobre el segundo, será respetada, aquella mente que consideramos como una posible fuente de alegrías, por lo tanto, querremos estar cerca de ella.

En el modelo *Inteligencia Creativa*, al exponer el respeto como una cualidad positiva de la personalidad, me refiero al *respeto evocado por amor.*

Rememoremos que el amor es una alegría relacionada a una causa. Por lo tanto, alguien considerado como fuente de afectos positivos, será amado. Cuando, además, su actuar, pensar y hablar es congruente con los Propósitos que detonan dichas gratificaciones, entonces será leal, amado y respetado. Una personalidad así refleja las características más deseadas en otro ser humano. Si además, aunamos valentía, se estará acercando aventuradamente a la arquitectura del tan celebrado héroe.

Ganarse el *respeto evocado por amor* de los demás, es una tarea que requiere de todas las cualidades positivas de la personalidad que hemos revisado hasta ahora. Con ello, aportaremos una luminosa centella que ilumine el camino hacia el bienestar individual y colectivo. Para eso luchamos todos los seres vivientes.

XVII. HEROÍSMO

Alguien heroico es aquel que ha demostrado cualidades con las que ha logrado cumplir un Propósito.

Demostración:

Los deseos manifiestos provocan patrones de comportamiento que representan cualidades del actuar, y cuando son frecuentes, cualidades de la personalidad. El heroísmo, representa una cualidad de la personalidad que ha demostrado características con las que ha logrado cumplir un Propósito. Q.E.D.

Escolio:

El héroe, se ha ganado el *respeto evocado por amor* y ha conquistado un Propósito común aportando al bienestar de La Vida entera. Representa la suprema cualidad de la personalidad, aquella más esperada y glorificada.

El heroísmo, es una máxima necesaria para la evolución.

Se trata de la cualidad de cualidades en la personalidad, aquella que encarna todo lo que valoramos en otra mente.

Esto sucede, porque dona las mayores probabilidades para resistir y prevalecer al conjunto vital.

Incluso, desde un punto de vista psicológico, el camino del héroe parece tener un patrón deseado establecido por los seres humanos. Dicha pauta, la podemos identificar en las historias que han impactado más profundamente, y por lo tanto, trascendido con mayor ímpetu en la historia de las civilizaciones; refleja nuestros miedos y deseos colectivos como especie. En este camino, el héroe acepta el desafío por comenzar una odisea que le otorgará posibilidades y conocimientos nunca antes vistos, se alía con lo incomprendido, conquista una serie de difíciles pruebas, vence a su propio ego situando el bien mayor por encima de sí mismo, obtiene lo prometido, regresa a su punto de origen para compartir con todos las recompensas alcanzadas, y así, suma magistralmente a la lucha colectiva por prevalecer. Joseph Campbell lo documenta muy bien en su libro *El héroe de las mil caras*.

Para superar estos retos, el héroe debe poseer cualidades especiales, destaca entre los demás por sus virtudes y lo animamos como comisario común. Algunas de sus armas más importantes son: fortaleza, sabiduría, autocontrol, empatía, valentía, audacia, honorabilidad, disciplina, resiliencia, optimismo, paciencia y lealtad. Además, este armamento se consuma con la creatividad que le permite transformar la realidad para él y para todos.

La peripecia, es que todos somos potenciales héroes constantemente, en mayor o menor medida, con pequeñas o gigantescas conquistas. El destino lo escribimos con cada pensamiento, acción y decisión; cada vez que escuchamos a nuestro diseño y procuramos el bien mayor en pro de la resistencia y prevalencia de La Vida, nos convertimos en el tan esperado héroe.

NOTAS SOBRE LA FUERZA DE LOS SENTIMIENTOS

I. LOS SENTIMIENTOS MÁS INTENSOS

Los sentimientos que provienen de deseos espirituales son los más intensos.

Demostración:

Los sentimientos (por la Proposición IV de la Geometría de los Sentimientos) son representaciones mentales del funcionamiento interno del cuerpo. Cuando la operación somática se acerca al balance homeostático (representando el máximo bienestar), los sentimientos (por la Proposición III de la Geometría de los Sentimientos) obtienen un carácter positivo, y cuando se aleja, un carácter negativo. Los deseos, son fuerzas que motivan al Ser a procurar dicho equilibrio, por lo tanto, cuando se cumplen, detonan sentimientos positivos, y cuando no, sentimientos negativos. Dichos deseos, (por la Proposición XVI de la Geometría de los Sentimientos) provienen de diferentes capas que conforman al Ser, diferenciadas por su origen y Propósito. Los deseos que provienen del estrato espiritual, (por la Proposición X de la Geometría del Ser y los Deseos) son aquellos que protegen más directamente la metacausa (por la Proposición V de la Geometría del Ser y los Deseos) con mayor jerarquía biológica observable (resistencia y prevalencia de La Vida), por lo tanto, detonarán mayor intensidad sintiente. Q.E.D.

Escolio:

El objetivo biológico final que podemos detectar, hasta ahora, con base en nuestras capacidades cognitivas humanas, es permitir que La Vida (en todas sus manifestaciones) se mantenga y trascienda: resistir y prevalecer vital.

Como sabemos, ésta no es una tarea fácil, implica combatir a la obscura existencia que todo lo enfría, desordena y expande cada instante. Obtener los aprendizajes y habilidades necesarios para lograr esta serendípica hazaña, nos ha costado más de tres mil millones de años.

Para proteger lo aprendido, la naturaleza nos ha asignado un sabio e influyente consejero que guía todos nuestros pensamientos y comportamientos; me refiero a los sentimientos.

Dentro de su emérita arquitectura, la maquinaria sintiente posee valencia. Es decir, existen recompensas y castigos, más o menos intensos, dependiendo de qué tanto se acercan o se alejan del objetivo último por proteger la trascendencia vital.

Con base en el modelo *Inteligencia Creativa* y la *Teoría del Multi-Ser*, encontramos que la *Dimensión Espiritual del Ser* es aquella representando la fuerza germinal biológica que defiende directamente la resistencia y prevalencia de La Vida entera. Por lo tanto, aquellos pensamientos y acciones que cumplen *deseos espirituales*, representando las máximas posibilidades de resistencia, serán las más intensamente recompensadas.

Por ejemplo, figuremos la oportunidad de lograr, con una acción, que el bienestar y permanencia de aquellos que amamos sea garantizado, ¿imaginan qué tan grandioso y sublime sentimiento detonaría? ¿Cómo calificaríamos al afecto que se da al salvar otra vida? ¿Qué darías por asegurar, que, en tu último respiro, se revela que tu aportación existencial significó un legado magnánimo para el porvenir?

¿Qué sientes al ayudar a alguien necesitado? ¿Qué tan profundo es tu afecto cuando ves agradecimiento en los ojos de tus seres queridos?

Desafortunadamente, los deseos espirituales no son los más frecuentes ni los más presentes en el día a día del Sapiens contemporáneo. Sin embargo, sí son aquellos que motivan de forma más contundente y masiva; tanto, que, en algunos casos, nos llevan a ofrendar nuestra propia vida.

II. LOS SENTIMIENTOS MÁS INFLUYENTES

Los sentimientos que provienen de los deseos instintivos son los más influyentes.

Demostración:

Los sentimientos (por la Proposición IV de la Geometría de los Sentimientos) son representaciones mentales del funcionamiento interno del cuerpo. Cuando la operación somática se acerca al balance homeostático (representando el máximo bienestar), los sentimientos (por la Proposición III de la Geometría de los Sentimientos) obtienen un carácter positivo, y cuando se aleja, un carácter negativo. Los deseos, son fuerzas que motivan al Ser a procurar dicho equilibrio, por lo tanto, cuando se cumplen, detonan sentimientos positivos, y cuando no, sentimientos negativos. Dichos deseos, (por la Proposición XVI de la Geometría de los Sentimientos) provienen de diferentes capas que conforman al Ser, diferenciadas por su origen y Propósito. Los deseos que provienen del estrato instintivo, (por la Proposición XVII de la Geometría del Ser y los Deseos) obedecen a la supervivencia y reproducción de los genes, los cuales, con ese subobjetivo, (por la Proposición XIX de la Geometría del Ser y los Deseos) programan en sus organismos, a través del código genético, patrones fijos de acción y de comportamiento presentes e influyentes en todo momento. Q.E.D.

Escolio:

Sobrevivir no es nada fácil. Para lograrlo, desde las primeras proezas autorreplicadoras, hemos necesitado destinar un magno esfuerzo diario, constante y perpetuo. La vida de los organismos es frágil y los peligros que la amenazan son cuantiosos.

Para conseguir trascender, La Vida facultó la creación de excepcionales biomoléculas conocidas como purinas y pirimidinas (A,C,T,G), que unidas, conforman a los famosos genes. Con estos últimos, sucede algo particularmente interesante, parecen disponerse en una rivalidad (por recursos) individualista y constante entre ellos; pero también, irónicamente, es manifiesto que esa lucha "egoísta" en realidad está diseñada para beneficiar a la fortaleza de La Vida entera.

Durante la evolución, dichos genes se unieron en equipos para ganar ventajas competitivas, codificando instrucciones que determinan las características fisiológicas, pero también, patrones fijos de acción y tendencias conductuales de sus organismos. Dicha sistematización reactiva, debía estar presente en todo momento porque permite el acceso al aprendizaje obtenido para aumentar las posibilidades de resistencia.

Este código genético, se encuentra en el núcleo de cada una de los trillones de células que componen nuestro cuerpo. Es imposible escapar de él.

Con las razones previas, podemos visualizar ahora mejor, la influencia que tiene esta automatización innata en todos nosotros: está presente en cada uno de nuestros pensamientos y acciones.

El contraste evidente, se presenta cuando advertimos que lo instruido genéticamente, por medio de los instintos, en muchas ocasiones es contraproducente a largo plazo y para el colectivo. Esto sucede cuando el instructivo opera fuera del contexto para el cual fue diseñado. En ese caso, la razón y la creatividad deben interceder para proteger el equilibrio vital.

Por lo tanto, aunque los *deseos instintivos* (hasta ahora) han tenido que ser los más presentes para procurar la supervivencia, no significa que debamos atenderlos inevitable y ciegamente. La evolución nos ha dotado con nuevas armas para configurar una estrategia vital mucho más avanzada e inteligente: la razón, la creatividad y la fuerza de la empatía (espíritu) en línea con el Propósito de La Vida. Estas últimas habilidades, son el contrapeso indicado para desembarcar en un nuevo y fecundo futuro.

III. LOS SENTIMIENTOS MÁS AUTODESTRUCTIVOS

Los sentimientos que provienen de los deseos emocionales son los más autodestructivos.

Demostración:

Los sentimientos (por la Proposición IV de la Geometría de los Sentimientos) son representaciones mentales del funcionamiento interno del cuerpo. Cuando la operación somática se acerca al balance homeostático (representando el máximo bienestar), los sentimientos (por la Proposición III de la Geometría de los Sentimientos) obtienen un carácter positivo, y cuando se aleja, un carácter negativo. Los deseos, son fuerzas que motivan al Ser a procurar dicho equilibrio, por lo tanto, cuando se cumplen, detonan sentimientos positivos, y cuando no, sentimientos negativos. Dichos deseos, (por la Proposición XVI de la Geometría de los Sentimientos) provienen de diferentes capas que conforman al Ser, diferenciadas por su origen y Propósito. Los deseos que provienen del estrato emocional, (por la Proposición XXIII de la Geometría del Ser y los Deseos) obedecen a la búsqueda constante por emociones positivas alineadas a la programación biológica-emocional está diseñada para generar reacciones inmediatas (que han representado ventajas de supervivencia) frente a diversos estímulos en el "aquí y ahora". Cuando dicho instructivo reactivo se encuentra fuera de contexto o resultará contraproducente a mediano o largo plazo, no tiene la facultad de actualizarse y deriva en consecuencias adversas. Q.E.D.

Escolio:

Las emociones, son estados del cuerpo que se actualizan en todo momento con base en los estímulos que provienen del exterior e interior. Por lo tanto, nuestra programación biológica-emocional se trata de una sistematización reactiva que considera prácticas que han representado ventajas de supervivencia en el pasado.

El gran problema, con relación a este fenómeno, es que todo cambia en cada instante; lo que funcionó ayer, no funcionará hoy necesariamente. Este dilema se manifiesta expresamente con las emociones descontextualizadas: aquellas reacciones preprogramadas que ahora se tornan autodestructivas.

Los sentimientos que provienen de emociones fuera de contexto, son un peligro latente que debemos tener muy en cuenta para tomar decisiones inteligentes.

Por ejemplo, cuando nos gana la pereza, cuando optamos por una nutrición indulgente sobre una saludable, cuando el egoísmo avasalla a la empatía, cuando elegimos la sensación de poder sobre el bienestar, cuando privilegiamos la ambición sobre el equilibrio; en síntesis, cuando nos decidimos por una recompensa pequeña e inmediata sobre una mayor y trascendente.

Nuestra profundidad racional, espiritual y creativa nos obsequia la elevada alternativa a la gratificación instantánea, aquella que perdura y protege el bienestar con el máximo ímpetu.

Hoy, es más importante que nunca, entender que el hedonismo, la búsqueda de placer por placer, es un hábito que está amenazando nuestra propia existencia. Una era avanzada precisa de mentes que valoren las alegrías integrales y perennes sobre las parciales y pasajeras.

Luchemos juntos con creatividad en la mano, por un porvenir menos desesperado y más esperado.

IV. LOS SENTIMIENTOS MÁS DÉBILES

Los sentimientos que provienen de los deseos racionales son los más débiles.

Demostración:

Los sentimientos (por la Proposición IV de la Geometría de los Sentimientos) son representaciones mentales del funcionamiento interno del cuerpo. Cuando la operación somática se acerca al balance homeostático (representando el máximo bienestar), los sentimientos (por la Proposición III de la Geometría de los Sentimientos) obtienen un carácter positivo, y cuando se aleja, un carácter negativo. Los deseos, son fuerzas que motivan al Ser a procurar dicho equilibrio, por lo tanto, cuando se cumplen, detonan sentimientos positivos, y cuando no, sentimientos negativos. Dichos deseos, (por la Proposición XVI de la Geometría de los Sentimientos) provienen de diferentes capas que conforman al Ser, diferenciadas por su origen y Propósito. Los deseos que provienen del estrato racional, (por la Proposición LVI de la Geometría del Ser y los Deseos) obedecen a la detección de causas con argumentación lógica, su función específica (por la Proposición LVII de la Geometría del Ser y los Deseos) es representar una herramienta para tomar decisiones diferentes a las impulsadas por los deseos instintivos y emocionales cuando se encuentran fuera de contexto y comprometen la vida y bienestar del organismo. Se trata de una facultad complementaria y contraintuitiva que enfrenta a la sistematización más influyente y profunda del Ser, por lo tanto, por diseño original, es vencedora solo en casos especiales, disruptivos y poco frecuentes; en promedio, y en situaciones normales, su influencia es débil. Q.E.D.

Escolio:

¿Para qué sirve la razón?

Desde un punto de vista mecánico-biológico, la respuesta es contundente: permitirnos a los organismos tomar decisiones alternas a las promovidas instintiva y emocionalmente, cuando estas últimas resultan potencialmente contraproducentes —por encontrarse en una situación distinta a aquellas para las que fueron planificadas—.

En otras palabras, actualizar rápida y constantemente el aprendizaje para tomar decisiones más inteligentes que aportan a las posibilidades de supervivencia.

La razón, fue diseñada con un carácter complementario en el mapa evolutivo. Posiblemente, en un futuro, conquiste un lugar protagonista. Sin embargo, al día de hoy, la resonancia límbica e instintiva regulan el comportamiento humano mucho más asiduamente. Para mayor referencia, el nivel de influencia de los instintos y emociones en la conducta del *Homo sapiens*, derivado en *patrones instintivos de acción* y *mecanismos de reacción innatos*, se encuentra abundantemente documentado en el libro *Etología Humana* de Irenäus Eibl-Eibesfeldt.

La confusión surge cuando se mira desde un cristal individualista. Dado que, por definición, solo somos conscientes de la consciencia, ésta parece estar en control total. Sin embargo, con un afán crítico, podemos identificar que la razón es solo la punta del iceberg, y que la base es representada por una estructura mucho más profunda, preconsciente e inconsciente.

La realidad, es que la mayoría de las decisiones que tomamos son reguladas principalmente por los sentimientos que detonan los instintos y las emociones. Repetidamente, utilizamos la facultad racional para justificar la decisión que protege dichos afectos; y en otros casos, menos frecuentes, la razón se impone sobre la emoción. Esto último se da especialmente en casos de vida o muerte (función para la que fue diseñada la razón originalmente). Incluso, podemos evidenciar que no existe una sola idea (por más racional que parezca) que no interactúe con un efecto sintiente en nuestro pensar. De hecho, me refiero a *deseos racionales*, como aquellos que nos motivan a identificar causas; mismos que también derivan en un sentimiento positivo cuando se cumplen.

Estas ideas suelen ser incómodas porque provocan una noción de descontrol en nuestra mente, sin embargo, atienden a la fenomenología que podemos observar. Precisamente, este brío reflexivo, es lo que nos permitirá privilegiar decisiones más racionales; solo entendiendo nuestra naturaleza podremos pretender controlarla mejor.

Entonces, en resumen, la capacidad racional ocupa una posición beta en nuestra mente hasta ahora. Si queremos inferir penetrantemente sobre el rumbo de la humanidad, debemos conectar con la intuición que representa espíritu, instintos y emociones manifiestos a través de los sentimientos en la consciencia. También, si queremos tomar decisiones más inteligentes, debemos comprender la interacción entre todos los niveles del Ser, no solo la frágil razón.

Finalmente, podremos acaudalar inmensas recompensas modelando nuevas ideas que conectan con La Vida, los genes, la resonancia límbica y la razón. A esto último le llamamos creatividad y es la herramienta más potente que tenemos los seres humanos para alcanzar la verdadera Libertad.

V. LOS SENTIMIENTOS MÁS DISRUPTIVAMENTE ÚTILES

Los sentimientos que provienen de los deseos creativos son los más disruptivamente útiles.

Demostración:

Los sentimientos (por la Proposición IV de la Geometría de los Sentimientos) son representaciones mentales del funcionamiento interno del cuerpo. Cuando la operación somática se acerca al balance homeostático (representando el máximo bienestar), los sentimientos (por la Proposición III de la Geometría de los Sentimientos) obtienen un carácter positivo, y cuando se aleja, un carácter negativo. Los deseos, son fuerzas que motivan al Ser a procurar dicho equilibrio, por lo tanto, cuando se cumplen, detonan sentimientos positivos, y cuando no, sentimientos negativos. Dichos deseos, (por la Proposición XVI de la Geometría de los Sentimientos) provienen de diferentes capas que conforman al Ser, diferenciadas por su origen y Propósito. Los deseos que provienen del estrato creativo, (por la Proposición LXVIII de la Geometría del Ser y los Deseos) obedecen a la búsqueda por crear nuevos pensamientos de pensamientos que se adaptan y se vuelven el cambio constante e infinito, para que los organismos, (por la Proposición LXIX de la Geometría del Ser y los Deseos) puedan idear nuevas posibilidades frente a una existencia en flux constante; por lo tanto, son los más disruptivamente útiles. Q.E.D.

Escolio:

Todo cambia, todo el tiempo. Sin creatividad, nuestra capacidad de respuesta frente a él sería muy pobre.

Los fundamentos genéticos, que determinan reacciones bien alineadas a las mayores probabilidades de supervivencia, se actualizan en periodos de tiempo muy largos; cientos, miles y hasta miles de millones de años. Para resarcir esta debilidad, la naturaleza nos dotó, a los organismos inteligentes, con la capacidad inmediata de evaluar el instante, detectar causas y tomar decisiones distintas a las presistematizadas. Además, a los seres creativos, no solo nos obsequió la facultad de enfrentar el cambio, sino también de transformarlo conscientemente a mediano y largo plazo. ¿Cómo? con la habilidad de formar nuevas ideas a partir de la información propioceptiva, interoceptiva y exteroceptiva que procesamos y retenemos mentalmente.

Dicho de otra forma, en un punto de la evolución, nos convertimos en los aprendices de arquitectos del destino.

Nos falta un trecho extensísimo por cruzar para controlar realmente el porvenir, empero, cada uno de nuestros pensamientos, acciones y decisiones forjan el futuro. Por esta razón, debemos demostrar maestría en los procesos neurales que impactan dentro y fuera de la mente; esbozar metapensamientos es un don casi divino que tenemos el privilegio de atesorar.

Por medio de la creatividad, podemos trazar nuevas realidades, modificar la existencia observable, estructurar herramientas materiales e ideológicas que escudan a La Vida, hilar respuestas que alimentan el espíritu, fraguar obras que tocan la esencia humana más pura, entender nuestro propio diseño, y muchas más consecuencias disruptivamente útiles que aún nos faltan por descubrir.

Para abrir la puerta hacia un nuevo ciclo mucho más luminoso en la historia de la humanidad, la creatividad debe ser comprendida como el máximo valor que yace en nuestra biología; usémoslo, en equipo, por un futuro avanzado y superlativamente más inteligente.

VI. LOS SENTIMIENTOS Y LA IMAGINACIÓN

Los sentimientos que provienen de eventos imaginarios son menos intensos que aquellos que provienen de eventos experimentados.

Demostración:

Los elementos esenciales de la consciencia (Por la Proposición II de la Geometría de la Consciencia) son 1) ***exterocepción****, o percepción del exterior, 2)* ***propiocepción****, o percepción del propio cuerpo, 3)* ***interocepción****, o percepción del funcionamiento interior y 4)* ***agencialidad*** *o capacidad de procesar la información percibida. Dicho procesamiento deriva en representaciones mentales (pensamientos lógicos y sentimientos), que la consciencia puede simular en la imaginación y ordenar en serie cronológica en forma de eventos. Cuando dichos eventos simulados coinciden fundamentalmente con eventos previamente experimentados (almacenados en la memoria), o experimentados en tiempo real, entonces su impacto sintiente se refuerza. Q.E.D.*

Escolio:

Nuestra imaginación, consiste en una serie de mapas neurales que interactúan entre sí; asemejan los diseños que provocan los estímulos que recibimos del exterior y los efectos que detonan.

Por un lado, esto nos habla de la indispensabilidad de los canales corporales de entrada (ojos, oídos, nariz, boca y piel) para la ejecución de los procesos mentales como los conocemos: sin cuerpo no hay mente.

Por otro lado, es muy relevante considerar, que la consciencia no solo depende de las percepciones de lo que nos rodea (exterocepción). También, necesita percibirse a sí misma (propiocepción), advertir el funcionamiento de su interior representado en sentimientos (interocepción), e interrelacionar información (agencialidad).

Cada movimiento, que se distingue en cada canal perceptivo, detona sentimientos que los dota de valor positivo o negativo. Se trata de una maquinaria tan excelsa, que en cuestión de nanosegundos, la mente lee y juzga lo que sucede en el exterior, el propio cuerpo y la misma mente.

Expuesto en fases: se muestra un estímulo, se representa en el cerebro; este último, manda señales a través del sistema nervioso y circulatorio provocando reacciones corporales; dichas reacciones, regresan comunicaciones al cerebro que las reinterpreta como sentimientos con valencia, indicando así a la mente, sobre su carácter benéfico o adverso para el Ser. De esta forma, en un brevísimo resumen, la naturaleza regula los comportamientos de los organismos sintientes.

Establecemos, entonces, que cada estímulo proveniente de distintas fuentes provoca un sentimiento. Por lo tanto, cuando se superponen, aumentará la intensidad sintiente. Por ejemplo, un evento neural detonará sentimientos más pronunciados, cuando no solo se presenta en la imaginación, sino también en la memoria (al tratarse de un suceso experimentado); y aún más pronunciado, cuando también se presenta en tiempo real a través de los sentidos. En este último caso —metafóricamente— se triplica su efecto.

Una de las razones evolutivas de dicho fenómeno, es que la mente debe ser capaz de diferenciar claramente entre lo que acontece en el exterior y lo que se simula en el interior. La imaginación, es un campo de entrenamiento que nos permite impactar dentro y fuera de la consciencia; para ello, debe asemejarse íntimamente a las experiencias del marco externo, pero asegurando que podamos diferenciar lo que sucede en ambos planos.

De esta manera, vislumbramos la majestuosidad del sistema imaginativo que permite el ejercicio creativo. Moldeamos universos alternos con nuestros pensamientos, los cuales, son tan símiles al mundo exterior, que se fusionan de forma sublime con el íntegro de la existencia, y así, transformamos el futuro.

VII. LOS SENTIMIENTOS Y EL TIEMPO

Los sentimientos que provienen del pretérito o del futuro son menos intensos que aquellos que provienen del presente.

Demostración:

Los sentimientos, (por la Proposición anterior) aumentan de intensidad conforme se superponen las fuentes de los estímulos que los detonan. La representación neural de un evento reforzará su impacto sintiente cuando coincide con un suceso experimentado previamente (pasado) o experimentado en tiempo real (presente). Q.E.D.

Escolio:

En la mente, podemos simular series de estímulos interconectados cronológicamente que llamamos eventos.

Cuando dichos eventos nunca han sido experimentados desde el exterior, entonces reflejarán una posibilidad de suceso en el futuro y la intensidad sintiente que detonan será la menor.

Por otro lado, cuando el evento imaginado coincide fundamentalmente con un evento vivido (almacenado en la memoria), reforzará la potencia del estímulo y sus efectos.

Y finalmente, si el evento además de presentarse dentro de la mente, lo hace desde fuera en tiempo real, su impacto sintiente será el máximo.

En síntesis, los sentimientos que provienen de hechos nunca antes experimentados, serán menos intensos que aquellos ya vividos, y aún menos intensos que aquellos sucediendo en tiempo presente.

Con esta fenomenología perceptiva modelamos en la consciencia la sensación de pasado, presente y futuro. Resulta increíblemente interesante advertir el carácter relativo de lo que entendemos como tiempo; se trata de un concepto subjetivo.

Tal como la mente ordena los elementos del exterior en posiciones espaciales que nos sugieren su proximidad, así lo hace también con los eventos en el tiempo. Por ejemplo, sabemos que cuando hacemos "borroso" un componente visual parecerá más cercano mientras sea más nítido (con relación a otros), y más distante conforme tenga menor definición. Entendiendo estos patrones, podemos engañar a la mente con efectos especiales fácilmente.

Algo muy parecido acontece con el tiempo. Mientras más claro es el estímulo en nuestra consciencia, lo interpretamos como más cercano al presente, y mientras menos definido, más lejano. En términos neurobiológicos, esto último atiende a la referida como *transitoriedad de la memoria*; nuestro cerebro tiende a desvanecer los recuerdos conforme ganan antigüedad.

Consideremos que la calidad de la interpretación neural es definida por el nivel de detalle en las *imágenes* (visuales, sonidos, olores, sabores, sensaciones) y los efectos sintientes que detonan.

En otras palabras, la intensidad de los sentimientos operan, también, como marcador de posición temporal en nuestra mente.

Así, podemos inferir que la potencia de los *deseos creativos* es alimentada directamente por la posibilidad de hacer realidad lo imaginado. Aquellos augustos sentimientos encendidos por los más audaces pensamientos multiplicarán su brío una vez que se consuman en la realidad experimentada desde el exterior.

Honremos nuestro diseño, abracemos el cambio y a nuestra habilidad creativa para culminar heroicamente en un futuro centelleante. La creatividad nos hará Libres, siempre y cuando, impacte efectivamente en el derredor existente. El Planeta, la humanidad y La Vida nos necesitan.

GEOMETRÍA DE LA LIBERTAD

LIBRO 5

PREFACIO

Algo sublime, desde una retórica kantiana, es aquello tan grandioso que supera la propia cognición humana. Un adjetivo que acompaña fielmente al concepto de Libertad.

Estratégicamente, hago una diferenciación importante entre *libertad* con "l" minúscula y *Libertad* con "L" mayúscula.

La primera, se refiere a la conceptualización habitual que connota la posibilidad de actuar. Por ejemplo, la Libertad de expresión.

Por otro lado, la Libertad, la identifico como la culminación de la Voluntad, como la posibilidad de honrar y cumplir nuestro diseño biológico. Se trata del ápice de los deseos y el estado mental y existencial que detona los más majestuosos sentimientos.

Entendiendo a la Voluntad como el conjunto de fuerzas que motivan (consciente e inconscientemente) a un Ser viviente; podemos considerar a la Libertad como la posibilidad de cumplir los objetivos de dichas fuerzas. En un contexto vital, no existe mayor fortuna.

Gracias a la consciencia, los organismos que la poseemos, logramos advertir sobre la presencia o falta de Libertad. ¿Somos capaces de cumplir las metas para las cuales estamos sistematizados biológicamente? La respuesta es atingente; depende de diferentes factores dentro y fuera de la mente, entre ellos: la fortaleza física y mental, el control sobre las tendencias de conducta innatas descontextualizadas, la potencia de las facultades racionales y creativas, el rango de posibilidades experimentables e ideológicas disponible, y la capacidad de interactuar como un todo integrado.

A continuación, revisaremos una serie de ideas potencialmente explosivas capaces de detonar transformaciones fundamentales aliadas a la evolución vital. Comprender la relevancia de la Libertad y las variables que nos periten acceder a ella, es un menester imperativo para cualquier mente. No solo puede desembocar en un futuro fértil, sino también en las máximas recompensas sintientes. Una nueva era, mucho más inteligente, debe ahora conquistar el destino para evitar la autodestrucción y garantizar la prevalencia.

DEFINICIONES

Entiendo por…

I. ***Libertad del Ser***: posibilidad de cumplir con los objetivos de su diseño biológico.

II. ***Libertad de decisión consciente***: capacidad de la mente para elegir entre opciones.

III. ***nutrición***: conjunto de elementos que consume un organismo para obtener recursos.

IV. ***estrés***: sentimiento de miedo constante y frecuente en la mente.

V. ***información inteligente***: elementos ideológicos realmente útiles y concordantes con la fenomenología experimentada.

VI. ***visión***: rango de posibilidades cognitivas.

VII. ***autocontrol***: capacidad de controlar los efectos de los deseos.

VIII. ***pensamientos***: fenómenos neurales conscientes en la mente.

IX. ***pensamientos lógicos***: pensamientos cuantificables que buscan detectar causas y efectos.

X. ***pensamientos homeostáticos***: pensamientos regulatorios e incuantificables que reflejan el funcionamiento propio del Ser. (sentimientos)

XI. ***capacidad creativa***: facultad de modelar *pensamientos* nuevos con *pensamientos lógicos* y *pensamientos homeostáticos* previos.

XII. ***empatía***: capacidad de percibir la interrelación de la fenomenología vital, incluidas las experiencias sintientes de otros organismos.

XIII. ***agencialidad***: capacidad de interrelacionar e inteligir pensamientos.

XIV. ***posibilidades alternas***: existencia de alternativas a elegir.

XV. ***control causal***: posibilidad de intervenir conscientemente sobre las causas que detonan efectos.

AXIOMAS

I. La Libertad del Ser representa la posibilidad de cumplir con el Propósito de su diseño.

II. La Libertad requiere de potencia del Ser.

III. La potencia del Ser tiene causas identificables.

IV. La Libertad no se determina por la consciencia del Ser.

V. Los seres conscientes pueden decidir ser o no Libres.

PROPOSICIONES:

I. FELICIDAD

Un Ser "feliz" es un Ser Libre.

Demostración:

La Libertad del Ser (por el Axioma I de la Geometría de la Libertad) representa la posibilidad de cumplir con el Propósito de sus metacausas (reflejando el máximo estado de bienestar de un organismo), lo cual, (por la Proposición VII de la Geometría de El Todo) es el objetivo de cada estrato que lo conforma y (por la Proposición VIII de la Geometría de El Todo) de la Voluntad (manifiesta en deseos por la Proposición VII de la Geometría del Ser y los

Deseos) que lo motiva; por lo tanto, (por la Proposición XIV de la Geometría de los Sentimientos) detonará las mayores gratificaciones sintientes y alegrías integrales, asemejando un sentido de "felicidad" o (por la Proposición XXIII de la Geometría de los Sentimientos) un sentimiento eudemónico. Q.E.D.

Escolio:

La incalculablemente anhelada "felicidad" no es un misterio infranqueable; desde una perspectiva biológica-mecánica, su condición es clara: se muestra cuando el individuo cumple con su diseño.

En términos técnicos, el organismo encuentra su punto de equilibrio homeostático, representando el propio bienestar, y las máximas posibilidades de prevalencia vital.

En términos coligados al modelo *Inteligencia Creativa*, el Ser consigue Libertad para cumplir con los Propósitos de las distintas Dimensiones que lo conforman (Espiritual, Instintiva, Emocional, Sintiente, Racional y Creativa), derivando en una gratificación sintiente eudemónica.

En términos filosóficos, la Voluntad se consuma y detona un estado mental armónico que perdura en el tiempo.

En términos poéticos, La Vida, a través de la consciencia, consuma una victoria individual contra la fuerza existencial obscura que todo lo desordena; evitando así un destino gélido y procurando un porvenir fecundo.

El sentimiento que este fenómeno detona es el más profundo y trascendente. A veces, se confunde con placeres pasajeros, pero una alegría parcial no desemboca en prosperidad sustentable. Es esencial entender la diferencia entre ambas posibilidades ya que una puede destruirnos, y la otra, liberarnos.

Un Ser "feliz", es un Ser Libre, porque consigue aquello que le otorga las más gloriosas recompensas sintientes; cumplir insondablemente con las metas para lo que fue conformado: defender la lucha de La Vida por resistir y prevalecer.

II. LA LIBERTAD Y SUS CAUSAS

La Libertad del Ser es la posibilidad de cumplir con su Propósito, en línea con el Propósito de sus causas.

Demostración:

La Libertad del Ser (por el Axioma I de la Geometría de la Libertad) representa la posibilidad de cumplir con su Propósito o diseño biológico, el cual, (por la Proposición VII de la Geometría de El Todo) es determinado por los objetivos o primera derivada de sus causas. Q.E.D.

Escolio:

Entonces, la Libertad es un armónico cantar que figura la posibilidad de cumplir con nuestros mandatos biológicos, con aquello para lo que fuimos diseñados.

Dicho logro, nos recompensará con las satisfacciones más codiciadas, con la moneda de valor más anhelada por una mente: sentimientos positivos profundos.

Recordemos, que dichos objetivos biológicos no son lineales. Son múltiples, se encuentran superpuestos y se definen en función de distintas capas que pueden diferenciarse por su etiología (origen) y teleología (propósito).

La Libertad, en el círculo instintivo, se alcanza cuando cumplimos con las instrucciones genéticas que han representado una ventaja de supervivencia previa. Por ejemplo, al tomar una decisión que satisface nuestro deseo por descubrir.

En la esfera emocional, cuando atendemos a las solicitudes reactivas presistematizadas de nuestro organismo. Por ejemplo, al consumir alimentos que provocan la liberación de neurotransmisores indulgentes.

En el estrato racional, cada vez que encontramos la conexión causal entre fenómenos experimentados y pensamientos lógicos. Por ejemplo, al resolver enigmas matemáticos.

En la veta creativa, cuando fusionamos ideas intuitivas y racionales en un conjunto que impacta dentro y fuera de la mente con soluciones magnánimas a nuestras motivaciones.

En el reino espiritual, con cada acción y pensamiento que aporta un bien mayor para la lucha de La Vida por trascender.

Todas estas referidas conquistas, impactarán en el dominio sintiente, desembocando en afectos positivos, con mayor o menor intensidad dependiendo de su aportación a la búsqueda homeostática.

Con una perspectiva amplia, se trata de un extraordinario *todo* procurando un balance individual y colectivo que le permite prevalecer; cada acercamiento al esperado equilibrio detonará un efecto prodigioso en la mente de cada una de sus partes.

Cuando tenemos la posibilidad de alcanzar nuestro máximo bienestar, realizando nuestros Propósitos biológicos y sumando a la pugna cabal vital, entonces, la Libertad se presenta con honores y retribuciones.

¿Cómo apoyamos conscientemente para obtener dichas posibilidades? Revisemos las variables que lo permiten a continuación.

III. POTENCIA PARA SER LIBRES

La potencia de un Ser para ser Libre tiene causas identificables.

Demostración:

La potencia de un Ser para cumplir con su diseño biológico depende de factores externos e internos que (por la Proposición IV de la Geometría de la Consciencia) puede identificar y elegir transformar por medio de la consciencia. Q.E.D.

Escolio:

Desde una perspectiva racional, a través de la consciencia, los *Homo sapiens* somos capaces de identificar causas que anteceden a cualquier fenómeno experimentado dentro del marco de nuestras capacidades cognitivas.

Dicha facultad posee un sesgo fundamental importante, corresponde a una interpretación subjetiva simulada con frecuentes contradicciones. En otras palabras, es solo un (muy útil) mapa imperfecto que nos muestra el territorio.

Sin embargo, esta limitada interfaz interna, que conectamos con otra mentes, ha develado información relevantísima que nos ha permitido transformar nuestro cuerpo, mente y entorno.

Cuando esta identificación causal considera, no solo pensamientos lógicos-cuantificables, sino también la información que nos comparten nuestros sentimientos cargados de aprendizajes obtenidos durante más de tres mil millones de años, entonces las revelaciones son aún más trascendentes.

Con este ímpetu, es como podemos ganar, conscientemente, control sobre aquello que nos permite cumplir con nuestro diseño biológico.

Es decir, cuando la habilidad creativa fusiona razón e intuición, puede encausar nuevos pensamientos que nos permiten aumentar exponencialmente nuestra potencia para cumplir nuestro máximo afán: ser Libres.

IV. FORTALEZA

La potencia de un Ser para ser Libre depende de su fortaleza.

Demostración:

La potencia de un Ser para cumplir los objetivos de sus causas y alcanzar su bienestar, depende del estado óptimo de los recursos que lo conforman, lo cual, determina su fortaleza. Q.E.D.

Escolio:

Dentro de la existencia que experimentamos, podemos identificar elementos que componen nuestro Ser por medio de la consciencia, y en particular, de la propiocepción.

Entre dichos componentes, encontramos el cuerpo y la mente. Una dualidad ilusoria que, desde una óptica biológica, está evidentemente unificada. Sin embargo, con un afán didáctico, es muy útil diferenciarlos.

Tanto el cuerpo, como la mente, son fenómenos dinámicos en movimiento constante, capaces de transmutar en estados con valencia variable. En otras palabras, pueden presentar una condición óptima o adversa que refiero como —fortaleza para cumplir con su diseño—, o falta de ella.

Si el cuerpo y la mente son fuertes, entonces tienen la potencia necesaria para llevar a cabo sus funciones vitales, sin obstrucción, y con un flujo armónico. Por lo tanto, la fortaleza es una variable esencial para la Libertad.

Dicha fortaleza, también impacta directamente en la posibilidad de ejercer el ingenio creativo al máximo. Nuestra competencia para formar pensamientos que impactan en el porvenir es directamente proporcional a la fortaleza de nuestro cuerpo, mente y ánimo. *Vires nos liberabit.*

V. FORTALEZA FISIOLÓGICA

La fortaleza fisiológica depende de la nutrición y cuidado del cuerpo.

Demostración:

El Ser (por la Proposición X de la Geometría de El Todo) representa al conjunto integral que forma la esencia propia del individuo incluyendo de forma no limitativa al cuerpo, mismo, que depende de la energía y recursos del exterior, así como de su mantenimiento. Por lo tanto, aquello que se utiliza como fuente de recursos (nutrición) así como la calidad de mantenimiento (ejercicio) del cuerpo, determinará la fortaleza del mismo. Q.E.D.

Escolio:

Desde LUCA — *Last Universal Common Ancestor* —, la primer molécula que logró autorreplicarse en el Planeta, los seres vivientes dependemos de los recursos energéticos del entorno para resistir y evitar caer en el caos entrópico que todo lo congela.

Dichos recursos poseen cualidades variables que pueden ser más, o menos, compatibles con el diseño biológico del metabolismo de cada Ser, estructurado durante más de tres mil millones de años. Por lo tanto, el carácter benéfico o adverso de los alimentos, se encuentra predefinido genéticamente y podemos identificarlo.

Entonces, la nutrición óptima, entendida como el conjunto de elementos —en calidad y cantidad— que consume un organismo para obtener recursos con la mayor compatibilidad metabólica, es un fenómeno deducible.

En el siglo XXI, los avances científicos nos han permitido reconocer los alimentos más favorecedores para el organismo humano; aquellos que nos dotan con la mayor fortaleza fisiológica. Se trata, de los alimentos de origen vegetal crudos vivos: pastos, brotes, algas, verduras, semillas, legumbres y frutas. Esto último, se encuentra muy bien documentado, incluso, a pesar de la interferencia académica que han impulsado las grandes industrias dedicadas a comercializar productos dañinos como los lácteos, carnes y procesados. Para mayor referencia sobre estas contundentes deducciones, es muy recomendable el trabajo del *Dr. Brian Clements* y del *Dr. Thomas Colin Campbell.*

Somos lo que comemos. La nutrición, como lo sugeriría Hipócrates, es la mejor medicina; pero también, aquello que nos conforma y permite la fortaleza para admitir nuestras funciones. Cabe aclarar, que esto último no solo depende de ingerir los alimentos adecuados, sino también, —muy importante para la humanidad contemporánea—, de no consumir los nocivos.

Por otro lado, encontramos que el bienestar fisiológico también requiere de mantenimiento mecánico, coloquialmente llamado ejercicio. Una vida estática, provoca patologías diversas. En cambio, el movimiento constante del cuerpo permite conservar un estado vigoroso. Particularmente, los entrenamientos con el propio peso, sistematizados para reforzar progresivamente los centros de balance musculares y el sistema circulatorio, suelen ser los más benéficos.

Nuestra fortaleza fisiológica, depende de una nutrición y hábitos de entrenamiento somático óptimos. Mismos, que nos permitirán obtener potencia para cumplir con nuestro diseño biológico, y por lo tanto, nos hará Libres.

VI. FORTALEZA PSICOLÓGICA

La fortaleza psicológica depende de la nutrición y cuidado de la mente.

Demostración:

El Ser (por la Proposición X de la Geometría de El Todo) representa al conjunto integral que forma la esencia propia del individuo incluyendo de forma no limitativa a los pensamientos, mismos, que (por la Proposición IV de la Geometría de la Consciencia) pueden ser transformados por la consciencia, y por lo tanto, dotados con fortaleza. Q.E.D.

Escolio:

La mente se nutre (o conforma) con pensamientos; mismos, que podemos modelar por medio de la consciencia.

Por lo tanto, existen decisiones lúcidas sobre qué ideas pensamos, que benefician o agravian a la mente.

Psicológicamente, somos lo que pensamos.

Entonces, deberíamos procurar nutrirnos con *información inteligente*, con aquellos elementos ideológicos realmente útiles y concordantes con la fenomenología experimentada. Es importante hacer esta distinción porque, así como los alimentos nocivos corroen el cuerpo, también las ideas falaces cargadas con sesgos egoístas destruyen la mente. Creer que ya-sabemos es el primer enemigo de La Verdad. En cambio, aceptar nuestra ignorancia, nos devela un camino luminoso y lleno de congruencia. Si es que existe aquél (muy improbable) destino culminante en que adquirimos todo conocimiento verás, la realidad, a pesar de todos nuestros esfuerzos, es que nos encontramos realmente lejos de él. Sin embargo, parece que sí hemos avanzado y que podemos aproximarnos gradualmente.

Además de *pensamientos lógicos* congruentes que superen inclinaciones individualistas, la mente también requiere de foco en *pensamientos homeostáticos* (sentimientos) positivos. Recordemos, que estos primeros son cuantificables, y los últimos, incuantificables. Un ecosistema neural cargado principalmente con ideas sobre el pasado, presente y futuro que desembocan en un sentimiento positivo, es una mente que se siente segura, y por lo tanto, es sana, fuerte y productiva. Para mayor referencia sobre la relación de la seguridad con el bienestar y la creatividad, ya hemos citado anteriormente el magistral trabajo del neurocientífico *Dr. Stephen W. Porges*.

Pero ¿cómo podemos lograr esto último? Primero, entendiendo el silogismo trifásico: los sentimientos positivos (alegrías) se presentan con deseos cumplidos, y los negativos (tristezas), con deseos incumplidos. Segundo, advirtiendo que el miedo se da frente a la posibilidad futura de no obtener o perder alegrías. Tercero, y, por ende, comprendiendo que todo miedo tiene una causa representada por un deseo. Si entendemos nuestros deseos, ganamos control sobre los miedos y la posibilidad de mitigar sus efectos enfocando el pensamiento en alternativas que potencialmente desemboquen en alegrías. De esta forma engendramos un bucle positivista que carga a la mente con ánimo y fortaleza.

En términos más sencillos: no pienses cómo no, sino cómo sí. Con ideas contrafactuales (del pasado), cambia el "si hubiera…", por "qué bueno que…"; y con ideas prefactuales (del futuro), cambia el "y si no…" por "y si sí…". Cultivar efectos sintientes positivos en la mente es un arte que requiere de esfuerzo consciente, con frutos sorprendentemente gratificantes.

Por último, entrena la mente. La información inteligente y un patrón de pensamiento positivo no llegan solos. Doma tus ideas y la forma en que se modelan dentro de ti; tal como ejercitamos el cuerpo, también se debe ejercitar la mente. Existen diversas técnicas para ello, principalmente meditaciones que procuran el control neural.

Así, deducimos que la fortaleza psicológica, aquella que nos permite cumplir con nuestro diseño biológico de la forma más adecuada, requiere de información inteligente, creatividad (modelado de ideas) orientada a lo positivo y ejercicio de la psique constante.

Nuestros pensamientos nos harán Libres.

VII. AUTOCONTROL (Fortaleza de ánimo)

La potencia de un Ser para ser Libre depende de su capacidad de autocontrol.

Demostración:

En un contexto cambiante, los aprendizajes transmitidos por medio de la genética y la programación biológica-emocional del Ser no siempre son benéficos. La capacidad racional (por la Proposición LVII de la Geometría del Ser y los Deseos) permite a los organismos inteligentes ajustar dicho sesgo por medio del autocontrol, mitigando temporalmente deseos instintivos y emocionales para procurar el bienestar y su fortaleza. Q.E.D.

Escolio:

La razón, también conocida etológicamente como corticalización, está diseñada biológicamente para permitir el autocontrol: mitigar temporalmente patrones de reacción y de comportamiento innatos cuando éstos resultan contraproducentes en distintos contextos.

Con este último párrafo, evitamos una infinidad de confusos sesgos cognitivos individualistas producto del miedo y la soberbia. Lo explico mejor a continuación.

Es cierto, a todos los *Homo sapiens* nos satisface pensarnos en control de nuestra mente y entorno; pero aquél inocente deseo no representa la realidad. Lo difícil de aceptar sobre la inmensa influencia de La Vida, los genes y emociones en nuestros comportamientos, es comprometer aquél ilusorio sentido de control. Sin embargo, la intención correcta para procurar decisiones inteligentes es entender, y por lo tanto aceptar, el funcionamiento conductual biológico.

La humanidad entera, incluso desde el nacimiento, sonríe para expresar alegrías, y llora, para exteriorizar tristezas. Estudios con niños ciegos y sordos demuestran la misma norma, no se trata de prácticas aprendidas. Esto último, solo por poner un ejemplo de los tantos patrones fijos de acción y reacción presistematizados en nuestra conducta. Existen pautas de comportamiento y hasta rituales enteros que compartimos entre culturas por todo el mundo y la historia. Nos encontramos profundamente condicionados, por diseño.

Entonces, la clave sobre el párrafo inicial de este escolio está en las palabras "mitigar temporalmente": podemos decidir sobre aquello que deseamos, pero no podemos decidir qué deseamos. Los instintos, las emociones y el ímpetu por proteger La Vida entera, no desaparecen por el hecho de que podamos decidir —temporalmente— contra ellos.

Con estas reflexiones, y dejando claro que el control nunca es total, ahora podemos exponer de forma más acertada el concepto de *autocontrol*.

Las serendípicas singularidades en el mapa evolutivo, se dieron cuando los seres vivientes obtuvimos el don de la razón y creativo. Aquellas facultades nos permitieron ganar espacios parciales de autoridad sobre nuestro instructivo de procedimientos documentado durante miles de millones de años. Con la razón, conseguimos tomar decisiones propias en tiempo presente, estimando el entorno actual; con la creatividad, transformar la realidad para el futuro.

Pero el gran hito natural, el contundente cambio de dirección, aguarda aún su llegada. Ya se nos otorgaron las armas, pero apenas comenzamos a saber utilizarlas. El giro se dará cuando la mayoría de los seres humanos (no solo unos cuantos) escuche —principalmente— a sus deseos espirituales, racionales y creativos, y no a los emocionales e instintivos: cuando el bien común prevalezca, la información inteligente fluya y la composición del porvenir se cante al unísono. De eso se trata el autocontrol, también conocido como fortaleza de ánimo; una herramienta aún más útil que el mismo fuego de Prometeo, la cualidad que nos hará Libres.

VIII. CAPACIDAD CREATIVA

La potencia de un Ser para ser Libre depende de su capacidad creativa.

Demostración:

El Propósito de los organismos creativos (por la Proposición LX de la Geometría del Ser y los Deseos), el efecto en común que podemos inferir por sus atributos en todos sus modos es la búsqueda por crear nuevos pensamientos conformados por pensamientos lógicos y pensamientos homeostáticos con el objetivo de adaptarse y volverse el cambio constante e infinito. Cumplir con dicho objetivo, le representa al Ser herramientas para cumplir con su diseño biológico, en todas sus Dimensiones, y por lo tanto, (por la Proposición II de la Geometría de la Libertad) le dota de potencia para ser Libre. Q.E.D.

Escolio:

La creatividad, representa un objetivo biológico *per se* que nos dota con la Libertad de cumplir con nuestro diseño. Es decir, los organismos creativos compartimos el deseo intrínseco por formar nuevas ideas que impactan en el porvenir; al conseguirlo, ya estamos cumpliendo una meta esencial del Ser.

Pero también, la creatividad significa la herramienta consciente más útil que tenemos los seres humanos para acatar los mandatos espirituales, instintivos, emocionales, sintientes y racionales.

Se trata de un Propósito diseñado para admitirnos alcanzar otros Propósitos.

Sin embargo, el reto no es fácil. Ser capaces de, no solo resistir el embate del cambio, sino reformarlo, es un esfuerzo titánico que requiere de todos nuestros recursos vitales.

Subrayando que la Libertad figura la posibilidad de cumplir con nuestro proyecto biológico; entonces encontramos que la creatividad es un fundamento primario para alcanzarla.

Esta peculiar habilidad, que simboliza el ápice del arsenal evolutivo, tiene un rango de influencia que define su potencia. A mayor creatividad, mayores posibilidades de impactar en el futuro y de cumplir con nuestra arquitectura germinal.

Dicha potencia creativa, se apoya con instrumentos clave para reforzarse; entre ellos: *la inteligencia racional*, *emocional* y *espiritual*. Revisaremos estos últimos a continuación.

Prendamos firmemente las fuerzas que construyen el don creativo y sentemos las bases para un futuro cargado con Libertad.

IX. INTELIGENCIA RACIONAL

La capacidad creativa depende de la inteligencia racional.

Demostración:

Los organismos inteligentes, caracterizados por su facultad racional que (por la Proposición LI de la Geometría del Ser y los Deseos) corresponde a la búsqueda de causas y efectos por medio de pensamientos lógicos, son (por la Proposición

LVIII de la Geometría del Ser y los Deseos) causa de los organismos creativos. Por lo tanto, la inteligencia racional representa un pilar fundamental para el ejercicio creativo. Q.E.D.

Escolio:

La razón, representa nuestra capacidad para identificar causas y efectos sobre información exteroceptiva, propioceptiva e interoceptiva; misma que proviene, respectivamente, del exterior a través de los sentidos, del cuerpo y del funcionamiento interior del mismo.

Por otro lado, la inteligencia, por definición, implica la posibilidad de "elegir entre opciones". Por lo tanto, la *inteligencia racional*, figura el rango dinámico que refleja nuestra habilidad de tomar decisiones con base en pensamientos cuantificables y con causalidad.

Dicho de otra forma, seremos más inteligentes racionalmente, mientras tengamos más información y podamos detectar mejor su interrelación: recopilación, retención y procesamiento de datos lógicos. Tal como lo hace una computadora moderna, las cuales, al día de hoy, ya superan enormemente la inteligencia racional humana.

Ahora, la estructura de las ideas creativas se forma, en gran parte, precisamente con ideas racionales. Por lo tanto, a mayor inteligencia racional, mayor potencia creativa y mayores posibilidades de cumplir con nuestro arquetipo biológico.

Entonces, ¿Cómo podemos nutrir la inteligencia racional aportando a la Libertad del Ser?

1) Recopilando la mayor cantidad de información inteligente, aquella que representa más fielmente la fenomenología experimentada intersubjetivamente.

2) Procesando dicha información arduamente detectando su causalidad superficial y profunda.

3) Procurando decisiones fundamentadas en dichos datos procesados.

A pesar de la inmensa robustez que aporta la inteligencia racional a la creatividad, y por lo tanto a la Libertad, no podría operar sola, requiere de otros modos de inteligencia con valiosísima información incuantificable que expondremos a continuación. Ha llegado el momento de romper el vano paradigma que posiciona a la razón en un trono autoritario y transferirlo a un sabio y magnánimo consejo lleno de vida y posibilidades de supervivencia.

X. INTELIGENCIA EMOCIONAL

La capacidad creativa depende de la inteligencia emocional.

Demostración:

Los organismos con emociones, caracterizados (por las Proposición XXII y de la Geometría del Ser y los Deseos) por su reactividad presistematizada, son causa (por la Proposición XXXIII de la Geometría del Ser y los Deseos) de los organismos sintientes caracterizados (por la Proposición XXXV de la Geometría del Ser y los Deseos) por la búsqueda de sentimientos positivos, que a su vez son (por la Proposición XLV de la Geometría del Ser y los Deseos) causa de los organismos inteligentes, que a su vez (por la Proposición LVIII de la Geometría del Ser y los Deseos) son causa de los organismos creativos. Por lo tanto, la inteligencia emocional representa un pilar fundamental para el ejercicio creativo. Q.E.D.

Escolio:

La creatividad fusiona ideas lógicas con sentimientos. Esto sucede en todos los procesos neurales del *Homo sapiens*, sin excepción. Por lo tanto, las Dimensiones Emocional y Sintiente son piezas clave para entender y potenciar el ímpetu Libertario.

Si pretendemos cumplir con nuestro diseño biológico para develar las recompensas mentales más grandiosas, debemos saber seleccionar entre posibilidades emocionales.

¿Por dónde empezar? Precisamente por el comienzo, desde su origen, por las causas de las emociones. Recordemos que estas últimas, corresponden a estados del cuerpo encauzados por diferentes estímulos. El ser humano, acata instrucciones de reacción muy bien estructuradas *a priori* que se manifiestan en: patrones fijos de acción e interacción, programas motores, mecanismos de detonación, disposiciones verbales de socialización y aprendizaje, patrones instintivos de comportamiento, entre otros atributos innatos. ¿Ejemplos? Sonreír, llorar, sujetar, tragar, enfrentar, huir, dominar, suplicar, respirar, señalar, expresar, comunicar, coquetear, abrazar, empatizar etc. Las reacciones innatas dan forma específica a nuestro comportamiento día a día cuando se combinan con: 1) su representación mental (sentimientos), 2) experiencias individuales, y 3) aprendizajes culturales. La programación biológica-emocional que resulta en diversos marcos somáticos permea en cada uno de nuestros pensamientos y decisiones.

Por estas razones, es tan importante comprender la fenomenología emocional; identificar su inmensa influencia para optar por mejores determinaciones conscientes.

Una técnica muy simple y contundente, es considerar el silogismo trifásico para tomar decisiones. Es decir, reconocer qué deseo hay detrás de cada emoción o sentimiento. ¿Por qué quiero x? Esta pregunta nos revela la profundidad de nuestra estructura biológica y nos admite controlar mejor sus efectos en la mente. Cuando detectamos la razón por la que deseamos algo, con base en nuestras predisposiciones instintivas y emocionales, entonces se multiplica la potencia de elegir pensamientos orientados hacia el máximo bienestar. Justamente, de esto último se trata la *inteligencia emocional.*

Cuando combinamos inteligencia racional con inteligencia emocional para guiar nuestro pensar y conducta, aumentamos en exponencial la fuerza creativa que nos lleva a un puerto Libre lleno de satisfacciones. Descodifiquemos los planos maestros germinales que se reflectan en nuestra experiencia y utilicemos esa sabiduría para cambiar el mundo, es momento de una humanidad mucho más inteligente emocionalmente.

XI. INTELIGENCIA ESPIRITUAL

La capacidad creativa depende de la inteligencia espiritual.

Demostración:

La Vida, representada por la Dimensión Espiritual, (por la Proposición VI de la Geometría del Ser y los Deseos) es metacausa de todos los modos del Ser, incluidos los organismos creativos. Por lo tanto, (por la Proposición V de la Geometría del Ser y los Deseos) el Propósito de La Vida entera por resistir y prevalecer, escudado por la inteligencia espiritual, es un pilar fundamental para el ejercicio creativo y el estado de Libertad. Q.E.D.

Escolio:

Comprender que La Vida, en todas sus manifestaciones, es un equipo interconectado luchando por un objetivo en común, y tomar decisiones con base en ello, representa la esencia de la *inteligencia espiritual.*

La interrelación vital se trata de un fenómeno mecánico, manifiesto de forma evidente, a través de un sin fin de atributos que experimentamos todos los días. Por ejemplo, la vehemente motivación que tenemos los seres humanos por proteger al Planeta o a otros seres indefensos.

La inteligencia espiritual, no solo se trata de buenas intenciones, el apoyo mutuo tiene una función muy bien definida: sumar fuerzas. Sin la colaboración no existiría ningún ser viviente.

La magnificencia vital se muestra como una armónica orquesta compuesta por átomos, moléculas, genes, células, órganos, organismos, ecosistemas, planetas y universos operando al unísono en un engranaje sublime.

Estar vivo, desde una óptica estrictamente biológica, se lo asignamos a aquellos elementos capaces de metabolizar y autorreplicarse; o en otras palabras, de absorber recursos de su exterior para mantenerse y hacer una copia de sí mismos. Esto último, representa la extraordinaria habilidad de desafiar a la segunda ley de la termodinámica que propone que los sistemas tienden al desorden y dispersión de energía. Pero, si llevamos nuestra observación a un nivel más profundo, encontramos que estos elementos vivos, también se encuentran interconectados y dependen de otros elementos que consideramos inertes; la frontera de La Vida es muy delgada, mientras más ampliamos nuestra visión, más confirmamos que todo es uno y uno es todo. Entonces, dicho esto, podemos visualizar que proteger La Vida no solo se trata de procurar la resistencia personal, de la familia, de la civilización, de la especie o de los seres vivientes, sino también, de todo aquello "sin vida" que permite nuestra prevalencia (como el planeta Tierra y su equilibrio).

Resistir y prevalecer; ese, es el mandato central que dirige la sinfonía vital. Lograrlo, no es una misión individual, sino colectiva.

Como seres conscientes, tenemos el privilegio de advertir sobre este gran Propósito y recibir las recompensas sintientes más extraordinarias cuando lo resguardamos. La inteligencia espiritual se da cuando entendemos esto último y tomamos decisiones con base en ello.

¿Cómo desarrollar este tipo de inteligencia? Uniendo puntos, develando la interconexión existencial, con esfuerzos creativos esculpiendo pensamientos de pensamientos que impactan dentro y fuera de la mente para un bien común, conectando en tiempo y espacio con La Vida en todas sus manifestaciones y aquello que la permite, enalteciendo la fuerza vital, o en dos palabras: con empatía.

Una específica e inmensamente gratificante manera de desarrollar el músculo espiritual, es fortaleciendo nuestra *inteligencia musical*; aquella habilidad que nos permite conectar sonidos (notas) en pasado, presente y futuro, con asombrosas composiciones en perfecta sincronía rítmica. Una canción, es una fantástica alegoría del ecosistema vital que conquista batallas con cada nota que regresa a su balance tonal, una serie de tensiones auditivas que encuentran buen puerto con desenlaces armónicos. Tal como lo hace la música, La Vida nos obsequia un sentimiento positivo cada vez que nos alineamos al equilibrio homeostático biológico, no solo individualmente, no solo en tiempo presente, sino también como un conjunto en todos sus niveles espacio-temporales.

Mientras más consideremos la relación que tienen todos los elementos de La Vida y la existencia, mayor será nuestra potencia para diseñar ideas que transforman el futuro: a mayor inteligencia espiritual, mayor creatividad.

Concluyo este apasionante escolio, con un urgente llamado por una humanidad mucho más empática, notando de forma especial que nada existe por sí mismo y que La Vida necesita del apoyo de cada uno de nosotros.

La ciencia y la filosofía están, actualmente, dando pasos agigantados sobre la comprensión de lo que llamamos "vida", existen muchas notas que sugieren que su presencia es mucho más extensa de lo que pensamos. En particular, sugiero especial atención a las ideas de Wilhelm Reich y al campo de la mecánica cuántica.

Finalmente, subrayo: la inteligencia racional, emocional y espiritual nos dotará de la mayor recompensa a la que una mente puede aspirar: ser Libres.

XII. EMPATÍA

La potencia de un Ser para ser Libre depende de su capacidad de empatía.

Demostración:

La Libertad (por la Proposición II de la Geometría de la Libertad) es la posibilidad del Ser de cumplir con sus Propósitos que (por la Proposición VII de la Geometría de El Todo) son determinados por sus causas y que (por la

Proposición I de la Geometría de El Todo) se encuentran interrelacionadas con El Todo. Por lo tanto, la empatía, entendida como la capacidad de percibir dicha interrelación, aumenta la potencia de un Ser para ser Libre. Q.E.D.

Escolio:

La experiencia que llamamos empatía es mucho más grande y trascendente de lo que normalmente pensamos. No solo se trata de nuestra capacidad de sentir lo que otros; en realidad, estamos conectando con la totalidad de la existencia en espacio y tiempo. Lo explico a continuación.

Los sentimientos, son representaciones mentales que reflejan aprendizajes obtenidos durante miles de millones de años de evolución, y también, la conexión que tenemos con el origen primal de nuestra existencia. Los afectos significan un idioma encriptado, no cuantificable, que solo los organismos sintientes somos capaces de entender. Se trata de señales privilegiadas que nos comunican directamente con el pasado, presente y futuro, así como con todo lo que nos rodea.

Recibimos incentivos sentimentales cuando beneficiamos nuestras posibilidades de supervivencia individuales, pero también, y de manera intensa, cuando aportamos al balance colectivo que procura la prevalencia vital en armonía con todo lo que nos rodea y sus orígenes.

Estos fenómenos mentales, que referimos como sentimientos, reflejan el bienestar personal, colectivo y de La Vida entera.

La magnitud e importancia de nuestra capacidad empática son tan colosales que apenas comenzamos a entenderla.

Ahora, en la mente, los sentimientos no son la única fuente de información sobre la existencia. Si consideramos la empatía como nuestra capacidad de percibir la interrelación de la fenomenología vital, entonces también aportan los pensamientos racionales y creativos.

En resumen, lo que propongo es, que la *empatía* se trata de la percepción amplia e integral en la mente que comprende razón, intuición, creatividad y espíritu. Entendiendo este último (espíritu), como nuestra conexión mecánica con todo lo que nos rodea en tiempo y espacio.

A mayor empatía, mayores posibilidades de entender y cumplir nuestro plan vital, y por lo tanto, mayor Libertad. Sin una perspectiva amplia y nuestra competencia para superponer percepciones individuales con las de otros, nuestro camino sería obscuro e imposibilitado para cumplir objetivos en común.

Los elementos clave son visión e interconexión causal. Para ello, necesitamos información inteligente, retenerla y procesarla; utilizando todo nuestro armamento perceptivo y con un panorama vasto. El futuro de la humanidad y La Vida depende de esta extraordinaria facultad.

La empatía nos hará Libres.

XIII. GAMA DE POSIBILIDADES

La potencia de un Ser para ser Libre depende de la gama de sus posibilidades.

Demostración:

La Libertad (por la Proposición II de la Geometría de la Libertad) es la posibilidad del Ser de cumplir con sus Propósitos; dicha posibilidad es directamente proporcional a la gama de sus posibilidades. Q.E.D.

Escolio:

Como hemos mencionado antes, la inteligencia, por su raíz etimológica se trata fundamentalmente de la capacidad de elegir entre opciones.

La matemática es simple, mientras más posibilidades a elegir, mayores probabilidades para cumplir nuestros objetivos, y por lo tanto, de ser Libres.

¿Pero de dónde obtenemos dichas posibilidades? Aquí es donde se encuentra la cuestión central.

Analicemos la respuesta con base en el mapa evolutivo:

1) La Vida encauzó la formación de genes, capaces de transmitir información de generación en generación: para aumentar las posibilidades. El número de combinaciones posibles de las bases que conforman el código genético es tan inmenso, que representa una casi infinita gama.

2) Los genes programaron organismos con emociones con un detallado instructivo reactivo actualizable: para aumentar las posibilidades. Las emociones, son una guía de reacción que nos muestra los caminos que han demostrado ser los más aptos para la supervivencia en el pasado. Mismas, que se renuevan constantemente con un repertorio enorme de opciones.

3) Los organismos con emociones, evolucionaron en organismos inteligentes, con una mente que les permitió tomar decisiones distintas a las predispuestas genética y emocionalmente: para aumentar las posibilidades. Pero

también, incluyendo un termostato sintiente que los mantiene en el rumbo del bien común y lo aprendido previamente: para aumentar las posibilidades.

4) Los organismos inteligentes, evolucionaron en organismos creativos, capaces de transformar sus pensamientos, el entorno y el futuro: para aumentar las posibilidades.

La evolución entera se nutre con este objetivo nuclear: aumentar las posibilidades.

Ahora, como seres conscientes, ¿cómo podemos aportar a este proceso de creación de posibilidades?

Por un lado, recaudando e identificando información inteligente por medio de: 1) experiencias observables y 2) modelando pensamientos nuevos que reflejan la realidad presentada y que derivan en el crecimiento de nuestro rango selectivo. En otras palabras, creatividad potenciada con visión espacial-temporal (ciencia) y visión teórica (filosofía).

También, como parte de nuestra armería vital, sumando posibilidades conectando información inteligente en forma de pensamientos lógicos y sentimientos con El Todo (visión integral).

Así, podemos acercarnos a la tan anhelada Verdad que por sí misma nos admite Libertad.

XIV. VISIÓN

A mayor Visión e información inteligente disponible, mayor gama de posibilidades y por lo tanto mayor potencia de un Ser para ser Libre.

Demostración:

La Libertad (por la Proposición II de la Geometría de la Libertad) es la posibilidad del Ser de cumplir con sus Propósitos; dicha posibilidad es directamente proporcional a la gama de sus posibilidades; dicha gama, a su vez, es directamente proporcional a la amplitud de la información y perspectiva disponible. Q.E.D.

Escolio:

Una visión penetrante es el activo espiritual más valioso que puede tener una mente. Refiriendo "activo espiritual" como aquello que nos permite develar la interconexión mecánica de la existencia.

Cuando aislamos los procesos fenomenológicos, es más sencillo identificar su causalidad particular, sin embargo, dejamos fuera una variable evidente: la relación que tiene el sistema con todo lo que le rodea.

La física newtoniana nos demostró la practicidad de enfocarnos en fracciones de lo que llamamos realidad. Pero, la mecánica cuántica, el estudio de lo más ínfimo, nos reveló que mientras más seccionamos obtenemos menor congruencia. Esta situación tomó por sorpresa al mundo de la ciencia, sin embargo, la explicación general parece ser incontrovertible: no se puede entender algo como independiente si no lo es.

A simple vista, con un poco de sentido común, podemos caer en cuenta de que nada existe por sí mismo; por lo tanto, si pretendemos acceder a La Verdad, debemos considerar el panorama macro.

Por eso, una visión extensa es requisito para evitar caer en el absurdo. Además, nos dotará con nuevas posibilidades inteligentes que cargarán nuestra potencia para ser Libres.

No es lo mismo lo que se ve debajo, que en la cima de la montaña. Una visión penetrante nos autoriza el acceso a puntos de vista privilegiados.

Precisamente, desde esa enaltecida óptica, encontramos que La Vida es un complejo unido con una lucha en común: resistir y prevalecer. A partir de esta observación, se deriva una serie de ideas que favorecen nuestros alcances conscientes. Además, si lo llevamos aún más allá, comenzamos a encontrar íntimos entrelazamientos con el universo entero.

Estamos conectados profundamente en tiempo y espacio.

Por todas estas razones, doto a la palabra Visión con una "V" mayúscula, para entenderla como el rango más amplio posible de información inteligente. Se trata de una hermana gemela de la Libertad que debe ocupar una posición estelar en los esfuerzos por comprendernos a nosotros mismos.

Nota complementaria:

Como parte de los modelos *Inteligencia Creativa* y *El Triángulo Fractal de la Libertad*, propongo que el *Homo sapiens*, como organismo creativo, tiene la posibilidad de ampliar su Visión y reforzar su habilidad empática, por medio de:

1) *Visión espacial-temporal*: experiencias observables y cuantificables.

2) *Visión teórica*: modelado de ideas potencialmente validables con la experiencia.

3) *Visión integral*: explorando la profundidad causal con relación a un plano universal y con todas nuestras posibilidades cognitivas.

XV. VISIÓN ESPACIAL-TEMPORAL

La capacidad de empatía de un Ser depende de su visión espacial-temporal.

Demostración:

La empatía, entendida como la capacidad del Ser de percibir la interrelación de La Vida y El Todo, (por la Proposición XII de la Geometría de la Libertad) aumenta la potencia de un Ser para ser Libre. Dicha capacidad (por la Proposición XIV de la Geometría de El Todo) es directamente proporcional a los estados de consciencia que marcan su rango de visión sobre La Verdad. Dicha visión, se amplía con las experiencias observables del Ser sobre la fenomenología espacial y temporal; lo cual, por lo tanto, aumenta su capacidad de empatía y de Libertad. Q.E.D.

Escolio:

La visión *espacial y temporal* incluye todo aquello que percibimos, a través de los sentidos, en forma de *imágenes* neurales (visuales, sonidos, olores, sabores y sensaciones) sobre el plano que llamamos espacio-tiempo.

En otros términos, representaciones mentales exteroceptivas que procesamos e interrelacionamos con base en su causalidad por medio de la razón.

Es comúnmente conocida como *ciencia* y nos ha obsequiado la oportunidad de transformar directamente lo que nos rodea. Sin embargo, debemos tener una consideración importante en cuenta: no es lo mismo observar o manipular, que entender. Es decir, somos capaces de encauzar efectos de la fenomenología observable, pero eso no significa que conozcamos su esencia realmente. El clásico debate en el área de la mecánica cuántica entre la *Escuela de Copenhague* y Albert Einstein ilustra muy bien la situación; este último defendía la importancia de entender ¿por qué? y no solo cómo calcular probabilidades.

Lo que sucede dentro de nuestra mente es una cartografía que marca guías muy prácticas, pero el mapa no es el territorio. Para identificar las virtudes ontológicas de la existencia, debemos tomar en cuenta la forma en que nuestra consciencia percibe, procesa y opera. Por lo tanto, nos encontramos en un bucle delimitado por nuestras capacidades cognitivas como especie.

Además, los pensamientos lógicos que podemos cuantificar en la mente, no son el único recurso cognitivo que tenemos, también experimentamos interpretaciones neurales incuantificables que alimentan nuestro entendimiento; como los sentimientos.

Antepongo estas reflexiones, con el fin de no monopolizar el reino de la comprensión humana limitando nuestra potencia para conocer La Verdad con solo lo calculable.

Dicho esto, podemos retomar la envergadura del método científico; al día de hoy, representa nuestra herramienta más fiel para predecir e impulsar el comportamiento de lo que nos rodea. Sin duda, es un esfuerzo que debemos procurar para obtener una Visión más completa.

Sin un ejercicio constante de observación y correlación racional, la humanidad no tendría (para bien o para mal) el poder de influencia que posee ahora; gracias a ello, somos la especie dominante del planeta Tierra. Hemos conseguido enormes avances en esta área, y nos queda un larguísimo trecho por recorrer, las posibilidades son vastas. Con este ímpetu, es incluso inimaginable lo que seremos capaces de lograr en el futuro lejano.

A mayor información lógica derivada de observaciones espacio-temporales, mayores posibilidades creativas, por lo tanto, mayor capacidad de percibir la interrelación de la fenomenología vital (empatía), y por lo tanto, mayor Libertad.

El futuro le pertenece a una humanidad inteligente.

XVI. VISIÓN TEÓRICA

La capacidad de empatía de un Ser depende de su visión teórica.

Demostración:

La empatía, entendida como la capacidad del Ser de percibir la interrelación de La Vida y El Todo, (por la Proposición XII de la Geometría de la Libertad) aumenta la potencia de un Ser para ser Libre. Dicha capacidad (por la Proposición XIV de la Geometría de El Todo) es directamente proporcional a los estados de consciencia que marcan su rango de visión sobre La Verdad. Dicha visión, se amplía con las ideas procesadas en la mente de los organismos creativos; lo cual, por lo tanto, aumenta su capacidad de empatía y de Libertad. Q.E.D.

Escolio:

El campo de visión teórico integra nuestra capacidad de interrelacionar pensamientos que no necesariamente son cuantificables u observables directamente.

Es importante, considerar que la práctica se encuentra íntimamente ligada a la teoría; no se trata de dos territorios independientes, sino superpuestos. Sin embargo, resulta conveniente hacer esta diferenciación para curar el camino hacia la información inteligente, aquella más apegada a La Verdad.

La visión teórica, además de la razón, incluye un importantísimo modo cognitivo, cargado de abundante sabiduría y destellos de realidad que refiero como intuición. No porque los sentimientos sean ideas incuantificables, significa que no aporten un panorama veraz. Todo lo contrario, son las señales menos alteradas que recibimos de la existencia. La sintiencia que experimenta nuestra mente nos revela, sin necesidad de códigos adicionales, la esencia misma del Ser, su naturaleza espiritual, emocional y genética, así como los aprendizajes que hemos adquirido durante miles de millones de años.

También, incluye aquellos pensamientos que no necesariamente representan fenómenos exteroceptivos observados. Académicamente es referida como *filosofía*, y popularmente la acompaña un prejuicio muy contraproducente para el progreso: la creencia de que tiene validez solo aquello que podemos ver y calcular. Este último sesgo no podría estar más equivocado, de hecho parece que lo inalcanzable desde nuestras capacidades cognitivas humanas, es bastante más abundante que lo que hemos logrado identificar hasta ahora.

Por lo tanto, la visión teórica es un pilar fundamental para conocer nuestro diseño y conquistar sus objetivos, es una vía necesaria para acercarnos a La Verdad y a un entendimiento existencial mucho más certero.

En nuestro esfuerzo evolutivo por aumentar las probabilidades de prevalencia de La Vida, ¿debemos entonces privilegiar a la ciencia o a la filosofía? La respuesta es un contundente: ambas. Con esta intención obtendremos muchas más posibilidades y por lo tanto empatía y Libertad.

Es momento de revalorar la intuición y la creatividad como una fuente principal de información inteligente. Pensamientos lógicos y homeostáticos unidos para crear nuevos pensamientos que impactan dentro y fuera de la mente. La luz arriba cuando consideramos nuestras limitantes cognitivas y las extendemos con ayuda del arsenal perceptivo que tenemos como especie: intuición interpretada en forma de sentimientos, razón presentada como ideas lógicas y creatividad expresa en nuevos pensamientos nunca antes observados o experimentados.

La razón, intuición y creatividad nos harán Libres.

XVII. VISIÓN INTEGRAL

La capacidad de empatía de un Ser depende de su visión integral.

<u>Demostración:</u>

La empatía, entendida como la capacidad del Ser de percibir la interrelación de La Vida y El Todo, (por la Proposición XII de la Geometría de la Libertad) aumenta la potencia de un Ser para ser Libre. Dicha capacidad (por la Proposición XIV de la Geometría de El Todo) es directamente proporcional a los estados de consciencia que marcan su rango de visión sobre La Verdad. Dicha visión, se amplía con la capacidad de identificar la naturaleza multimodal de sí mismo en conexión con El Todo y los sistemas modales que lo conforman, referida (por la Proposición VI de la Geometría de la Consciencia) como consciencia profunda; lo cual, por lo tanto, aumenta su capacidad de empatía y de Libertad. Q.E.D.

Escolio:

Nos encontramos ahora en un territorio muy poco explorado, se trata de la capacidad de percibir la conexión de nuestra mente con todo lo que le rodea en tiempo, espacio y más allá.

Refiriéndome a "más allá", de ninguna manera apelo específicamente a algún elemento místico, dogmático u esotérico, sino, simplemente a aquellos posibles planos existenciales que no comprendemos. Sería un acto de descomunal soberbia e ignorancia, creer que la realidad se limita a lo que podemos percibir como especie.

La visión integral, como su nombre lo sugiere, integra visión espacio-temporal con visión teórica, y además, anexa todo aquello que pudiera quedar fuera. Coliga todas nuestras modalidades cognitivas: razón, intuición, creatividad y espíritu.

Es importante recordar, que en el modelo *Inteligencia Creativa*, entiendo *espíritu* con una connotación mecánica, representando aquello que nos conecta con La Vida entera y El Todo.

Expuestas estas consideraciones, podemos develar la potencia de una visión tan amplia que nos supera a nosotros mismos.

Kant, la describiría como sublime.

Freud, encontraría una íntima relación con su idea de *sentimiento oceánico*, aquél que se presenta cuando contemplamos la inmensidad de la que somos parte.

Einstein, la relacionaría con la posibilidad de unificar teorías.

En el mundo de la física, correspondería a la exploración metafísica que rebasa las conclusiones determinadas hasta ahora; una gama de universos incomputados conformados por dimensiones desconocidas y fenomenología sin precedentes.

Y sin embargo, incomprendido no es sinónimo de inexistente.

La buena nueva, es que como especie, parece que nos queda un espacio muy vasto por extender nuestras habilidades perceptivas; aquellas que nos mostrarán lo irreconocible hasta ahora. Mismas, que además, se ampliarán conforme resistimos y prevalecemos en el mapa evolutivo.

¿Cómo entonces accedemos a una visión integral penetrante?

Visualizando desde la perspectiva más amplia posible, entendiendo y abriendo todos nuestros canales cognitivos, entrenando la mente para alcanzar nuevas capacidades, escuchando la valiosísima e inmensa información que tenemos dentro de nosotros mismos, poniendo mucha atención a lo que nos rodea, perfeccionando nuestra facultad de hilvanar pensamientos y, sobre todo, potenciando el afortunado don de la empatía que nos permite superponer nuestra individualidad con la existencia entera.

En términos más prácticos: procurando nuestra fortaleza física y mental, ejerciendo el autocontrol, adiestrando la razón, conectando con las emociones, desarrollando el músculo creativo, detectando causas del exterior, trabajando en nuestros pensamientos y conectando con todo lo que forma parte de nosotros. ¿Cómo? Entre otras actividades: consumiendo los alimentos correctos y no aquellos dañinos, ejercitando el cuerpo y la mente, enfocándonos en lo positivo, detectando deseos egoístas descontextualizados, practicando ejercicios lógicos, identificando el origen de nuestros sentimientos, conectando ideas a través de la escritura y creaciones artísticas, leyendo y aprendiendo sobre ciencia y filosofía, meditando, respetando la dignidad de todos los seres vivientes, cuidando al Planeta y todo lo que nos rodea, escuchando a nuestra intuición, razón y espíritu por igual y nunca perdiendo de vista el esplendor de cada parte que conforma al diseño humano.

Todo esto, no solo nos recompensará con una visión privilegiada, sino que nos permitirá encontrar un balance impregnado con incalculables gratificaciones.

En un plano más estructurado, encontraremos el tan anhelado bienestar con lo que llamo el *Triángulo Fractal de la Libertad*:

FORTALEZA
1) Fortaleza física
2) Fortaleza mental
3) Autocontrol

CREATIVIDAD
4) Inteligencia racional
5) Inteligencia emocional
6) Inteligencia espiritual

VISIÓN
7) Visión espacio-temporal
8) Visión teórica
9) Visión integral

Unamos razón, intuición, creatividad y espíritu por la prevalencia de La Vida y Propósitos aún más grandes por venir.

En otras palabras: luchando por nuestra Libertad.

Spiritus liberabit nos.

XVIII. LIBERTAD DE DECISIÓN

Nota: La Libertad de decisión consciente se da cuando un Ser tiene agencialidad (consciente de sus acciones y pensamientos), cuando existen posibilidades alternas y cuando se presenta un control causal (control sobre la acción o pensamiento).

Es sumamente relevante apreciar la capacidad que tenemos los organismos inteligentes de decidir. Sin embargo, es aún más importante, entender sus pronunciadas limitantes.

Desde un punto de vista filosófico, los seres humanos tenemos la facultad de elegir gracias a que poseemos agencialidad intencional, control causal y la oportunidad de elegir entre posibilidades.

La primera se da gracias a la presencia de una mente consciente con habilidades propioceptivas, interoceptivas y exteroceptivas. La agencialidad intencional implica percibir nuestra anatomía, el funcionamiento de nuestro interior y lo que nos rodea. Como hemos mencionado antes, este proceso de corticalización tiene la función natural específica de permitirnos mitigar temporalmente impulsos presistematizados. Existe una variedad amplia de especies con estos dotes, básicamente aquellas con un sistema nervioso central.

Por otro lado, el control causal lo admite la capacidad racional. Para inteligir, debemos poder identificar y manipular causas, tanto pretéritas como estimadas futuras. En otras palabras, retención y procesamiento de la información que comparten nuestros canales perceptivos y que se manifiesta en acciones impactando dentro y fuera de la mente. También existen muchos seres vivientes con esta licencia. La diferencia está en que algunas especies tienen mayor o menor competencia para dicha ejecución, conservación y computación de datos; con la cual, podrán tener o no acceso a una consciencia autobiográfica y demás cualidades como la creatividad y el lenguaje.

En tercer lugar, de nada nos servirán estos afortunados dones si no tenemos una gama de posibilidades a elegir. Por ejemplo, no existe elección sobre una sola opción, en cambio, a mayor rango de alternativas, mayor potencia de decisión.

Finalmente, reitero una máxima fundamental para cualquier ejercicio humano: **podemos decidir sobre opciones, pero no podemos decidir qué deseamos**. Los deseos representan la base de nuestras elecciones, por lo tanto, aunque así lo parezca, la Libertad de decisión total no existe para el *Homo sapiens*.

Por esta última razón, es tan esencial diferenciar entre libertad y Libertad (con "L" mayúscula). No seremos capaces de sentenciar sobre todo lo que nos rodea, y mucho menos, sobre lo que nos motiva. Empero, sí podemos honrar nuestro diseño y luchar por la Libertad de cumplir con sus Propósitos germinales para alcanzar la culminante cúspide evolutiva.

XIX. DECISIÓN SOBRE LA LIBERTAD

Un Ser consciente puede decidir ser o no ser Libre.

Demostración:

La Libertad (por la Proposición II de la Geometría de la Libertad) es la posibilidad del Ser de cumplir con sus Propósitos. Dicha posibilidad, es afectada directamente, en positivo o negativo, por las decisiones que los Homo sapiens somos capaces de tomar como organismos inteligentes y creativos. Q.E.D.

Escolio:

Podemos decidir ser Libres. ¡Qué afortunada posibilidad! No es fácil, ni perpetuo, pero, al fin y al cabo, alcanzable.

Los humanos, ganamos la habilidad de tomar decisiones propias en un cronograma evolutivo que requirió seres capaces de ajustar el rumbo preestablecido cuando el tiempo presente lo ameritaba. Y no solo eso, eventualmente, también recibimos el don creativo: la oportunidad de formar pensamientos capaces de modelar el futuro. Esto derivó en algo grande, nos convertimos en arquitectos de la existencia, y con ello, obtuvimos la responsabilidad de protegernos a nosotros mismos.

En un contexto contemporáneo, gracias a su competencia racional y creativa, el *Homo sapiens* ha logrado un inmenso poder de influencia sobre su entorno. Pero, no ha sabido protegerse de él mismo, es como si un niño poseyera un arma. Nos encontramos en una transición clave donde debemos aprender a dirigir nuestra potencia; de lo contrario, corremos el peligro de la autodestrucción.

Para conquistar esta épica prueba, es fundamental conocer nuestro diseño, comprender sin sesgos egoístas o simplistas cómo y para qué estamos hechos biológicamente. Aceptar nuestra cualidad multimodal es un primer paso del teorema; estamos constituidos por distintos niveles que influyen en nuestra fisiología, psicología y esencia integral. Por eso, ha sido un menester tan confuso. Sin embargo, una vez que diferenciamos las capas que nos forman, podemos encontrar un balance que nos admita armonía y prevalencia.

Precisamente, de esto se trata la odisea hacia la Libertad; de aliarnos con nuestro diseño presistematizado para apoyar a la resistencia de La Vida entera. El egocentrismo y el desconocimiento son el peor enemigo para esta tarea. En cambio, la información inteligente, autocontrol, creatividad y empatía, son los más fieles coligados.

Nos hallamos en una posición privilegiada que nos permite optar entre fortaleza o debilidad, positivismo o negatividad, impulsividad o autogestión, apertura de mente o sesgos individualistas, inteligencia o indiferencia, sintiencia o frialdad, conectividad o aislamiento, creatividad o degradación, observación o suposición, ignorancia o sabiduría, egoísmo o empatía.

No es sencillo, pero aquí y ahora, está en nuestras manos convivir con la sublime y necesaria Libertad. Modelemos juntos, con cada acción y pensamiento, la más grande obra maestra de todos los tiempos: optemos por la resistencia y prevalencia de La Vida.

POST SCRIPTUM

Y al final, la existencia requiere de la no existencia para ser; la antinomia se cuenta sola. Con una consciencia tan paradójica e ilusoria solo nos queda una cosa: confiar en lo más profundo de nosotros.

BIBLIOGRAFÍA

Hawking, Stephen W. (1998). *A Brief History of Time: And Other Essays*. United States. Bantam Books.

Schrödinger, Erwin. (2019). *What is Life?* United Kingdom. Cambridge University Press.

Carroll, Sean. (2019). *Something Deeply Hidden*. United States. Penguin Random House.

Carroll, Sean. (2019). *The Biggest Ideas in the Universe: Space,Time, and Motion*. United States. Penguin Random House.

Gribbin, John. (1984). *In Search of Schrödinger´s Cat: Quantum Physics and Reality*. United States. Bantam Books.

Lindley, David. (2008). *Uncertainty: Einstein, Heisenberg, Bohr, and the Struggle for the Soul of Science*. United States. First Anchor Books Edition.

Easwaran, Eknath. (2007).*The Bhagavad Gita*. United States. Blue Mountain Center of Meditation.

Easwaran, Eknath. (2007). *The Upanishads*. United States. Blue Mountain Center of Meditation.

Easwaran, Eknath. (2007). *The Dhammapada*. United States. Blue Mountain Center of Meditation.

Clement, Brian R. (2007). *Lifeforce: superior health and longevity*. United States. The Hippocrates Institute.

Clement, Brian R.; Foy Digeronimo, Theresa. (1998) *Living Foods for Optimum Health: Staying Healthy in an Unhealthy World*. United States. Harmony.

Catmull, Ed. (2018). *Creativity Inc*. United States. Penguin Random House.

Dawkins, Richard. (2016, ed. 40° aniversario). T*he Selfish Gene. United Kingdom*. Oxford Landmark Science.

Mukherjee, Siddhartha. (2016). *The Gene an Intimate Story*. United States. Scribner.

Ridley, Matt. (2006). *Genome. United Kingdom*. Harper Perennial.

Sacks, Oliver. (2009). *Musicophilia*. United States. Vintage Books.

Damasio, Antonio. (2019). *El Error de Descartes*. México. Ediciones Culturales Paidós.

Damasio, Antonio. (2016). *En Busca de Spinoza*. México. Ediciones Culturales Paidós.

Damasio, Antonio. (2018). *The Strange Order of Things. Life, Feelings, and the Making of Cultures*. España. Editorial Planeta.

Damasio, Antonio. (2018). *Y el Cerebro creó al Hombre. México*. Ediciones Culturales Paidós.

Damasio, Antonio. (2021). *Feeling and Knowing*. United States. Pantheon.

Schacter, Daniel L. (2002). *The Seven Sins of Memory: How the Mind Forgets and Remembers*. United States. Houghton Miffin.

Bandler, Richard; Grinder, John. (2007). *The Structure of Magic, Vol. 1 & 2*. United States. Science and Behavior Books.

Schopenhauer, Arthur. (2012). *The World as Will and Representation,* Vol. 1, First Book. United States. Dover Publications.

Schopenhauer, Arthur. (2012). *The World as Will and Representation*, Vol. 1, Second Book. United States. Dover Publications.

Schopenhauer, Arthur. (2012). *The World as Will and Representation*, Vol. 1, Third Book. United States. Dover Publications.

Spinoza, Benedict. (2005) *Ethics*. United States. Penguin Classics.

Padmasambhava. (2006). *The Tibetan Book of the Dead.* United States. Revicare beauty.

Campbell, Joseph. (2008). *The Hero with a Thousand Faces*. United States. New World Library.

Mitchell, Stephen A. ; Black, Margaret J. (2016). *Freud and Beyond: A History of Modern Psychoanalytic Thought.* United States. Basic Books.

Freud, Sigmund. (2017). *La Hipnosis: Textos* (1886-1893). México. Editorial Ariel.

Aristotle. (2016). *Poetics*. United States. CreateSpace Independent Publishing Platform.

Noah Harari, Yurval. (2015). *Sapiens: A Brief History of Humankind*. United States. Harper.

Noah Harari, Yurval. (2017). *Homo Deus: A Brief History of Tomorrow*. United States. Harper.

Noah Harari, Yurval. (2018). *21 Lessons for the 21st Century*. United States. Random House.

Homero. (2013). *The Odyssey*. United States. Penguin. Random House.

Homero. (2018). *The Iliad*. United States. Wentworth Press.

Dalai Lama. (2009). Conócete a ti mismo tal como realmente eres. México. Debolsillo.

Polanyi, Karl. (2001). *The Great Transformation: The Political and Economic Origins of Our Time*. United States. Beacon Press.

Chomsky, Noam. (2015) *Syntactic Structures*. United States. Martino Publishing.

Llano Cifuentes, Carlos. (1996) *La Enseñanza de la Dirección y el Método del Caso*. México. IPADE.

Kant, Immanuel. (2018). *Critique of Judgement*. United Kingdom. Cambridge University Press.

Foucault, Michael. (1988). *Technologies of the Self*. United States. University of Massachusetts Press.

Lacan, Jacques. (2021). *Desirés and Its Interpretation: The Seminar of Jacques Lacan*, Book VI. United States. Polity Press.

Raknes, Ola. (2004). *Wilhelm Reich and Orgonomy: The Brilliant Psychiatrist and His Revolutionary Theory of Life Energy*. United States. American College of Orgonomy Press.

Reich, Wilhelm. (1972). *Ether, God and Devil & Cosmic Superimposition*. United States. Farrar, Strauss & Giroux.

Reich, Wilhelm. (1972). *The Bion Experiments*. United States. Farrar, Strauss & Giroux.

Pérez Anderson, Gerardo. (2007) *Sobre Democracia y Otras Mentiras*. México. Tintanueva Ediciones.

Eibl-Eibesfeldt, Irenäus. (2007). *Human Ethology*. United States. Routledge.

Porges, Stephen W. (2011). *The Polyvagal Theory: Neurophisiological Foundations of Emotions, Attachment, Communication, and Self-regulation*. United States. W.W. Norton & Company.

BIOGRAFÍA

Juan Carlos Chávez es profesor de Comunicación, Creatividad y Bioeconomía.

Máster en Administración de Empresas por la Universidad de Gotemburgo, Suecia. Especialista en Liderazgo Creativo por el Indian Institute of Management de Bangalore, India. Especialista en Marketing y Licenciado en Comunicación por la Universidad Panamericana de la Ciudad de México. Nacido en 1982 en la Ciudad de México.

Incondicional y adicto a la música y la Filosofía. Un alma creativa en movimiento constante.

Autor del libro *Creatividad: el arma más poderosa del mundo*. Un trabajo de investigación que explora qué es la creatividad, cómo la hemos utilizado a lo largo de la humanidad y cómo podemos desarrollarla a nivel individual.

Creador del modelo ©*Psico-Marketing* y autor del libro homónimo. Diseñado para comprender las fuerzas conscientes e inconscientes que afectan las acciones y toma de decisiones con una óptica genética, psicológica, biológica, física y filosófica.

Creador de la ©*Teoría del Multi-Ser* y autor del libro homónimo. Un compendio de ideas perennes y contemporáneas, fundamentadas con decenas de fuentes bibliográficas y aportaciones de grandes pensadores, que buscan identificar el origen del Ser y los deseos.

GLOSARIO

**Note:* *La siguiente sección corresponde a la semántica de la terminología utilizada en este libro con base en los modelos ©Teoría del Multi-Ser, ©Psico-Marketing, ©Círculo del Ser y ©Árbol del Ser.*

agencialidad: capacidad de interrelacionar e inteligir pensamientos.

alegrías: sentimientos que producen una sensación positiva en la mente.

©***Árbol del Ser***: modelo que complementa con más detalle ©*Círculo del Ser* e integra los elementos mente, consciencia, representaciones, *pensamientos lógicos, pensamientos homeostáticos y pensamientos creativos*. Representa un mapa evolutivo de la creación del *Ser* y sus jerarquías.

atributos: Formas en que se representan los sistemas modales en la consciencia.

autocontrol: capacidad de controlar los efectos de los deseos.

balance somático: estado químico y fisiológico idóneo definido por la programación biológica-emocional.

Big Bang: el origen del universo detectable donde una gran explosión inició la expansión y enfriamiento del mismo.

Camino del Héroe: término acuñado por Joseph Campbell para definir la estructura básica de gran cantidad de relatos épicos de todo el mundo. Representa un viaje iniciático con marcadas etapas evolutivas y que refleja elementos del inconsciente colectivo.

capacidad creativa: facultad de modelar pensamientos nuevos con pensamientos lógicos y pensamientos homeostáticos previos.

causa-de-causas: aquellos efectos en que su causa es a su vez efecto de otra causa y así sucesivamente.

Ciclo de la Resiliencia y la Creatividad: diagrama que muestra la aparente cadena de mando y los elementos evolutivos que buscan *resistir* y *prevalecer*.

©***Círculo del Ser***: modelo que ilustra en orden evolutivo las *Cuatro Fuerzas* que influyen en los deseos y las decisiones.

complementariedad o principio de incertidumbre: la imposibilidad de que determinados pares de magnitudes físicas observables y complementarias sean conocidas con precisión a la vez.

consciencia: Capacidad del Ser de conocer La Verdad y a sí mismo.

control causal: posibilidad de intervenir conscientemente sobre las causas que detonan efectos.

creatividad: el ápice de la evolución, capacidad de ser conscientes de la consciencia y de crear y modificar pensamientos a partir de otros pensamientos. Facultad de adaptación y aportación al cambio constante e infinito.

Cuatro Fuerzas: las principales fuerzas (o dimensiones) de ©*Círculo del Ser* y que influyen en todas las decisiones humanas: espiritual, instintiva, emocional y racional.
deseos: fuerzas que motivan al Ser a reaccionar hacia alguna dirección.

deseos creativos: fuerzas que motivan al Ser a crear nuevos pensamientos para adaptarse y volverse el cambio constante y así aumentar las probabilidades de La Vida por resistir y prevalecer.

deseos emocionales: fuerzas que motivan al Ser a actuar en sincronía con las reacciones programadas biológicamente a estímulos exteriores e interiores diseñadas para aumentar las probabilidades de La Vida por resistir y prevalecer.

deseos espirituales: fuerzas que motivan al Ser a actuar en sincronía con La Vida para resistir y prevalecer.

deseos instintivos: fuerzas que motivan al Ser a actuar en sincronía con su código genético para proteger la supervivencia y reproducción de cada gen y así aumentar las probabilidades de La Vida por resistir y prevalecer.

deseos racionales: fuerzas que motivan al Ser a identificar causas y efectos por medio de sus representaciones mentales para complementar el proceso de comportamiento (impulsado espiritual, emocional e instintivamente) frente a los cambios de contexto como herramienta de supervivencia de su organismo para aumentar las probabilidades de La Vida por resistir y prevalecer.

deseos sintientes: fuerzas que motivan al Ser a buscar sentimientos positivos y evitar sentimientos negativos para regular los comportamientos de su organismo y así aumentar las probabilidades de La Vida por resistir y prevalecer.

Dimensión Creativa del Ser: manifestaciones en el Ser de la conexión con su capacidad de crear nuevos pensamientos de pensamientos previos.

Dimensiones del Ser: modos en el Ser diferenciables por su origen y Propósito que se manifiestan a través de atributos detectables.

Dimensión Emocional del Ser: manifestaciones en el Ser de la conexión con sus atributos biológicos reactivos a estímulos exteriores e interiores.

Dimensión Espiritual del Ser: manifestaciones en el Ser de su conexión con La Vida en todos sus niveles.

Dimensión Instintiva del Ser: manifestaciones en el Ser de la conexión con su programación genética modelada a través de la selección natural.

Dimensión Racional del Ser: manifestaciones en el Ser de su capacidad de identificar causas y efectos por medio de representaciones mentales conscientes.

Dimensión Sintiente del Ser: manifestaciones en el Ser de la conexión con sus pensamientos homeostáticos (sentimientos) que representan la consciencia de sus marcos somáticos reactivos (emociones).

distorsión: diferencias considerables entre la representación mental de un hecho y lo que "realmente" es.

eliminación: elementos excluidos durante el proceso mental de representación de la "realidad" y las experiencias.

El Todo: absolutamente todo lo que implica la existencia.

empatía: capacidad de percibir la interrelación de la fenomenología vital, incluidas las experiencias sintientes de otros organismos.

emociones: marcos somáticos (estados corporales) que corresponden a las reacciones programadas biológicamente a estímulos exteriores e interiores.

estímulo Emocionalmente Competente (EEC): estímulos provenientes del exterior o del interior de un organismo que desatan una reacción que atiende a su programación biológica-emocional.

entropía: número de posibles estados microscópicos de un sistema en equilibrio termodinámico que tiende a aumentar con el tiempo y que se refleja en la expansión y enfriamiento perpetuo de todo lo contenido en el universo.

entropía negativa: término acuñado por Erwin Schrodinger que representa el esfuerzo de las partículas subatómicas de La Vida por resistir y prevalecer contra la expansión y enfriamiento constante del universo.

estructura profunda: base completa (consciente e inconsciente) de la mente.

estrés: sentimiento de miedo constante y frecuente en la mente.

estructura superficial: solo una parte de la estructura profunda.

estímulos emocionalmente competentes (EES): cualquier estímulo (fuera o dentro de la mente) suficientemente relevante para provocar una emoción en un organismo.

experiencia: eventos internos y externos que se presentan con relación a un Ser.

exterocepción: capacidad de la mente de percibir y representar los estímulos provenientes del exterior. (imágenes: visuales/sonidos/olores/sabores/sensaciones).

información Inteligente: elementos ideológicos realmente útiles y concordantes con la fenomenología experimentada.

flux: cambio constante e infinito.

gen: secuencia de letras (nucleótidos) que generan una proteína, o bien cualquier porción del material cromosómico que puede potencialmente utilizarse como unidad para la selección natural.

generalización: proceso mental de representación en el que se asume que todos los elementos que comparten "x" característica(s) también comparten otra(s) característica(s) distinta(s). Ejemplo: Todos los "x" son "y" (todos los humanos son buenos).

idea: en el contexto del modelo de ©*Árbol del Ser*, una *idea* es un conjunto de *pensamientos* que podemos compartir con otras mentes.

información inteligente: todas aquellas *ideas* que nos permiten acercarnos a la "verdad".

interocepción: capacidad de la mente de percibir y representar el funcionamiento de su interior. (sentimientos).

intuición: capacidad de identificar valencia por medio de pensamientos homeostáticos (sentimientos).

La Verdad: el conocimiento de El Todo.

La Vida: conjunto de modos compuestos por material genético (purinas y pirimidinas) derivados del último ancestro universal en común (LUCA) que representa el primer Ser autorreplicable en la Tierra hace más de tres mil millones de años.

Libertad de decisión consciente: capacidad de la mente para elegir entre opciones.

Libertad del Ser: posibilidad de cumplir con los objetivos de su diseño biológico.

mecánica de los afectos: modelo lógico de los sentimientos.

memoria de trabajo: sector de la memoria diseñado para la retención de información a corto plazo.

memoria episódica: sector de la memoria diseñado para la retención a largo plazo de información relacionada con episodios experienciales.

memoria semántica: sector de la memoria diseñado para la retención a largo plazo de información relevante no relacionada con la experiencia directa.

metacausa: aquella causa de efectos que son también causas.

Metacausa-germinal: aquella causa última que no tiene causa.

Metamodelo: modelo propuesto por Bandler y Grinder diseñado para analizar el lenguaje con el fin de identificar la *estructura superficial* y la *estructura profunda* de una persona. Busca desafiar distorsiones, especificar *generalizaciones* y recuperar *eliminaciones*.

neuronas espejo: clase de neuronas que nos permiten simular estados del cuerpo: *emociones* y *sentimientos*, propios y de otros seres.

nutrición: conjunto de elementos que consume un organismo para obtener recursos.

organismos creativos: seres conscientes de su consciencia y con capacidad de crear nuevos pensamientos de pensamientos lógicos (imágenes) y pensamientos homeostáticos (sentimientos) previos.

organismos con emociones: seres compuestos creados por genes con atributos biológicos reactivos específicos a estímulos exteriores e interiores.

organismos inteligentes: seres con capacidad de retención y procesamiento de la información obtenida por las representaciones de su mente.

organismos con mente: seres con capacidad de percibir y representar su exterior (exterocepción), el funcionamiento de su interior (interocepción) y su propia composición fisiológica y psicológica (propiocepción).

partículas subatómicas: absolutamente todo atributo de menor tamaño de un átomo (incluyendo lo entendido en el área de la física como partículas, ondas o energía).

pensamientos: fenómenos neurales conscientes en la mente.

pensamiento contrafactual: simulación mental de diferentes alternativas que pudieron haberse dado en el pasado y finalmente no fueron.

pensamientos creativos: pensamientos nuevos modelados con previos pensamientos lógicos y pensamientos homeostáticos (*sentimientos*). Son conscientes de la consciencia.

pensamientos homeostáticos: pensamientos regulatorios e incuantificables que reflejan el funcionamiento propio del Ser. (sentimientos).

pensamientos lógicos: pensamientos cuantificables que buscan detectar causas y efectos.

potencia: percepción de poder del Ser.

posibilidades alternas: existencia de alternativas a elegir.

propiocepción: capacidad de la mente de percibir y representar su composición fisiológica y psicológica. (consciencia)

programación biológica-emocional: instructivo modelado genéticamente en sincronía con el Propósito de La Vida y que define la especificidad reactiva de los organismos frente a distintos estímulos.

Propósito: objetivo que se manifiesta en los efectos en común (o primera derivada) de los sistemas modales de una causa.

©***Psico-Marketing***: método diseñado por el autor para identificar las fuerzas principales que influyen en la toma de decisiones. Considera las tendencias de comportamiento causadas por 1) la conexión integral del *Ser* con el *Todo*, 2) los genes, 3) las *emociones* y los *sentimientos* y 4) la razón.

razón: capacidad de identificar causas y efectos por medio de pensamientos lógicos.

representaciones mentales: fenómenos neurales que cartografían la experiencia de un Ser con imágenes mentales en modos como visuales, sonidos, olores, sabores y sensaciones.

representación auditiva: *representación mental* que se procesa en forma de sonidos.

representación kinésica: *representación mental* que se procesa en forma de movimientos.

representación visual: *representación mental* que se procesa en forma de sonidos.

resistir y prevalecer: esfuerzo en común de todas las manifestaciones de La Vida por mantener el orden contra la expansión y enfriamiento constante del universo desde el Big Bang.

selección natural: proceso evolutivo que explica la fenomenología en que los organismos vivientes con nuevos atributos adquiridos genéticamente y que representan una ventaja de supervivencia, trascienden frente a aquellos que no los tengan.

sentimientos: atributos en la mente al tener consciencia de sus emociones.

sentimientos de fondo: sentimientos que operan de forma encubierta.

sentimientos primarios: sentimientos que preceden a otros sentimientos, tienen una cualidad específica y no una gama. Por ejemplo: 1) sentimiento de subjetividad, 2) alegrías, 3) tristezas.

sentimientos secundarios o estados de ánimo: gama de sentimientos derivados de los sentimientos primarios.

sentimientos sociales: sentimientos que se definen en conjunto con interacciones sociales y códigos culturales.

Ser: todo lo que integra a lo que conocemos como un "ser viviente individual" (extensivo a todas las especies). Incluidas partículas, campos energéticos o cualquier elemento que no conozcamos o no seamos capaces de identificar por nuestras limitantes cognitivas humanas.

Siete Fenómenos de la Memoria: manifestaciones que hacen referencia a los siete pecados de la memoria de Schacter.

sí mismo: Interpretación de la individualidad que diferencia a un Ser del exterior.

simpatía: conjunto de estados corporales (*emociones*) provocados por la *empatía.*

sistemas modales (modos): fenómenos derivados como parte de una causa.

Teoría del Multi-Ser: visión amplia e integral de los elementos y las fuerzas que conforman el *Ser*. Identifica que no existe nada por sí mismo y que el *Ser* está compuesto por diferentes sistemas y niveles conectados a un *Todo.*

tristezas: sentimientos que producen una sensación negativa en la mente.

Visión: rango de posibilidades cognitivas.

Voluntad: conjunto de fuerzas en un Ser que obedecen al Propósito de una causa.

MAPAS CONCEPTUALES

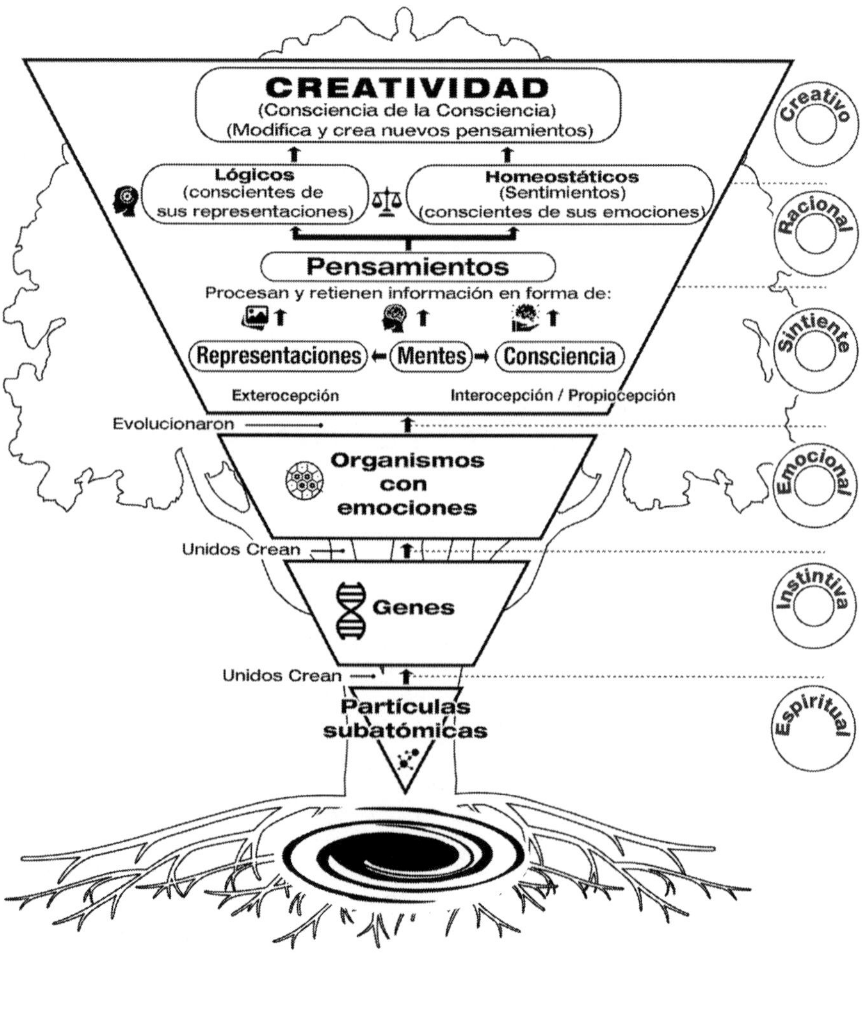

CREATIVIDAD
(Consciencia de la Consciencia)
(Modifica y crea nuevos pensamientos)
Lógicos
(conscientes de sus representaciones)
Homeostáticos
(Sentimientos)
(conscientes de sus emociones)
Pensamientos
Procesan y retienen información en forma de:
Representaciones
Mentes
Consciencia
Exterocepción
Interocepción / Propiocepción
Evolucionaron
Organismos con emociones
Unidos Crean
Genes
Unidos Crean
Partículas subatómicas
Creativo
Racional
Sintiente
Emocional
Instintiva
Espiritual

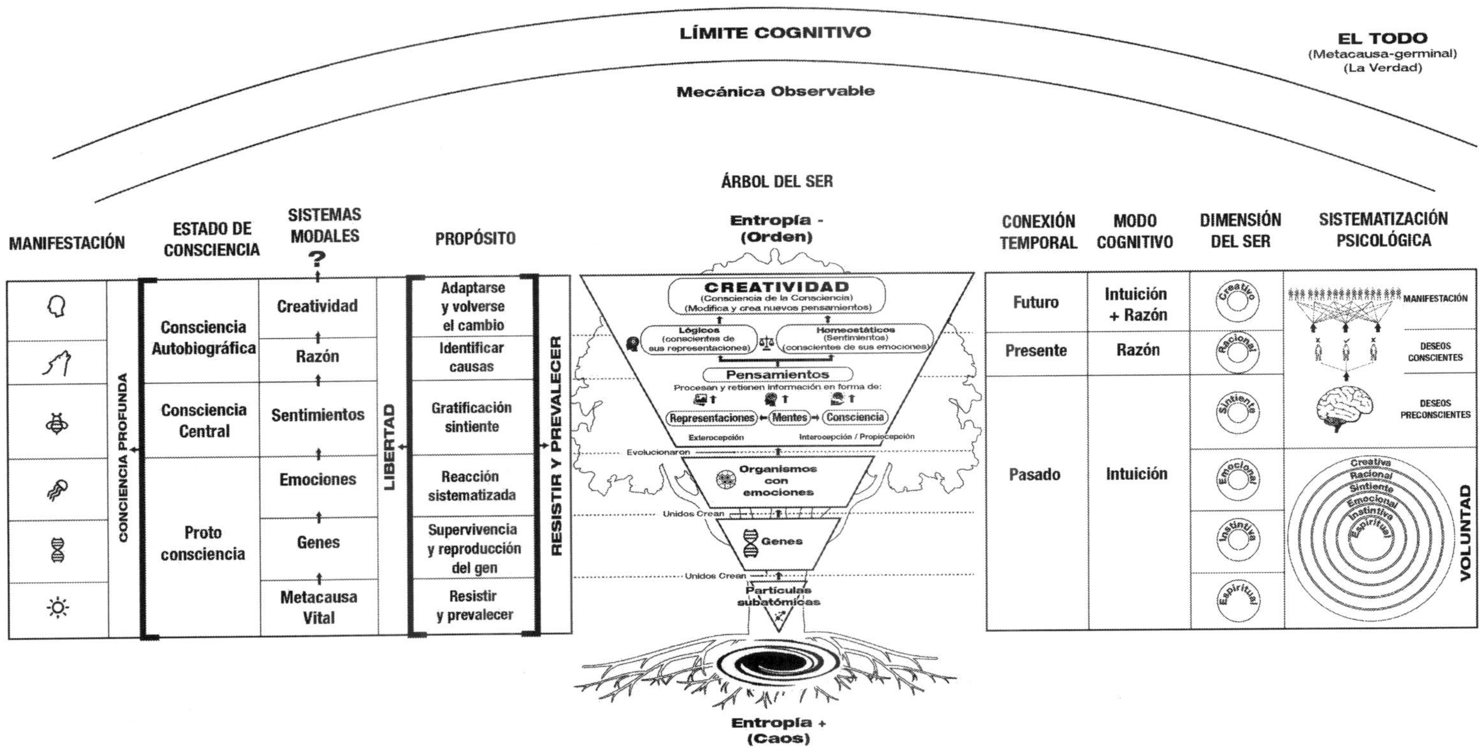

LÍMITE COGNITIVO
EL TODO
(Metacausa-germinal)
(La Verdad)
Mecánica Observable
ÁRBOL DEL SER
MANIFESTACIÓN
ESTADO DE CONSCIENCIA
SISTEMAS MODALES
?
PROPÓSITO
CONCIENCIA PROFUNDA
Consciencia Autobiográfica
Consciencia Central
Proto consciencia
Creatividad
Razón
Sentimientos
Emociones
Genes
Metacausa Vital
LIBERTAD
Adaptarse y volverse el cambio
Identificar causas
Gratificación sintiente
Reacción sistematizada
Supervivencia y reproducción del gen
Resistir y prevalecer
RESISTIR Y PREVALECER
Entropía -
(Orden)
CREATIVIDAD
(Consciencia de la Consciencia)
(Modifica y crea nuevos pensamientos)
Lógicos
(conscientes de sus representaciones)
Homeostáticos
(Sentimientos)
(conscientes de sus emociones)
Pensamientos
Procesan y retienen información en forma de:
Representaciones
Mentes
Consciencia
Exterocepción
Interocepción / Propiocepción
Evolucionaron
Organismos con emociones
Unidos Crean
Genes
Unidos Crean
Partículas subatómicas
Entropía +
(Caos)
CONEXIÓN TEMPORAL
MODO COGNITIVO
DIMENSIÓN DEL SER
SISTEMATIZACIÓN PSICOLÓGICA
Futuro
Presente
Pasado
Intuición + Razón
Razón
Intuición
Creativo
Racional
Sintiente
Emocional
Instintiva
Espiritual
MANIFESTACIÓN
DESEOS CONSCIENTES
DESEOS PRECONSCIENTES
Creativa
Racional
Sintiente
Emocional
Instintiva
Espiritual
VOLUNTAD

ESTADOS DE CONSCIENCIA

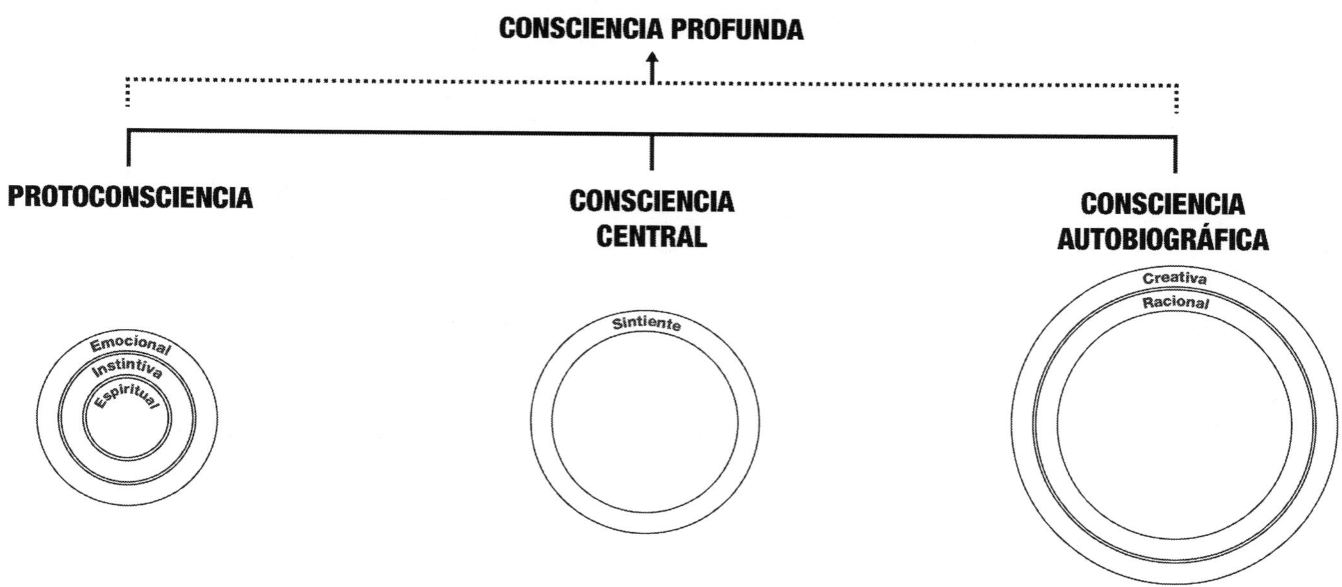

SISTEMAS MODALES

METACAUSA VITAL	GENES	EMOCIONES	SENTIMIENTOS	RAZÓN	CREATIVIDAD
• **Propósito:** resistir y prevalecer • **Estado de Consciencia:** inconsciente • **Hito Evolutivo:** mantener el orden desafiando a la entropía • **Modo Cognitivo:** intuición (pensamientos homeostáticos) • **Conexión Temporal:** pasado, presente y futuro • **Manifestación:** partículas subatómicas organizadas • **Dimensión del Ser:** espiritual • **Impactos importantes:** origen de La Vida	• **Propósito:** supervivencia y reproducción del gen • **Estado de Consciencia:** protoconsciencia • **Hito Evolutivo:** aprendizaje • **Modo Cognitivo:** intuición (pensamientos homeostáticos) • **Conexión Temporal:** pasado • **Manifestación:** código genético • **Dimensión del Ser:** instintiva • **Impactos importantes:** origen de la evolución	• **Propósito:** reacción sistematizada • **Estado de Consciencia:** protoconsciencia • **Hito Evolutivo:** reactividad • **Modo Cognitivo:** intuición (pensamientos homeostáticos) • **Conexión Temporal:** pasado • **Manifestación:** organismos con emociones • **Dimensión del Ser:** emocional • **Impactos importantes:** origen de organismos	• **Propósito:** gratificación sintiente • **Estado de Consciencia:** central • **Hito Evolutivo:** capacidad de decisión individual • **Modo Cognitivo:** intuición (pensamientos homeostáticos) • **Conexión Temporal:** pasado • **Manifestación:** organismos sintientes • **Dimensión del Ser:** sintiente • **Impactos importantes:** origen de la mente	• **Propósito:** identificar causas • **Estado de Consciencia:** autobiográfica • **Hito Evolutivo:** retención y procesamiento desarrollado (memoria e intelecto racional) • **Modo Cognitivo:** razón (pensamientos lógicos) • **Conexión Temporal:** presente • **Manifestación:** organismos inteligentes • **Dimensión del Ser:** racional • **Impactos importantes:** origen del lenguaje (verbal y no verbal) y las culturas	• **Propósito:** adaptarse y volverse el cambio • **Estado de Consciencia:** autobiográfica / metaconsciencia • **Hito Evolutivo:** modelado del cambio • **Modo Cognitivo:** razón e intuición (pensamientos lógicos y homeostáticos) • **Conexión Temporal:** futuro • **Manifestación:** organismos creativos • **Dimensión del Ser:** creativa • **Impactos importantes:** origen de las civilizaciones y la comunicación consciente en masa

ORIGEN → ?

SISTEMATIZACIÓN PSICOLÓGICA HUMANA

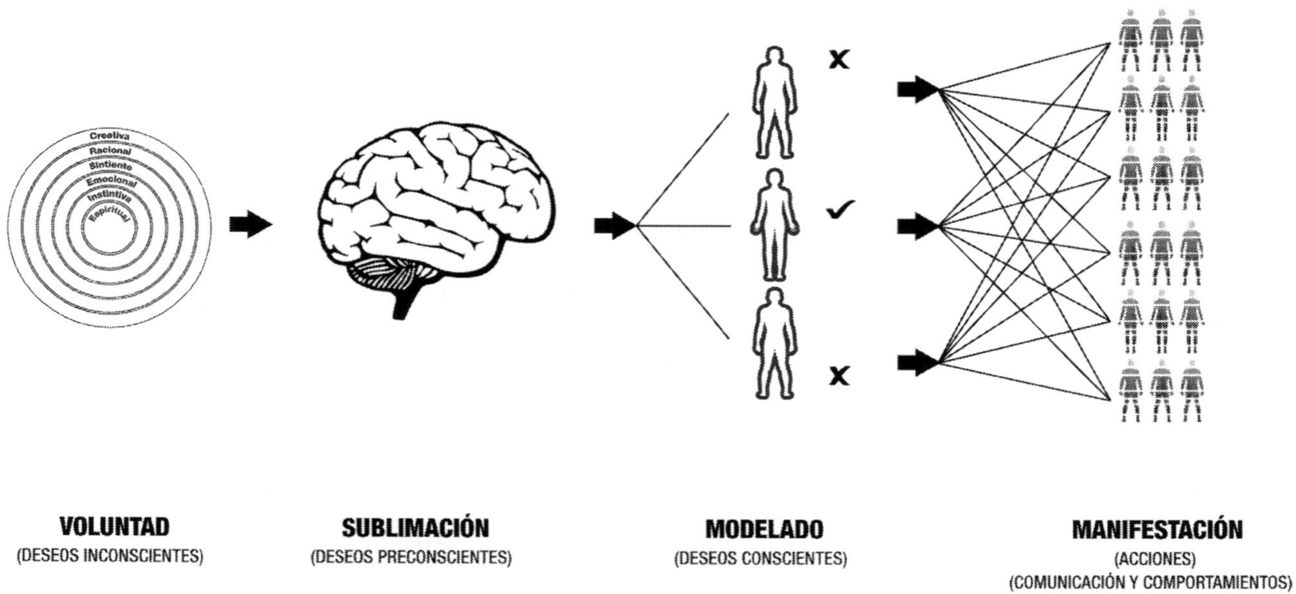

MECÁNICA DE LOS AFECTOS
DESEOS ESPIRITUALES
DESEOS INSTINTIVOS
DESEOS EMOCIONALES
DESEOS SINTIENTES
DESEOS RACIONALES
DESEOS CREATIVOS
SE CUMPLEN (Alegrías)
NO SE CUMPLEN (Tristezas)

SE CUMPLEN (Alegrías)		**NO SE CUMPLEN** (Tristezas)
Placer (alegría parcial)		**Dolor** (tristeza parcial)
Eudaimonia (alegría integral)		**Sufrimiento** (tristeza integral)
Amor (alegría relacionada a una causa)		**Odio** (tristeza relacionada a una causa)
Esperanza (alegría por pensar posible el obtener deseos o perder miedos)		**Temor** (tristeza por pensar posible el obtener miedos o perder alegrías)
Empatía (alegría hacia la alegría de otros y tristeza hacia la tristeza de otros)	**Egoísmo** (indiferencia frente a la alegría o tristeza de otros)	**Maldad** (tristeza hacia la alegría de otros y alegría hacia la tristeza de otros)
Generosidad (alegría por la alegría de otros y que uno no tiene)		**Envidia** (tristeza hacia la alegría de otros y que uno no tiene)
Dadivosidad (alegría por compartir una alegría)		**Celos** (tristeza por compartir una alegría)
Alabanza (alegría por la alegría que nos causa la acción de otros)		**Vituperio** (tristeza por la tristeza que nos causa la acción de otros)
Gloria (alegría por una acción nuestra alabada por los demás)		**Vergüenza** (tristeza por una acción nuestra vituperada por los demás)
Tranquilidad (alegría por la presencia de lo que se ama)		**Frustración** (tristeza por la ausencia de lo que se ama)
Ánimo (alegría sobre saber cómo conseguir una alegría o evitar una tristeza)		**Consternación** (tristeza sobre no saber como conseguir una alegría o evitar una tristeza)
Agradecimiento (alegría hacia la alegría de quien te ama y tristeza hacia la tristeza de quien te ama)		**Crueldad** (tristeza hacia la alegría de quien te ama y alegría hacia la tristeza de quien te ama)
Clemencia (alegría por la alegría de quién se odia)		**Ira** (alegría por la tristeza de quién se odia)
Piedad (alegría por la alegría de quién sufre)		**Inhumanidad** (alegría por la tristeza de quién sufre)
Perdón (alegría por la alegría de quién nos hizo un daño)		**Venganza** (alegría por la tristeza de quién nos hizo un daño)
Asombro (Alegría nueva, única y/o extrema)		**Terror** (Tristeza nueva, única y/o extrema)
Sorpresa (alegría súbita)		**Espanto** (tristeza súbita)
Veneración (Alegría por el asombro hacia un Ser)		**Aversión** (Tristeza por el terror hacia un Ser)
Atracción o Inclinación (alegría por el acercamiento hacia lo que se ama)		**Asco o Repulsión** (tristeza por el acercamiento hacia lo que se odia)
Devoción (alegría superlativa hacia algo que se ama)		**Aborrecimiento** (tristeza Superlativa hacia algo que se odia)
Dicha (alegría superlativa)		**Horror** (tristeza superlativa)
Empoderamiento (Alegría por la posibilidad de obtener una alegría o evitar una tristeza)		**Impotencia** (Tristeza por la imposibilidad de obtener una alegría o evitar una tristeza)
Amor Propio (alegría por la aceptación de la potencia)		**Humildad** (tristeza por la aceptación de la impotencia)
Soberbia (alegría por el amor propio en extremo)		**Abyección** (tristeza por el odio propio en extremo)
Seguridad (alegría por la potencia sin duda)		**Desesperación** (tristeza sobre la impotencia sin duda)
Satisfacción (alegría pretérita)		**Insatisfacción** (tristeza pretérita)
Orgullo (alegría por algo que hicimos)		**Arrepentimiento** (tristeza por algo que hicimos)
Aprobación (alegría por alguien que brindó una alegría a otro)		**Indignación** (tristeza por alguien que provocó una tristeza a otro)
Sobrestimación (alegría hacia alguien o algo en extremo)		**Menosprecio** (tristeza hacia algo o alguien en extremo)
Contento (alegría por una alegría propia)		**Masoquismo** (alegría por una tristeza propia)
Gozo (alegría intensa por una alegría propia)		**Martirio** (tristeza intensa por una tristeza propia)
Piedad (alegría por evitar una tristeza de alguien)		**Sadismo** (alegría por causar una tristeza a alguien)

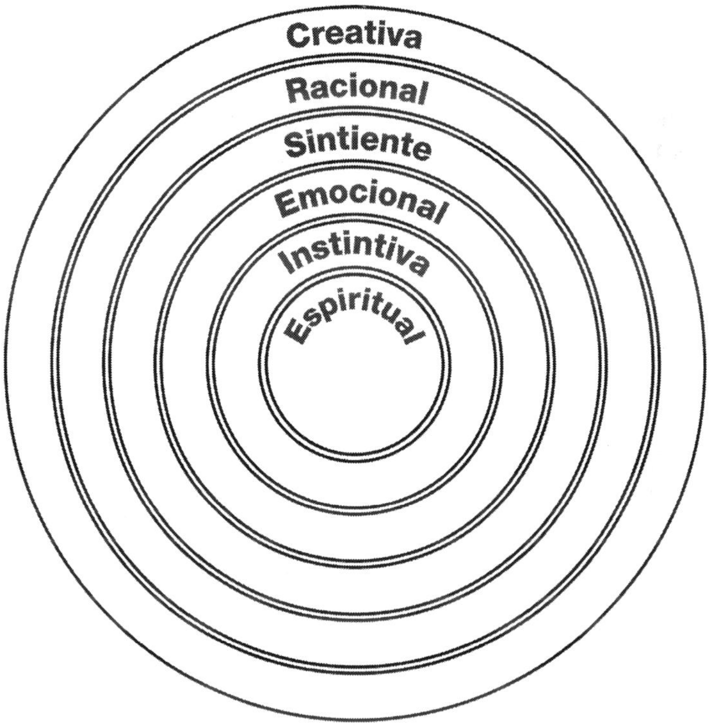
Creativa
Racional
Sintiente
Emocional
Instintiva
Espiritual

SILOGISMO TRIFÁSICO

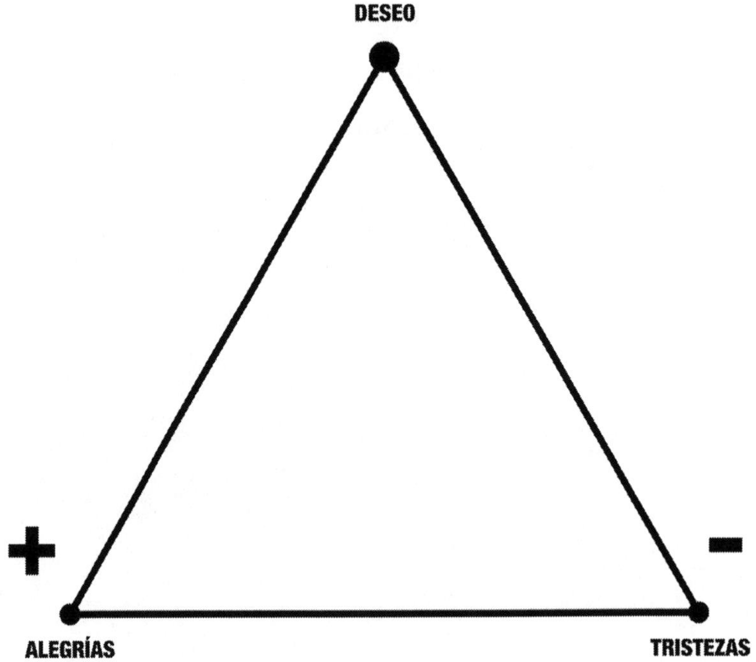

TRÍANGULO FRACTAL DE LA LIBERTAD

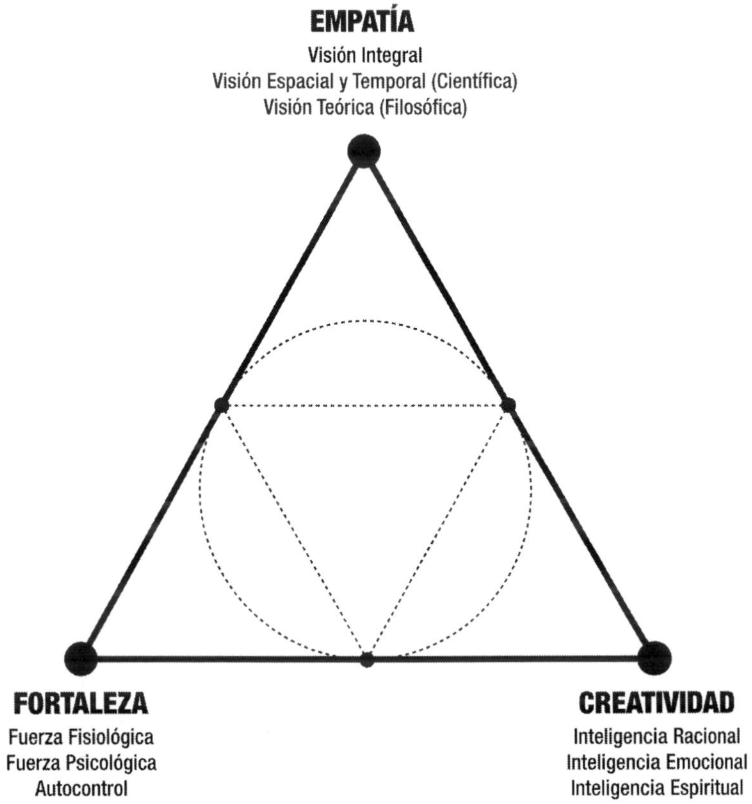

Made in the USA
Columbia, SC
05 November 2023

25018562R00276